Lorenz Engi
Die Würde der Verletzlichen

Lorenz Engi

Die Würde der Verletzlichen

VELBRÜCK
WISSENSCHAFT

Erste Auflage 2022
© Velbrück Wissenschaft, Weilerswist 2022
www.velbrueck-wissenschaft.de
Printed in Germany
ISBN 978-3-95832-303-2

Bibliografische Information der Deutschen Nationalbibliothek
Die Deutsche Nationalbibliothek verzeichnet diese Publikation in der
Deutschen Nationalbibliografie; detaillierte bibliografische Daten
sind im Internet über http://dnb.d-nb.de abrufbar.

Inhalt

Teil 3: Politik und Recht

Vorwort

Die Menschenwürde ist sowohl im Recht als auch in der Moral von großer Bedeutung. Sie steht geradezu im Zentrum der normativen Ordnung, die nach dem Zweiten Weltkrieg entstanden ist. So unbestritten der Stellenwert der menschlichen Würde ist, so unklar stellt sich jedoch gleichzeitig deren inhaltliche Bedeutung dar. Es ist immer noch höchst interpretationsbedürftig, was es bedeuten soll, dass alle Menschen »Würde« besitzen.

Ich habe mich mit den Themen der Menschenwürde und der Menschenrechte sowohl in meiner philosophischen als auch rechtswissenschaftlichen Arbeit auseinandergesetzt. Unter philosophischen Aspekten beschäftigte ich mich besonders mit der Begründung der Menschenrechte. Im rechtswissenschaftlichen Bereich waren vor allem die Menschenwürde und die Würde der Kreatur Themen, mit denen ich mich auseinandergesetzt habe. Immer stärker haben sich diese beiden ursprünglich getrennten Forschungsstränge verflochten, und es entstand die vorliegende Deutung.

Das Buch hat eine lange Entstehungsgeschichte, die sich über viele Jahre erstreckt. Viele Personen haben mir in dieser Zeit in vielfältiger Weise Hilfe geleistet, und ihnen möchte ich danken. Ein Anfang der vorliegenden Überlegungen lag bei der philosophischen Master-Arbeit zur Begründung der Menschenrechte an der Universität Konstanz, die von Prof. Gottfried Seebaß und Prof. Peter Stemmer betreut wurde. Wichtig war nachher ein Diskussionskreis an der Universität Zürich, in dem wir uns mit Fragen der Tierrechte und der Tierethik auseinandergesetzt haben. Ihm gehörten als feste Mitglieder Margot Michel, Christoph Ammann, Samuel Camenzind und Markus Wild an. Sehr profitiert habe ich von einem Forschungsaufenthalt am Forschungsverbund »Die Herausbildung normativer Ordnungen« an der Goethe-Universität in Frankfurt am Main in den Jahren 2013/14, der durch die Sprecher des Verbunds, Prof. Rainer Forst und Prof. Klaus Günther, ermöglicht wurde. In Frankfurt haben mich Gespräche mit ihnen sowie mit Katia Backhaus, Aletta Diefenbach, Lisa Herzog, David Roth-Isigkeit, Ronan Kaczynski und vielen anderen inspiriert und motiviert. In einer letzten Phase der Arbeit waren Hinweise von Jonas Heller und Peter Schaber sehr wertvoll. Viele weitere Personen haben meine Überlegungen durch Zu- und Widerspruch beeinflusst und mich unterstützt, unter ihnen Anna Goppel, Anne Kühler, Stefan Schürer und Florian Windisch. Schließlich möchte ich auch dem Verlag, besonders Marietta Thien, herzlich danken für die verlegerische Betreuung und die gute Zusammenarbeit.

St. Gallen/Zürich, im Juni 2022   *Lorenz Engi*

Einleitung

»Aber wenn ich höre, alles andere habe vor dem Schutz des Lebens zurückzutreten, dann muss ich sagen: Das ist in dieser Absolutheit nicht richtig. Grundrechte beschränken sich gegenseitig. Wenn es überhaupt einen absoluten Wert in unserem Grundgesetz gibt, dann ist das die Würde des Menschen. Die ist unantastbar. Aber sie schließt nicht aus, dass wir sterben müssen.« So äußerte sich Wolfgang Schäuble im April 2020 im Zusammenhang mit den Maßnahmen gegen die Corona-Pandemie[1].

Die fundamentale Stellung der Menschenwürde, die Schäuble in seiner Aussage hervorhob, steht außer Streit. Der Schutz der Würde des Menschen bildet so etwas wie den Ankerpunkt, das Um-willen der Rechtsordnung. Was die Menschenwürde genau bedeutet, ist jedoch alles andere als klar. In der juristischen Literatur kommt die Schwierigkeit, die bei der Bestimmung des Begriffs besteht, vielfach zum Ausdruck. In den Kommentaren zum Grundgesetz wird etwa festgestellt, dass es einen allgemein akzeptierten, dogmatisch präzisen Rechtsbegriff der Menschenwürde nicht gebe[2]. Ein operabler Begriff der Menschenwürde harre immer noch der Entwicklung[3].

Das Zusammentreffen von fundamentaler Bedeutung und inhaltlicher Unbestimmtheit ruft nach theoretischer Reflexion. Dabei ist klar, dass gerade in der relativen Unschärfe und Offenheit des Begriffs der Menschenwürde auch ein Vorzug liegt. Gerade weil dieses Konzept so vage ist, kann es einen konsensfähigen Grund kollektiver Ordnung bilden. Die folgenden Überlegungen wollen dem Rechnung tragen und sind nicht von der Absicht geleitet, den Begriff abschließend zu definieren. Eher liegt das Ziel der Studie in einer Annäherung an den begrifflichen Gehalt der Menschenwürde.

Disziplinär ist die folgende Untersuchung in erster Linie der Philosophie zuzuordnen, insbesondere der Rechts- und Moralphilosophie. Es handelt sich nicht um eine rechtswissenschaftlich-dogmatische Arbeit. Das Ziel der Arbeit besteht mithin nicht darin, den Rechtsbegriff der Menschenwürde auszulegen. Jedoch hat die Studie auch eine rechtlich-praktische Zielrichtung. Sie soll, auf philosophischer Grundlage, auch den Rechtsbegriff der Menschenwürde besser verstehen helfen und damit auch der juristischen Interpretation dienlich sein. Im dritten Teil wird die Arbeit daher Bezüge zum positiven Recht herstellen und eine juristische Interpretation des Begriffs vorschlagen.

1   Der Tagesspiegel, 24. April 2020.
2   H. Dreier 2013a, 191.
3   Herdegen 2009, 24.

Bevor die Untersuchung einsetzt, ist eine kurze Verständigung darüber nötig, von welchem Begriff der Menschenwürde im Folgenden ausgegangen wird. Der Begriff kann unterschiedlich verstanden werden. Insbesondere bestehen Vorstellungen einer (wie man sagen kann) inhärenten und einer kontingenten Würde[4]. Nach der ersten Vorstellung hat jeder Mensch eine Würde, die er nicht verlieren kann. Nach der zweiten Vorstellung ist Würde dagegen etwas, das ein Mensch je nachdem in größerem oder kleinerem Ausmaß besitzt. Die folgenden Überlegungen gehen von der Idee der inhärenten Würde aus. Diese Würde kann verletzt oder missachtet werden, sie kann dem Menschen aber nie eigentlich genommen werden.

Die Menschenwürde auch in diesem Sinn basiert jedoch auf einer Zuschreibung[5]. Der Mensch hat Würde nicht, wie er zwei Beine hat[6]. Die menschliche Gemeinschaft schreibt sie ihm als unverlierbar zu. Es handelt sich bei dieser Zuschreibung mithin nicht um eine deskriptive, sondern um eine präskriptive Aussage. Gerade darin manifestiert sich der unverlierbare Gehalt der menschlichen Würde – denn in einem deskriptiven Sinn verstanden, kann diese durchaus verloren gehen. Ein Mensch kann faktisch unwürdig leben, entwürdigt werden, seiner Würde verlustig gehen. Das präskriptive Verständnis dagegen statuiert eine Würde, die alle faktischen Gegebenheiten überdauert und in jedem Fall besteht.

Die folgenden Untersuchungen wollen diese Würde erläutern, aber nicht *begründen*. Denn nach hier vertretenem Verständnis bildet die Menschenwürde selbst den Grund der normativen Forderungen von Moral und Recht. Es gibt insoweit nichts weiter zu begründen – während die Würde, wie aufgezeigt werden soll, tatsächlich den Grund der Menschen*rechte* bildet. Insoweit – beim Verhältnis zwischen Menschenwürde und Menschenrechten – liegt ein Begründungsverhältnis vor. Dieses wird vor allem im zweiten Teil der Arbeit näher diskutiert.

Im ersten Teil soll versucht werden, in einem allgemeinen, moralphilosophischen Sinn ein Verständnis der menschlichen Würde zu gewinnen. Dazu ist es zunächst nötig, sich die wichtigsten bestehenden Theorien zur Menschenwürde zu vergegenwärtigen. Die Auseinandersetzung mit diesen Theorien wird ein Defizit aufzeigen. Diesen Analysen schließt sich eine eigene Interpretation an, die am Schluss des ersten Teils mit einigen möglichen Gegenargumenten konfrontiert werden soll.

---

4   Vgl. Horn 2011; Schaber 2010, 47 f. Im juristischen Schrifttum ist in diesem Zusammenhang von Mitgift- und Leistungstheorien die Rede.
5   Vgl. Neumann 2017, 299.
6   Vgl. Habermas 2001, 62.

Teil 1:
Würde und Verfügung

1. Interpretationen

1.1 Vorgeschichte

Der Begriff der Menschenwürde ist außerordentlich schillernd. Er hat im Lauf der Geschichte verschiedene Bedeutungen angenommen, und diese Bedeutungen haben sich gleichsam im Begriff abgelagert und beeinflussen auch die aktuelle Begriffsverwendung. Es gibt eine alte Vorstellung von Würde, die in der Neuzeit abgelöst wird. Von zentraler Bedeutung hierbei ist Kant, der den modernen Begriff der menschlichen Würde wie kein anderer geprägt hat[1]. Die Antike kannte die Vorstellung einer Würde, die nur besonderen Menschen zukommt[2]. Dieser Begriff ist meritorisch, er ist an bestimmte Leistungen oder besondere Qualitäten gebunden. Den meritorischen Begriff kennen wir auch heute noch, wenn wir etwa von der Würde eines Amtes oder von »Würdenträgern« sprechen. Besonders würdig erscheint aus dieser Sicht die starke, mächtige, erfolgreiche und sozial anerkannte Person. Würdig können in diesem Sinne auch Tiere oder andere Wesen sein. Sie müssen sich aber in bestimmter Weise über das Normale hinausheben, um Würde in diesem Sinn zu erlangen. Die Antike folgte einem solchen Verständnis, jedoch bestehen bereits in antiker Zeit verschiedene Vorstellungen. Besonders die Stoa kennt Ansätze, die Würde des Menschen universal aufzufassen. Namentlich Cicero sprach den Menschen aufgrund ihrer Vernunftfähigkeit eine Würde zu, die sie von den Tieren und anderen vernunftlosen Geschöpfen unterscheidet.

Renaissance und Humanismus nehmen diese Ansätze auf. Repräsentanten dieser Epoche sprechen Würde dem Menschen (als solchem) zu, dessen Begabungen sie hervorheben und feiern. Der Mensch ist aus dieser Sicht besonders deshalb würdig, weil er über Autonomie und Rationalität verfügt. Der bekannteste Ausdruck dieses Würdeverständnisses ist Picos *Die Würde des Menschen / De hominis dignitate* – ein Text, der diesen Titel jedoch erst nachträglich erhielt. Der Mensch erscheint darin als das Wesen, das sich frei bestimmen kann, zum Höchsten oder zum Niedrigsten aus freien Stücken gelangt[3]. Die Würde ist damit einerseits universalisiert: Alle Menschen haben Würde, weil sie autonom und rational sind. Andererseits ist dieses Verständnis im Grunde immer noch meritorisch: Es hängt von besonderen auszeichnenden Qualitäten ab, dass der Mensch würdig

---

1   Aufschlussreiche Darstellungen der Entwicklung der Menschenwürde-Idee finden sich etwa bei Bayertz 1995 sowie H. Dreier 2013a, Rz. 3–18.
2   Zum Würde-Verständnis der Antike Ober 2014.
3   Pico della Mirandola 1990, insb. 7.

ist. Menschen, die diese Qualitäten nicht aufweisen – sie standen den Humanisten nicht vor Augen –, können nicht unbedingt als würdig gelten.

1.2 Durchbruch zum modernen Verständnis

Der Würdebegriff, den wir heute verwenden, wurde von Kant geprägt. Er hat die Würde in einer anderen, tiefgreifenderen Weise als die Interpretinnen und Interpreten vor ihm universalisiert. Keine heutige Begriffsverwendung kommt an seinem Verständnis vorbei. Allerdings hat die Würde für Kants Philosophie selbst nicht den zentralen Stellenwert, der mitunter insinuiert wird. Zentral für Kants Moralphilosophie sind das Sittengesetz – die moralische Normativität – und der kategorische Imperativ, der dessen Kenntnis vermittelt. Die Würde bezeichnet die Stellung des Menschen in Relation zum Sittengesetz.

Nach Kant ist die reine Vernunft praktisch und gibt dem Menschen »ein allgemeines Gesetz, welches wir das Sittengesetz nennen«[4]. Das moralische Gesetz ist als ein Faktum der reinen Vernunft gegeben, dessen wir uns a priori bewusst sind und welches apodiktisch gewiss ist[5]. Der Mensch steht unter diesem Gesetz, das heißt unter universalen Regeln, die »jederzeit und notwendig gültig sein müssen«[6]. Die Besonderheit des Menschen besteht darin, dass er die moralische Normativität zum einen kognitiv erfasst, zum anderen sein Handeln nach ihr zu richten vermag. Ersteres erfolgt mittels der Universalisierungsregel, zweites geschieht, sofern das Gesetz unmittelbar den menschlichen Willen bestimmt. Dies ist der Fall, wenn der Mensch aus Pflicht handelt, das heißt, um des moralischen Gesetzes selbst und nicht um anderer Zwecke willen.

Das Vermögen, sittlich zu sein, das heißt, moralische Normen zu erkennen und nach ihnen zu handeln, ist nach Kant die entscheidende menschliche Eigenschaft und macht die menschliche Würde aus. Kein anderes Lebewesen hat diese Fähigkeit. Kein anderes Lebewesen kennt moralische Regeln, nach denen es sein Verhalten richten kann. In seiner Sittlichkeit (Moralfähigkeit) erhebt sich der Mensch über die Naturdinge und hat Würde. »Also ist Sittlichkeit und die Menschheit, so fern sie derselben fähig ist, dasjenige, was allein Würde hat.«[7] Der Mensch hat durch das Vermögen moralischer Selbstbestimmung – Autonomie – einen Status inne, der ihn über alle anderen Dinge hinaushebt, und verdient Achtung[8]. Das, was wir im Grunde achten und mit dem Begriff der

4   Kant, KpV, 142.
5   Kant, KpV, 161.
6   Kant, KpV, 148.
7   Kant, GMS, 68.
8   Kant, GMS, 69.

Würde bezeichnen, ist aus kantischer Sicht nicht der Mensch, sondern die ihm eigene Fähigkeit, sich über die Naturgesetze hinaus autonom zu bestimmen. Durch seine Moralität ist der Mensch »ein gesetzgebend Glied im Reiche der Zwecke«[9]. Es wäre ein tiefer Verstoß gegen diese Ordnung, wenn der Mensch objektiviert und instrumentalisiert, das heißt in seiner Autonomie negiert würde. Denn diesfalls wäre genau das missachtet, was ihn auszeichnet. Deshalb muss der Mensch stets als Zweck an sich geachtet werden. Kant: »[V]ernünftige Wesen stehen alle unter dem *Gesetz*, dass jedes derselben sich selbst und alle andere *niemals bloß als Mittel*, sondern jederzeit *zugleich als Zweck an sich selbst* behandeln solle.«[10] Teilhabend an der Autonomie hat das menschliche Individuum einen absoluten inneren Wert. Es ist über jeden Preis erhaben[11].

Der Mensch, dem Kant Würde zuschreibt, ist der »Vernunftmensch« (im Gegensatz zum »Tiermenschen«). »Allein der Mensch als *Person* betrachtet, d.i. als Subjekt einer moralisch-praktischen Vernunft, ist über allen Preis erhaben; denn als ein solcher (homo noumenon) ist er nicht bloß als Mittel zu anderer ihren, ja selbst seinen eigenen Zwecken, sondern als Zweck an sich selbst zu schätzen, d.i. er besitzt eine *Würde* (einen absoluten inneren Wert)[12][.]« Kant abstrahiert bezüglich der Würde mithin von konkreten einzelnen Menschen (die möglicherweise keine Autonomie haben) und schreibt dem Menschen an sich Würde zu, den er als Vernunftwesen begreift. Kants Würde-Konzeption ist damit von metaphysischen Vorannahmen über Dinge an sich geprägt. In jedem Menschen, unabhängig von aktuell vorliegender Autonomie, haben wir die »Menschheit« zu achten, das Menschsein, das als solches mit Würde und Selbstbestimmung verbunden ist[13].

1.3 Handlungsfähigkeit *(agency)*

Alle modernen Würde-Theorien stehen in gewisser Weise in Kants Fußstapfen. Im Folgenden sollen einige dieser Theorien betrachtet werden, wobei ich zwei Theoriefamilien besonders hervorheben möchte: Die eine knüpft an die Handlungsfähigkeit an, um die menschliche Würde zu erklären; die andere bezieht sich auf das Phänomen der Demütigung[14].

9 Ebd.
10 Kant, GMS, 66.
11 Kant, GMS, 68.
12 Kant, MdS, 569.
13 Vgl. Kant, ebd.
14 Übersichten zu aktuellen Würde-Theorien finden sich z.B. bei Schaber 2012b, 49–68, sowie Mahlmann 2008, 248–261.

Verschiedene aktuelle Theorien versuchen die Würde damit zu erklären, dass der Mensch über eine Handlungsfähigkeit (engl. *agency*) verfügt. Diese Deutungen weisen eine erhebliche Nähe zu Kant auf. Ein gewisser Unterschied liegt darin, dass Kant besonders die moralische Selbstbestimmung ins Zentrum stellte, während bei der *agency*-Perspektive die Handlungsfähigkeit im Allgemeinen im Mittelpunkt steht[15]. Zwei Autoren, die *agency*-Theorien entwickelt haben, sind Alan Gewirth und James Griffin.

Gewirth begründet Menschenrechte in mehreren Argumentationsschritten. Ausgangspunkt ist der Umstand, dass Menschen als rationale Akteure bestimmte Ziele verfolgen und diese Ziele als gut bewerten. Daraus folgt nach Gewirth, dass sie auch die Bedingungen, die zum Erreichen dieser Ziele nötig sind, positiv bewerten müssen. Diese Bedingungen bestehen in Freiheit und Wohlergehen *(well-being)*. Nach Gewirth sind diese Güter die Gegenstände von Menschenrechten. Es handelt sich bei Freiheit und Wohlergehen um die notwendigen Bedingungen des menschlichen Handelns. Jeder Mensch, der handelnd Ziele verfolgt, *muss* aus seiner internen Perspektive diese Güter besitzen. Daraus folgt nach Gewirth logisch, dass jede Person ein Recht auf Freiheit und Wohlergehen hat[16].

Der Umstand, dass eine Person ein zukunftsgerichteter Akteur ist, der Ziele hat, die er realisieren möchte, ist ein hinreichender Grund, damit diese Person Menschenrechte hat. Da dieser Zusammenhang bei allen Menschen gegeben ist, wäre es nach Gewirth selbstwidersprüchlich, wenn ein Akteur anderen Personen diese fundamentalen Rechte nicht zusprechen würde. Aus diesem Grund ist die Generalisierung dieser Ansprüche ihm zufolge zwingend[17].

Da bei Gewirth das rationale, zielgerichtete Handeln von Personen die Grundlage der Menschenrechte bildet, entsteht ein Problem in Bezug auf Akteurinnen und Akteure, die nicht zu rationalem Handeln in der Lage sind (wie etwa Kleinkinder, Demente usw.). Gewirth vertritt die Auffassung, dass diese Personen die Menschenrechte in einem proportional zu ihrer Handlungsfähigkeit geringeren Ausmaß besitzen[18].

Die Würde ist für Gewirth' Argumentation an sich nicht zentral. Er führt sie jedoch ebenfalls ein und verknüpft sie eng mit der menschlichen Handlungsfähigkeit. Der Mensch, der Ziele verfolgt, schreibt diesen Zielen Wert zu. Als Quelle dieser Wertzuschreibung muss er sich selbst nach Gewirth erst recht Wert zuschreiben. Dieser Wert ist nach Gewirth die inhärente Würde[19]. Grundlage derselben ist somit die menschliche

---

15 Vgl. Kateb 2011, 14.
16 Gewirth 1982, 3 f., 15, 20, 46–51.
17 Gewirth 1982, 51 f.
18 Gewirth 1982, 8, 55.
19 Gewirth 1982, 29.

Handlungsfähigkeit[20]. Als Akteur, der selbstgewählte und damit für ihn wertvolle Ziele verfolgt, hat der Mensch Würde.

Ähnlich konzipiert James Griffin die menschliche Würde, wobei auch in seiner Theorie die Menschenrechte im Zentrum stehen und die Würde in diesem Zusammenhang eher am Rande behandelt wird. Was den Menschen ausmacht, ist nach Griffin die Fähigkeit, eine Konzeption des guten, wertvollen Lebens zu wählen[21]. Griffin verwendet für dieses Vermögen den Begriff der normativen Handlungsfähigkeit *(normative agency)* bzw. des Menschseins *(personhood)*. Die Handlungsfähigkeit weist verschiedene Facetten auf: Autonomie, minimale Versorgung *(minimum provision)* und Freiheit[22]. Autonomie besteht in der Fähigkeit, den eigenen Lebensweg selbstbestimmt zu wählen, das heißt nicht von anderen dominiert oder kontrolliert zu sein. Minimale Versorgung bedeutet, dass ein Minimum an Bildung und materiellen Ressourcen gegeben sein muss, damit ein Mensch tatsächlich selbstbestimmt leben kann. Die Freiheit heißt, dass Dritte die Realisation des Lebensplanes nicht behindern. Während es bei der Autonomie also um die Wahl des Lebensplanes geht, betrifft die Freiheit dessen reale Umsetzung.

Um Menschenrechte bestimmen zu können, müssen nach Griffin neben der menschlichen Handlungsfähigkeit auch praktische Umstände *(practicabilities)* berücksichtigt werden. Dies betrifft die konkreten Gegebenheiten in einer bestimmten Gesellschaft und zu einer bestimmten Zeit. Damit die Menschenrechte sozial anwendbar *(socially manageable)* werden und sind, müssen sie auf diese Bedingungen hin konkretisiert werden. Stellte man allein auf die Werte der *personhood* ab, blieben die Rechte zu unbestimmt[23].

Was die Würde des Menschen ausmacht, ist nach Griffin die Fähigkeit, eine Lebenskonzeption zu wählen und zu verfolgen, und damit die normative Handlungsfähigkeit[24]. Dementsprechend kommt Lebewesen, die diese Voraussetzungen nicht erfüllen und die damit keine *normative agents* sind, keine Würde zu. Das betrifft etwa Kleinkinder oder geistig schwer Behinderte[25].

Griffin und Gewirth sehen die Würde des Menschen somit in einer bestimmten Handlungsfähigkeit begründet, in der Fähigkeit, selbstgewählte Ziele zu verfolgen und eine Lebenskonzeption zu wählen. Bei beiden führt das zur Folgerung, dass einzelne menschliche Individuen nicht in vollem Umfang an der Würde beziehungsweise an den Menschenrechten

---

20 Gewirth 1982, 5.
21 Griffin 2008, 32.
22 Griffin 2008, 33.
23 Griffin 2008, 38.
24 Griffin 2008, 44.
25 Griffin 2008, 92.

teilhaben. Auf dieses gravierende Problem werden wir in späteren Teilen der Arbeit zurückkommen. Zunächst möchte ich noch eine zweite Familie der Würde-Theorien betrachten.

1.4 Demütigung und Selbstachtung

In jüngerer Zeit ist ein Ansatz einflussreich geworden, der Würde über die Kategorien von Demütigung und Selbstachtung zu erklären versucht. Er wurde vom israelischen Philosophen Avishai Margalit geprägt. Vor allem dessen Buch *The Decent Society* war hierbei einflussreich. Allerdings geht es Margalit in diesem Buch nicht um eine Theorie der Würde[26]. Margalits Thema ist das Modell einer anständigen Gesellschaft, das er der gerechten Gesellschaft im Sinne von John Rawls gegenüberstellt.[27]

Eine anständige Gesellschaft ist nach Margalit eine, in der Menschen nicht durch Institutionen gedemütigt werden. »Demütigung« meint »alle Verhaltensformen und Verhältnisse, die einer Person einen rationalen Grund geben, sich in ihrer Selbstachtung verletzt zu sehen.«[28] Eine anständige Gesellschaft bekämpft folglich Verhältnisse, durch die sich ihre Mitglieder mit Recht gedemütigt fühlen können. Bezüglich der objektiven Kriterien, die damit eingeführt sind, und welche bestimmen, wann eine Person einen guten Grund hat, sich gedemütigt zu fühlen, bleibt Margalit offen. Die entsprechenden Normen müssen nicht auf einer Moral basieren, die individuelle Rechte ins Zentrum stellt. Die Basis kann nach Margalit auch eine Pflichtmoral oder eine an Zwecken orientierte Ethik bilden[29]. Akte der Demütigung müssen auch nicht in der Verletzung individueller Rechte bestehen. So kann beispielsweise die Verweigerung von politischen Rechten, die Margalit nicht zu den Menschenrechten zählt, demütigend sein, ohne gegen grundlegende Rechte zu verstoßen. Die Beachtung der Menschenrechte in einer bestimmten Gesellschaft ist umgekehrt kein hinreichender Grund dafür, sie als anständige Gesellschaft zu begreifen.[30]

In den Spuren Margalits haben andere Autorinnen und Autoren ebenfalls die Verletzung der Selbstachtung ins Zentrum ihres Würde-Verständnisses gestellt[31]. Die Interpretationen gehen dabei im Einzelnen

---

26 Die deutsche Übersetzung des Titels mit *Politik der Würde* ist insofern irreführend.
27 Margalit 1997, insb. 11, 180 f., 310 f.
28 Margalit 1997, 23.
29 Margalit 1997, 56.
30 Margalit 1997, 59 f.
31 Vgl. Hörnle 2013; Nida-Rümelin 2009, 236–258; Pollmann 2022, insb. § 13; Schaber 2010, insb. 50–63; Balzer/Rippe/Schaber 1998, 28–31.

auseinander. So betrachtet Peter Schaber die Selbstachtung als eine Selbstverfügung im Sinne der Möglichkeit, über grundlegende Dinge selbst zu entscheiden[32]. Zu schützen ist ihm zufolge unter dem Aspekt der Menschenwürde diese Selbstverfügung. Würde haben heißt nach Schaber, die normative Autorität über sich selbst zu haben[33]. Diese Position ist inhaltlich den Ansätzen nahe, die Würde in basaler Handlungsfähigkeit begründet sehen.

1.5 Kommunikationsfähigkeit

Aus den weiteren Würde-Konzeptionen sei diejenige von Jürgen Habermas hervorgehoben, die den Begriff der Menschenwürde kommunikationstheoretisch begründet. Für Habermas kommt Menschenwürde Personen als Teilnehmern an einem menschlichen Interaktionszusammenhang zu. Der Mensch wird zur Person erst durch Kommunikation mit anderen.»Erst im Augenblick der Lösung aus der Symbiose mit der Mutter tritt das Kind in eine Welt von Personen ein, die ihm *begegnen*, die es anreden und mit ihm sprechen können. Keineswegs ist das genetisch individuierte Wesen im Mutterleib, als Exemplar einer Fortpflanzungsgemeinschaft, ›immer schon‹ Person. Erst in der Öffentlichkeit einer Sprachgemeinschaft bildet sich das Naturwesen zugleich zum Individuum und zur vernunftbegabten Person.«[34] Menschenrechte haben nach Habermas nur Personen[35]. Vor dem Eintritt in den Interaktions- und Kommunikationszusammenhang genießt das menschliche Leben zwar Rechtsschutz, ist selbst aber nicht Träger von Menschenrechten[36]. Habermas unterscheidet daher zwischen der Würde des menschlichen Lebens und der Menschenwürde, die Personen zukommt[37].

1.6 Rechtswissenschaftliche Diskussion

Zum Zweck, einen ersten Überblick zu gewinnen, sei auch bereits ein Blick in die rechtswissenschaftliche Literatur geworfen. Später werden wir auf diese noch näher eingehen[38].

32   Schaber 2010, 50–55.
33   Schaber 2012a, 70; Schaber 2013, 60.
34   Habermas 2001, 65.
35   Habermas 2001, 66.
36   Habermas 2001, 66.
37   Habermas 2001, 67.
38   Hinten insb. Kap. 19.

Die juristische Auslegung weist, wie bereits erwähnt, bezüglich der Menschenwürde große Offenheit bzw. Unklarheit auf. Nach wie vor
⟹ einflussreich ist die sog. Objektformel (und das damit verbundene Instrumentalisierungsverbot)[39]. Nach der von Dürig geprägten Formel ist die Menschenwürde getroffen, wenn der konkrete Mensch zum Objekt, zu einem bloßen Mittel, zur vertretbaren Größe herabgewürdigt wird[40]. Die Formel spielt in der juristischen Praxis nach wie vor eine wichtige Rolle, begegnet aber auch vielfacher Kritik. Der Mensch werde nicht selten und unvermeidlich auch als Objekt gebraucht, wird eingewandt[41]; zudem sei die Formel sehr vage[42] und nicht operationabel[43]. Das Bundesverfassungsgericht hat sich diese Einwände in seinem »Abhörurteil« zu eigen gemacht: Der Mensch, so führte es darin aus, sei nicht selten bloßes Objekt nicht nur der Verhältnisse, sondern auch des Rechts, insofern er ohne Rücksicht auf seine Interessen sich fügen müsse. Allgemeine Formeln wie die, dass der Mensch nicht zum bloßen Objekt der Staatsgewalt herabgewürdigt werden dürfe, könnten deshalb lediglich die Richtung andeuten, in der Fälle der Verletzung der Menschenwürde gefunden werden könnten[44]. Das Bundesverfassungsgericht versuchte im genannten Entscheid, die Objektformel zu präzisieren. Eine unzulässige Objektivierung liege besonders dann vor, wenn ein Mensch einer Behandlung ausgesetzt sei, die seine Subjektqualität prinzipiell in Frage stelle, oder wenn in der Behandlung im konkreten Fall eine willkürliche Missachtung der Würde des Menschen liege. Die Behandlung müsse, wenn sie die Menschenwürde berühren solle, Ausdruck der Verachtung des Werts sein, der dem Menschen kraft seines Personseins zukommt[45]. Diese Ausdeutung stieß ihrerseits auf Kritik. Dagegen wurde etwa eingewandt, dass es nicht von den Intentionen des Handelnden abhängen könne, ob die Menschenwürde verletzt sei; auch eine willkürfreie und in guter Absicht vorgenommene Handlung könne eine Menschenwürdeverletzung darstellen[46].

In der deutschen Doktrin wird die Objektformel im Hinblick auf die erwähnten Probleme als nur noch beschränkt hilfreich betrachtet. Sie

---

39 Zusammenfassend dazu Neumann 2013, 334–336.
40 Dürig 1956, 127; ders. 1958, Rz. 28 zu Art. 1 GG; vgl. in der Rechtsprechung BVerfGE 9, 89 (95); 27, 1 (6); 28, 386 (391); 45, 187 (228); 50, 166 (175); 72, 105 (116); 87, 209 (228).
41 H. Dreier 2013a, Rz. 55 zu Art. 1 GG; Hofmann 1993, 360; Kloepfer 2001, 95.
42 H. Dreier 2013a, Rz. 55.
43 Isensee 2006, 185.
44 BVerfGE 30, 1 (25 f.).
45 BVerfGE 30, 1 (26).
46 Vgl. H. Dreier 2013a, Rz. 55; Geddert-Steinacher 1990, 45–51; Häberle 2004, Rz. 9.

sei eine, so etwa Herdegen im Grundgesetz-Kommentar Maunz/Dürig, letztlich nicht mehr tragende Orientierungshilfe[47]. Gleichzeitig bemerkt diese Kommentierung freilich, dass die Objektformel bisher von keinem überlegenen Interpretationsansatz verdrängt worden sei[48]. Im Ergebnis besteht in der Staats- und Verfassungsrechtslehre erhebliche Unklarheit bezüglich des Inhaltes der Menschenwürde. Der Begriff der Menschenwürde sei unbestimmt und konkretisierungsbedürftig[49], schwierig zu präzisieren[50], ja weitgehend in abstraktem Sinne undefinierbar[51], wird etwa festgestellt[52].

1.7 Geprägt durch Kant

Die gegenwärtige Debatte um die Menschenwürde ist nach wie vor geprägt durch Kant. Dessen Begriffsbestimmung bleibt der zentrale Bezugspunkt aller Debatten um die menschliche Würde bis heute. Die neueren Ansätze weisen teilweise eine erhebliche Nähe zu Kant auf. Dies gilt insbesondere für die Theorien, die die Handlungsfähigkeit *(agency)* ins Zentrum stellen. Auch dabei wird die menschliche Selbstbestimmung ins Zentrum gestellt, auch wenn sie stärker vom Moralischen gelöst wird als bei Kant. Zudem fehlen natürlich die metaphysischen Komponenten, die dessen Philosophie aufweist. Die Ansätze, welche sich auf Demütigung und verletzte Selbstachtung beziehen, sind etwas weiter von Kant entfernt. Sie gehen allerdings (wie auch die *agency*-Theorien) mit erheblichen Schwierigkeiten einher, wie im nächsten Kapitel deutlicher werden wird.

Die rechtswissenschaftliche Debatte um die Menschenwürde ist ebenfalls kantisch geprägt. Im Zentrum steht nach wie vor die »Objektformel«, das heißt die Maxime, dass ein Mensch nicht zum Objekt herabgewürdigt werden darf. Diese Deutung ist mit dem Würde-Verständnis Kants und namentlich mit dessen Forderung, dass kein Mensch zu einem bloßen Mittel werden darf, nicht gleichzusetzen, inhaltlich aber eng verwandt.

Auch die folgenden Überlegungen schließen an Kant an. Hinter dessen Würde-Verständnis kann keine moderne Interpretation zurück.

---

47 Herdegen 2009, Rz. 38.
48 Herdegen 2009, Rz. 36.
49 In der Schweiz Mastronardi 2014, Rz. 45.
50 In der Schweiz Mahon 2003, Rz. 5.
51 Doehring 1984, 281.
52 Nach der Ansicht einiger Autoren handelt es sich bei der Menschenwürde sogar um eine Leerformel, in die im Grunde jeder hineinlesen könne, was er wolle: vgl. Denninger 1973, 25; Hoerster 1983, insb. 95.

Allerdings weist Kants Theorie einige Schwierigkeiten auf, die unter heutigen Bedingungen stark ins Gewicht fallen. Sie sind im folgenden Kapitel näher zu betrachten. Eine zeitgemäße Deutung, wie sie im Folgenden versucht werden soll, muss die theoretischen Gehalte der kantischen Philosophie aufnehmen und diese gleichzeitig so reformulieren, dass diesen Problemen Rechnung getragen wird.

2. Ein Defizit

2.1 Autonomie und Vernunft

Wir haben bisher die theoretischen Ansätze, welche bezüglich der menschlichen Würde vertreten werden, lediglich kurz betrachtet. Im Folgenden möchte ich zu einer kritischen Diskussion dieser Theorien übergehen. Es gilt zu prüfen, ob die bestehenden Ansätze genügen, das heißt, ob sie überzeugende Deutungen der Menschenwürde darstellen. Dabei möchte ich nicht nur eine moral-, sondern auch eine rechtsphilosophische Perspektive einnehmen und überlegen, inwiefern die Deutungen in rechtlicher Hinsicht zu überzeugen vermögen und wo sie Defizite aufweisen. Einen besonderen Brennpunkt bildet dabei die Frage, wer nach der jeweiligen Theorie Trägerin beziehungsweise Träger der menschlichen Würde ist. Es entspricht der juristischen Praxis und zweifellos auch einer moralischen Intuition, dass alle Menschen Trägerinnen und Träger der Menschenwürde sein sollen[1]. Daher ist die Frage wichtig, ob die vertretenen Theorien diese allgemeine Reichweite menschlicher Würde begründen und erklären können.

Ich werde zunächst die Theoriefamilie analysieren, die sich unter dem Begriff der Handlungsfähigkeit *(agency)* versammelt. In diesem Zusammenhang werde ich auch Kants Verständnis aufgreifen, da seine Theorie mit ihrem Bezug auf die moralische Selbstbestimmung eine große Nähe dazu aufweist. Anschließend möchte ich die Theorien, die auf Selbstachtung und Demütigung rekurrieren, erörtern.

Autoren wie Gewirth oder Griffin betrachten die menschliche Handlungsfähigkeit als Grund der Würde. Bereits Kant hatte, relativ ähnlich, die moralische Selbstbestimmung als das betrachtet, was die menschliche Würde ausmacht[2]. Eine Engführung auf einzelne Begriffe (wie Vernunft, Autonomie etc.) sollte hierbei vermieden werden, denn im Grunde geht es um ein ganzes Bündel an Eigenschaften, die kaum scharf voneinander zu trennen sind. Die menschliche Handlungsfähigkeit beziehungsweise Selbstbestimmung ist zum Beispiel untrennbar verknüpft mit der Vernunft. Der Mensch hat das Vermögen, sich selbst und sein Handeln zu bestimmen, weil er imstande ist, rational darüber zu reflektieren. Die Vernünftigkeit wiederum besteht (unter anderem) darin, dass jemand sein Handeln bewusst lenken und auf allgemeine Normen ausrichten

---

1   Es ist juristisch unstrittig, dass *alle* Menschen während ihrer ganzen Lebensdauer Träger des Würdeschutzes sind; vgl. nur Herdegen 2009, Rz. 52 (im Einzelnen kontrovers ist dagegen der vorgeburtliche Würdeschutz).
2   Vorn Kap. 1.

kann[3]. Somit gibt es zwischen Vernunft und Selbstbestimmung einen sehr engen Zusammenhang[4]. Mit der menschlichen Handlungsfähigkeit beziehungsweise Autonomie sind auch andere Eigenschaften verbunden, namentlich die Willensfreiheit. Nur wenn und soweit der Mensch einen freien Willen entwickeln und realisieren kann, ist ihm auch Autonomie zuzusprechen. Ferner ist die Sprache mit diesen Fähigkeiten verwandt, da bewusste Reflexion und Willensbildung schwerlich außerhalb einer Sprache erfolgen können. Des Weiteren ist in diesem Zusammenhang das Bewusstsein zu nennen. Nur als Wesen, das sich selbst bewusst ist, kann der Mensch sein Verhalten reflektieren und lenken.

Die einzelnen Aspekte, von denen je nach Autorin oder Autor einzelne besonders hervorgehoben werden, verweisen aufeinander und bilden einen Zusammenhang. Der Mensch wird als besonders und würdig betrachtet, weil er handlungsfähig, autonom, vernünftig, sprachfähig, sich seiner selbst bewusst und frei ist. Diese Linie der Würde-Begründung ist, in vielen Facetten, eine seit jeher dominante. Sie ist allerdings mit der zentralen Schwierigkeit verknüpft, dass einzelne Individuen den damit gesetzten Anforderungen nicht entsprechen. Einzelne Menschen weisen die Eigenschaften, die mit der Fähigkeit bewusster Selbstbestimmung verbunden sind, nicht auf. Das ist besonders bei Personen mit schwersten geistigen Behinderungen, irreversibel Komatösen oder schwer Demenzkranken der Fall – bei Personengruppen also, die unter dem Begriff der _marginal cases_ zusammengefasst werden[5]. Auf der Basis der Theorien, die auf Autonomie, Vernunft etc. rekurrieren, ist es schwierig zu erklären, warum auch diesen Menschen Würde zukommt. Besonders mit diesem Problem haben wir uns daher im Folgenden zu befassen.

3   Vgl. Korsgaard 2017, 269.

4   Dies kommt auch darin zum Ausdruck, dass Kant hinsichtlich des besonderen Status' des Menschen namentlich gegenüber Tieren sowohl bei der Vernunft, als auch bei der Autonomie im Sinne sittlicher Selbstbestimmung ansetzt; zum Bezug auf die Autonomie vorn Kap. 1.2, zum Bezug auf die Vernunft etwa GMS, 60: »Die Wesen, deren Dasein zwar nicht auf unserm Willen, sondern der Natur beruht, haben dennoch, wenn sie vernunftlose Wesen sind, nur einen relativen Wert, als Mittel, und heißen daher _Sachen_, dagegen vernünftige Wesen _Personen_ genannt werden, weil ihre Natur sie schon als Zwecke an sich selbst, d.i. als etwas, das nicht bloß als Mittel gebraucht werden darf, auszeichnet, mithin so fern alle Willkür einschränkt (und ein Gegenstand der Achtung ist).«

5   Im Deutschen spricht man auch vom »Argument der nicht-paradigmatischen Fälle«.

2.2 Das Problem der *Marginal Cases*

Griffin beispielsweise zieht aus seinen theoretischen Annahmen die Schlussfolgerung, dass nicht-autonome Personen keine Trägerinnen und Träger von Würde seien[6]. Diese Folgerung ist aus der Sicht seiner Theorie konsequent, aber auch offensichtlich unbefriedigend. Die Menschenwürde ist als normatives Konzept mit dem Anspruch verknüpft, allen Menschen einen gewissen Schutz zu gewähren, und sie wird gerade bei den genannten, besonders vulnerablen Personengruppen (wie Demenzkranke, Komatöse usw.) praktisch besonders aktuell. Deshalb sind verschiedene Antwortversuche entwickelt worden, um gleichwohl *alle* Menschen einzubeziehen[7]. Vor allem zwei davon stechen hervor und sollen im Folgenden näher betrachtet werden: das Potenzialitätsargument sowie das Argument, dass die jeweilige Eigenschaft nicht dem einzelnen Individuum, sondern der Gattung zukomme[8]. ~~Argument from Kinds~~ → 20

(a) Mit dem Argument der Potenzialität wird vorgebracht, dass die jeweilige Eigenschaft – wie Rationalität oder Autonomie – zwar aktuell bei einigen Menschen (z.b. Kleinkindern) nicht vorliegt, dass aber alle Menschen das Potenzial hätten, die jeweilige Eigenschaft zu entwickeln[9]. Dieses Argument begegnet gewichtigen Gegenargumenten. So lässt sich mit guten Gründen einwenden, dass Potenzialität allein keine moralische Relevanz habe. So ist etwa der Umstand, dass (fast) alle Menschen das Potenzial haben, Mörder zu sein, kein Grund, sie wie Mörder zu behandeln. Des Weiteren spricht gegen das Potenzialitätsargument, dass es in seinen Konsequenzen zu weit reicht. Es trifft auch auf menschliche Embryonen (oder gar Zygoten) zu, denen aber in der Regel nicht der gleiche moralische Status zugesprochen wird wie Menschen[10]. Überdies ist zumindest fraglich, ob das Argument auch für post- oder nonrationale Menschen Gültigkeit beanspruchen kann[11]. Bei diesen besteht das Potenzial zur Vernunft oder Autonomie unter Umständen nicht (mehr).

(b) Der andere wichtige Versuch, mit dem Problem der *marginal cases* umzugehen, besteht in der Überlegung, dass die angenommenen Qualitäten wie Vernunftfähigkeit und Autonomie nicht den einzelnen Individuen, sondern der Gattung Mensch zukämen. Man spricht in diesem

---

6   Vgl. Griffin 2008, 91–95.
7   Ausführlich dazu Pluhar 1995, 67–123.
8   Vgl. Stucki 2016, 49 f.
9   Siehe dazu etwa Garner 2013, 145–147; Višak 2018, 152 f.; Wieland 2003, 149–168.
10 Leist 1990, 24 f.; Nobis 2008, 333; Pluhar 1995, 107–113; Tooley 2011, 352.
11 Garner 2013, 146.

29 ← Zusammenhang auch vom *argument from kinds*[12]. Auch dazu bestehen jedoch gewichtige Einwände: Die Zugehörigkeit zu einer Gattung allein ist kein überzeugender Ansatzpunkt, um daraus moralische Konsequenzen zu ziehen[13]. Der Mensch kann nicht allein aufgrund seines Menschseins moralisch höher bewertet werden als andere Lebewesen.

33 ← Dieses Problem wird besonders unter dem Aspekt des »Speziesismus« diskutiert.

Das damit verbundene Argument besagt im Kern, dass Individuen nicht allein aufgrund ihrer Artzugehörigkeit unterschiedlich behandelt werden dürfen[14]. Bewusst wird mit dem Begriff des Speziesismus an Kategorien wie Rassismus oder Sexismus angeknüpft. Auch in diesen Fällen erfolgt eine Privilegierung bestimmter Individuen allein aufgrund der Gruppenzugehörigkeit. Jeder Versuch, die menschliche Würde an Eigenschaften wie Vernunftfähigkeit oder Autonomie zu knüpfen, führt fast unweigerlich zu einer Problematik dieser Art. Im Kern wird menschlichen *Individuen* dabei ein bestimmter moralischer Status zugesprochen, weil sie Angehörige der *Gattung* Mensch sind, der wiederum bestimmte Eigenschaften zugesprochen werden.

Somit lässt sich als Zwischenergebnis formulieren, dass das Potenzialitätsargument nicht genügt, um das Problem der *marginal cases* zu lösen, das bei Theorien besteht, die auf Vernunft, Autonomie etc. rekurrieren. Die Anknüpfung an die Gattung wiederum *(argument from kinds)* wäre nur möglich, wenn der Speziesismus-Einwand erfolgreich ausgeräumt werden könnte, das heißt, wenn gezeigt werden könnte, dass dabei nicht in unzulässiger Weise eine Gattung gegenüber anderen privilegiert würde. Verschiedene Versuche, dieses Problem zu lösen und dem Vorwurf des Speziesismus zu begegnen, sollen im Folgenden diskutiert werden.

2.3 Antworten auf den Speziesismus-Vorwurf

Das Argument, dass die Gattungszugehörigkeit allein den moralischen Status nicht bestimmen kann, ist philosophisch breit akzeptiert[15]. Es fehlt jedoch nicht an Stimmen, die eine besondere moralische Berücksichtigung von Menschen gegen diesen Vorwurf zu verteidigen suchen. Wichtige Argumente dazu haben Korsgaard und Anderson eingebracht.

---

12 Vgl. C. Cohen 1986, 866.

13 Vgl. Garner 2013, 146; Nobis 2008, 327–343; Tooley 1983, 61–77.

14 Singer 2013, 98–107; Cavalieri 2001, 69–85; Denkhaus 2018; Rippe 2008, 47–52.

15 Vgl. Leist 1990, 22. Zu verschiedenen Argumenten zur Verteidigung des Speziesismus Stucki 2016, 53–57; Pluhar 1995, 139–178; Cavalieri 2001, 76–85; Denkhaus 2018, 205 f.

Korsgaard weist darauf hin, dass nicht-vernünftige Menschen (Kleinkinder, Komapatienten, Demente usw.) nicht einfach mit anderen Lebewesen gleichgesetzt werden können. Denn bei Menschen, führt sie aus, bedeute es etwas anderes als bei Tieren, wenn sie nicht vernünftig sind. Bei Menschen handle es sich dabei um ein Defizit. Das nichtmenschliche Tier dagegen funktioniere auf seine spezifische Weise perfekt, ohne Vernunft zu besitzen[16]. Daher könne von der Existenz unvernünftiger Menschen nicht darauf geschlossen werden, dass zwischen Menschen und Tieren keine Grenze bestehe beziehungsweise keine Grenze zu ziehen sei. Elisabeth Anderson weist auf einen anderen Aspekt hin[17]. Menschen leben, so gibt sie zu bedenken, in einem Beziehungssystem. Auch menschliche Personen ohne Vernunft existieren in der menschlichen Gemeinschaft. Andere Menschen kümmern sich um sie und versuchen, ihre Defizite auszugleichen[18]. In dieser Hinsicht habe die Spezieszugehörigkeit sehr wohl eine Bedeutung. »Es ist ein Bedeutungssystem, in dem Menschen qua Menschen einen Status – eine Art von Würde – haben, der höher ist als der von Tieren.«[19]

Die Hinweise von Korsgaard und Anderson erscheinen treffend, und wir werden in anderen Zusammenhängen darauf zurückkommen[20]. Sie dürften jedoch nicht geeignet sein, eine scharfe Grenzziehung zwischen Menschen und Tieren im Sinn des Speziesismus zu begründen[21]. Eine moralische Höherbewertung von Menschen ist aufgrund der Argumente von Korsgaard und Anderson nicht ohne weiteres zu rechtfertigen. So macht es in der Tat einen Unterschied, ob Menschen oder Tiere nicht-rational sind, wie Korsgaard hervorhebt. Allerdings spricht das nicht unbedingt für eine Höherbewertung des menschlichen Individuums gegenüber Tieren. Es bleibt dabei, dass unter dem Aspekt der Vernünftigkeit ein nicht-rationaler Mensch einem Tier nicht überlegen ist. Soweit also die Vernunft oder damit verwandte Eigenschaften wie Handlungsfähigkeit, Selbstbestimmung etc. zur Grundlage der Würde erklärt werden, besteht weiterhin das Problem der *marginal cases*.

Ähnlich verhält es sich beim Argument, das Anderson vorbringt: Es bedeutet in der Tat einen wesentlichen Unterschied, dass nicht-rationale und nicht-autonome Menschen in einem Bezugssystem leben, in dem versucht wird, ihre Defizite auszugleichen. Auch dies legitimiert aber nicht unbedingt eine moralische Höherbewertung des Menschen insbesondere

16 Korsgaard 2017, 277; dies. 2021, 116 f. Vgl. auch Nussbaum 2014, 266 f., 493.
17 Vgl. ferner Hursthouse 2017, 325 f.
18 Anderson 2017, 293–298. Vgl. auch Nussbaum 2014, 493.
19 Anderson 2017, 297.
20 Vgl. hinten Kap. 6.
21 Eine solche Grenzziehung wäre auch nicht im Sinne von Korsgaard und Anderson; zu Anderson sogleich, zu Korsgaard hinten Kap. 11.2.

gegenüber Tieren im Sinne eines Speziesismus. Dass Menschen deswegen, weil sie in einem menschlichen Beziehungssystem leben, einen höheren Status hätten, ist jedenfalls nicht zwingend[22]. Die Argumentation von Anderson weist selbst in diese Richtung: Es sei nicht klar, so führt sie aus, welche Rechte von sozialen Beziehungen abhängen würden[23]. Wenn die sozialen und natürlichen Bedingungen für Rechte einbezogen würden, bedeute das nicht automatisch, dass alle Tiere aus dem Bereich der Rechtsträger auszuschließen seien. Tiere, die selbst Teil der menschlichen Gemeinschaft seien, könnten eingeschlossen werden[24]. Auch zwischen Menschen und Tieren gibt es Verhältnisse der Fürsorge und Hilfeleistungen. Die normativen Ansprüche von solchen Gegebenheiten abhängig zu machen, könnte sie in problematischer Weise variabel machen.

Somit ist bisher nicht zu erkennen, wie Theorien, die zur Erklärung menschlicher Würde auf Eigenschaften wie Vernunft oder Autonomie Bezug nehmen, das Problem der *marginal cases* erfolgreich beheben könnten. Es gibt zwar Unterschiede zwischen Menschen und Tieren, auf die besonders Korsgaard und Anderson hinweisen. Doch das grundlegende Problem, dass einige Individuen dem nicht gerecht werden, was mit den Theorien von Autonomie, Handlungsfähigkeit und Vernunft vorausgesetzt wird, bleibt bestehen. Die Anknüpfung an die Gattung ist kein überzeugendes Argument, um Menschen (als solche) höher zu bewerten als andere Lebewesen. Eine Möglichkeit, mit dieser Schwierigkeit umzugehen, besteht in der Bezugnahme auf die menschliche Natur.

2.4 Natur des Menschen

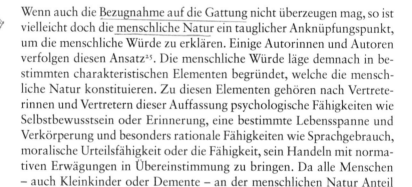

Wenn auch die Bezugnahme auf die Gattung nicht überzeugen mag, so ist vielleicht doch die menschliche Natur ein tauglicher Anknüpfungspunkt, um die menschliche Würde zu erklären. Einige Autorinnen und Autoren verfolgen diesen Ansatz[25]. Die menschliche Würde läge demnach in bestimmten charakteristischen Elementen begründet, welche die menschliche Natur konstituieren. Zu diesen Elementen gehören nach Vertreterinnen und Vertretern dieser Auffassung psychologische Fähigkeiten wie Selbstbewusstsein oder Erinnerung, eine bestimmte Lebensspanne und Verkörperung und besonders rationale Fähigkeiten wie Sprachgebrauch, moralische Urteilsfähigkeit oder die Fähigkeit, sein Handeln mit normativen Erwägungen in Übereinstimmung zu bringen. Da alle Menschen – auch Kleinkinder oder Demente – an der menschlichen Natur Anteil

22   Vgl. auch Ladwig 2020, 193.
23   Anderson 2017, 303.
24   Anderson 2017, 308 f.
25   Vgl. Tasioulas 2013, 305–308; Lee/George 2008.

hätten, so argumentieren diese Autorinnen und Autoren, seien sie auch alle Trägerinnen und Träger der menschlichen Würde[26].

Mit der »menschlichen Natur« wäre es möglich, eine Grenze zwischen menschlichen und nichtmenschlichen Lebewesen zu ziehen. Doch führen diese Überlegungen auf einen kaum haltbaren Essentialismus zurück. Dem Menschen als solchen werden hierbei bestimmte Fähigkeiten und Eigenschaften zugesprochen. Im Kern ist es wiederum das Menschsein beziehungsweise die Zugehörigkeit zur Gattung Mensch, das bzw. die in diesem Fall den moralischen Status bestimmt. Eine schwer demente Person hat nicht die Fähigkeit, die Sprache zu gebrauchen oder normative Erwägungen in die Tat umzusetzen. Wenn bezüglich ihrer Würde auf die menschliche »Natur« verwiesen wird, ist dies im Grunde nichts anderes, als wenn auf das Menschsein selbst verwiesen wird, womit von neuem alle Probleme auftauchen, die im Zusammenhang mit dem Stichwort des Speziesismus erörtert wurden.

Somit schlägt auch die Bezugnahme auf die menschliche Natur nicht durch. Eine andere, damit verwandte Überlegung besteht in einem Argument notwendiger Typisierung. Dabei wird an ein herkömmliches Kriterium wie etwa Autonomie angeschlossen. Zusätzlich wird argumentiert, dass es unsicher sei, wann die Selbstbestimmung bei einem Kleinkind tatsächlich einsetze. Unter den Bedingungen dieser Unsicherheit sei für den Beginn des Menschenwürdeschutzes ein Zeitpunkt anzugeben. Dies sei der Zeitpunkt der Geburt, da jeder Zeitpunkt danach unsicher und wenig praktikabel wäre[27]. Nachvollziehbar an diesen Argumenten ist, dass bezüglich der Selbstbestimmung und deren Beginn eine gewisse Abstraktion vonnöten ist – doch erscheint gerade der Zeitpunkt der Geburt unter diesen Voraussetzungen wenig plausibel. Die Geburt markiert bezüglich der Selbstbestimmung des Individuums keine entscheidende Grenze; der ein Tag alte Säugling ist bezüglich der bewussten Selbstgestaltung seines Lebens vom Zustand, den das ungeborene Kind unmittelbar vor der Geburt aufgewiesen hatte, nicht wesentlich verschieden.

2.5 Und Kant?

Alle Argumentationen, die an Eigenschaften wie Vernunft oder Autonomie anknüpfen, scheitern am Umstand, dass bestimmte menschliche Individuen diese Eigenschaften nicht aufweisen. Wie aber hatte das beim »Vater« der modernen Menschenwürde, bei Kant, ausgesehen? Gelingt es ihm, dieses Problem zu lösen und allen Menschen Würde zuzusprechen?

26 Tasioulas 2013, 305.
27 Von der Pfordten 2017, 257.

Kant hatte, wie wir gesehen haben, bezüglich der Würde an die moralische Selbstbestimmung bzw. Autonomie angeknüpft[28]. Damit stellt sich auch bei ihm das Problem, dass nicht alle Menschen einbezogen werden können, da einige von ihnen zu einer autonomen Verhaltenssteuerung nicht in der Lage sind. Kant diskutiert dieses Problem jedoch nicht. Es hatte sich ihm nicht gestellt, da er die Würde auf den Menschen an sich bezog. Würde hat nach Kant der Mensch als Vernunftwesen. Kant knüpft somit an eine Idee des Menschen an, seine Konzeption erstreckt sich in eine ontologische und metaphysische Dimension. Diese Annahmen sind heute problematisch und nicht mehr allgemein akzeptiert. Wenngleich Kants Konzeption eine sehr wichtige, ja die wichtigste Basis jedes aktuellen Würde-Verständnisses bildet, kann in dieser Hinsicht daher nicht vorbehaltlos an sie angeschlossen werden. Bezüglich der Frage, wie die Würde nicht-autonomer Personen *(marginal cases)* zu erklären ist, liefert sie keine heute allgemein akzeptablen Antworten.

2.6 Selbstachtung

Die andere in der Gegenwartsphilosophie besonders wichtige Theorieströmung zur Menschenwürde nimmt auf Akte der Demütigung beziehungsweise verletzter Selbstachtung Bezug. Auch diese Interpretation soll im Folgenden kritisch geprüft werden. Auch sie begegnet diversen Schwierigkeiten, die näher zu betrachten sind.

Bei einer Demütigung handelt es sich um eine individuelle Empfindung. Jede Person fühlt sich aus anderen Gründen und bei einem anderen Maß der Herabsetzung gedemütigt. Während die einen vergleichsweise resistent sind gegenüber Formen äußerer Herabsetzung, sind andere sensibler. Die Würde-Konzeption kann an diese faktischen Unterschiedlichkeiten nicht gebunden werden, da sie sich dann von der jeweiligen persönlichen Disposition abhängig machte und bei einigen Menschen schon Würdeverletzungen aus objektiv nichtigem Anlass annehmen müsste[29]. Vertreterinnen und Vertreter einer Würde-Konzeption, welche die verletzte Selbstachtung ins Zentrum stellt, führen deshalb in der Regel objektivierbare Kriterien ein, die Demütigungen näher bestimmen sollen. Margalit spricht von einem rationalen bzw. triftigen Grund dafür, in seiner Selbstachtung verletzt zu sein, der gegeben sein muss[30]. Dieses Kriterium ist allerdings sehr unscharf und lässt vieles offen[31]. Andere Theoretiker rekurrieren auf grundlegende Rechte, die verletzt sein müssen,

---

28 Vorn Kap. 1.2.
29 Hilgendorf 2013, 128.
30 Margalit 1997, insb. 148 f.
31 Hilgendorf 2013, 130.

um von einer Demütigung im Sinne einer Würdeverletzung sprechen zu können[32]. Soweit versucht wird, (Menschen-)Rechte mit der Würde zu begründen, wird die Argumentation dadurch jedoch zirkulär.

Grundsätzlich zeigt sich, dass Kriterien außerhalb von Demütigung respektive verletzter Selbstachtung herangezogen werden müssen, um den Kreis der relevanten Phänomene sinnvoll abzugrenzen. Ein zweites Problem des Ansatzes, der Würde mit verletzter Selbstachtung und Demütigung verbindet, liegt darin, dass es viele demütigende Situationen gibt, die jedenfalls zum *Rechtsbegriff* der Würdeverletzung keinen hinreichenden Bezug haben. Demütigungen sind – leider – durchaus alltäglich; man denke beispielsweise an die Demütigung einer Arbeitnehmerin durch ihre Vorgesetzte, eines Schulkindes durch seine Klassenkameraden und so weiter. Diese Verhaltensweisen sind in ihrer überwiegenden Zahl nicht rechtlich verboten, und es erscheint unmöglich, alle Demütigungen justiziabel zu machen[33]. Folgt man der Sichtweise, dass Würdeverletzungen in Akten der Demütigung bestehen, gibt es mithin viele Würdeverletzungen ohne rechtliche Relevanz. Umgekehrt dürften rechtliche Verletzungen ohne Demütigung möglich sein. Die Tötung eines Menschen etwa hat nicht zwingend demütigenden Charakter[34].

Schließlich besteht auch bei diesem Ansatz das Problem, dass nicht alle Menschen in den Kreis der Würde-Trägerinnen und -Träger einbezogen werden können. Manche von ihnen haben keine Selbstachtung und daher auch kein Empfinden der Demütigung aufgrund verletzter Selbstachtung. Das ist vor allem bei Personen der Fall, die gar kein bewusstes Verhältnis zu sich selbst haben, wie z.b. Säuglinge, geistig schwer Behinderte, Komapatienten. Es stellt sich somit wiederum das Problem der *marginal cases*[35]. Mitunter wird diesem Problem mit sog. Ausweitungsargumenten begegnet. So argumentieren einige Autoren, es dränge sich aus sozialpsychologischen Gründen auf, auch diesen Personen eine Menschenwürde zuzusprechen. Es gebe gute Gründe, das Recht, nicht erniedrigt zu werden, auch Menschen zuzusprechen, die nicht erniedrigt werden können[36]. Damit manifestiert sich freilich das bereits zuvor angesprochene Problem. Es müssen Gründe außerhalb von Selbstachtung und Demütigung herangezogen werden, um eine universale

---

32 Nida-Rümelin 2009, 241.

33 Vgl. Hilgendorf 2013, 132.

34 Das spricht nicht unbedingt gegen eine *philosophische* Würde-Konzeption und -Begrifflichkeit, die auf Selbstachtung und Demütigung rekurriert, lässt aber große Probleme im Hinblick auf *rechtliche* Umsetzungen erkennbar werden. Hilgendorf 2013, 136 erörtert die Möglichkeit, den moralischen vom rechtlichen Würde-Begriff zu trennen.

35 Vgl. Nida-Rümelin 2009, 255; Schaber 2010, 91–95.

36 Vgl. Balzer/Rippe/Schaber 1998, 30. Zu weiteren möglichen Ausdehnungsargumenten Düwell 2011, 437 f.

Würde-Konzeption zu stützen. Die Argumentationslast verschiebt sich zumindest teilweise auf andere Gründe.

2.7 Fehlende Universalität

Die philosophischen Ansätze, die gegenwärtig bezüglich der Deutung der Menschenwürde im Vordergrund stehen, weisen gravierende Probleme auf. Sie haben insbesondere Schwierigkeiten, alle Menschen vorbehaltlos in den Kreis der Würdeträgerinnen und -träger einzubeziehen. Das gilt namentlich in Bezug auf Ansätze, welche eine bestimmte Handlungsfähigkeit beziehungsweise Autonomie ins Zentrum stellen. Einzelne Individuen entsprechen diesen Voraussetzungen nicht, und eine Anknüpfung ans bloße Menschsein beziehungsweise die Gattungszugehörigkeit ist philosophisch nicht überzeugend zu vertreten. »Die Bemühungen, eine kantianische Konzeption der Menschenwürde zu entwickeln«, so stellen Thomas Gutmann und Michael Quante fest, »die alle Menschen zu allen Zeitpunkten ihrer individuellen Existenz einschließt, sind bisher nicht erfolgreich gewesen«.[37]

Dieses Defizit ist schwerwiegend vor allem aus drei Gründen:

– Eine Eingrenzung der Würdeträgerinnen und Würdeträger auf bestimmte Menschen geht an unseren Intuitionen vorbei. Es ist insbesondere nicht überzeugend zu sagen, dass ein Kleinkind keine Würde habe[38].
– Der Würdeschutz ist gerade bei den »Grenzfällen« praktisch besonders relevant. Gerade in Bezug auf Menschen mit Behinderungen, Dauerkomatöse oder Säuglinge sind Postulate des würdigen Umgangs wichtig.
– Eine philosophische Theorie, die bestimmte Menschen nicht in den Kreis der Würdeträgerinnen und -träger einschließt, kann keine Basis

37 Gutmann/Quante 2017, 332.
38 Vgl. Seelmann 2011, 45: »Nun ist auch diese letztere Vorgehensweise nicht ganz unproblematisch. Denn ist Menschenwürde an die Qualität eines ›moral patient‹ gebunden, ließe sich nicht begründen, warum sie auf Menschen beschränkt sein solle – zöge man daraus aber die Konsequenz, doch nur die ›moral agents‹ für würdig zu erachten, so hätte man gänzlich kontraintuitiv diejenigen aus dem Würdeschutz ausgeschlossen, die den Schutz am dringendsten brauchen: Kleinkinder, manche Behinderte, Demente und Komapatienten.« Seelmann fährt fort: »Zu suchen wäre also nach einem Würdebegriff, der keine dieser beiden Schwierigkeiten aufweist, der also genau den Kreis der Menschen umfasst, also aller Menschen, aber auch nur der Menschen – und dies doch ohne Rekurs auf den Speziesismus.«

des rechtlichen Würdeverständnisses sein, das Würde allen Menschen zuspricht.

Dass die unterschiedlichen Theorien ähnliche Schwierigkeiten aufweisen, dürfte mit dem Umstand zusammenhängen, dass sie im Grunde ähnlich ansetzen. Sie suchen nach besonderen Qualitäten und Eigenschaften, die Menschen auszeichnen, und leiten aus ihnen die Würde des Menschen ab[39]. Diese Methodik ist im Grunde noch meritorisch. Es soll daher versucht werden, im Folgenden etwas anders anzusetzen. Das zu entwickelnde Menschenwürde-Verständnis muss der Empfindung gerecht werden, dass ein Mensch würdig nicht nur ist, weil und solange er selbstbestimmt und geachtet ist – würdig ist er auch *und gerade* dann, wenn er nicht autonom, erniedrigt und schwach ist.

39 Vgl. Diamond 2001, 132.

37

3. Unverfügbarkeit des Gewordenen

3.1 Gewordenes und Artefakte

18 ← Kant, der das moderne Verständnis der Menschenwürde geprägt hat, stellte bei seiner Interpretation des Begriffs die moralische Autonomie in den Mittelpunkt, die Fähigkeit des Menschen, sein Verhalten unter moralischen Gesichtspunkten selbst zu bestimmen[1]. Die vorliegende Untersuchung baut auf dieser Deutung auf. Der grundlegende Respekt, den wir anderen Menschen entgegenbringen und den wir mit dem Begriff der Würde bezeichnen, hängt auch nach der vorliegenden Interpretation wesentlich mit der Fähigkeit des Menschen zusammen, sein Handeln selbst zu bestimmen. Kants Theorie weist allerdings einen Mangel auf, den wir bereits berührt hatten[2]. Kant kann die Autonomie zum Anknüpfungspunkt der menschlichen Würde machen, weil er sich dabei auf den Menschen an sich bezieht, nicht auf konkret vorhandene Individuen. Betrachten wir letztere, so ist festzustellen, dass einige von ihnen nicht über das Vermögen verfügen, das Kant dem Menschen zuschreibt und das die Grundlage seiner Würde-Konzeption bildet[3]. Die folgenden Überlegungen möchten diesem Aspekt Rechnung tragen und setzen daher etwas fundamentaler an. Sie sehen die menschliche Würde in einer basalen Selbständigkeit des menschlichen Daseins begründet. Das menschliche Individuum ist von Grund auf ein selbständig Existierendes, weshalb ihm normative Unverfügbarkeit zukommt.

Um dies genauer zu entfalten, ist von der Unterscheidung zwischen natürlichen und hergestellten Dingen (Artefakten) auszugehen. Diese Unterscheidung hat eine sehr lange Tradition. Schon bei Aristoteles spielt sie eine grundlegende Rolle. Am Anfang des zweiten Buches der »Physik« schreibt er:

»Unter den vorhandenen Dingen sind die einen *von Natur aus*, die anderen sind auf Grund anderer Ursachen da. Von Natur aus: Die Tiere und deren Teile, die Pflanzen und die einfachen unter den Körpern, wie Erde, Feuer, Luft und Wasser; von diesen und Ähnlichem sagen wir ja, es sei von Natur aus. Alle diese erscheinen als unterschieden gegenüber

---

1 Vorn Kap. 1.2.
2 Vorn Kap. 2.5.
3 Vgl. Cavalieri 2001, 58: »[O]nce the metaphysical components of [Kant's] theory are given up, it is evident that from an empirical point of view the category of rational beings is not coextensive with the category of human beings.«

dem, was nicht von Natur aus besteht. *Von diesen hat nämlich ein jedes in sich selbst einen Anfang von Veränderung und Bestand*, teils bezogen auf Raum, teils auf Wachstum und Schwinden, teils auf Eigenschaftsveränderung.«[4]

In der »Metaphysik« definiert Aristoteles die Natur als »im ersten und eigentlichen Sinne die Wesenheit der Dinge, welche das Prinzip der Bewegung in sich selbst haben, insofern sie das sind, was sie sind; denn der Stoff wird Natur genannt, weil er diese aufzunehmen fähig ist, das Werden und Wachsen darum, weil es Bewegungen sind, die von dieser ausgehen.«[5] Alle übrigen, nicht-natürlichen Dinge – das Hergestellte, die Artefakte – haben das Prinzip der Bewegung nicht in sich. Keines von diesen Dingen, so Aristoteles, enthalte in sich den Anfangsgrund seiner Herstellung[6].

Die Natur ist zentraler Gegenstand bereits der frühesten griechischen Philosophie, der sog. ionischen Naturphilosophie[7]. Viele Vorsokratiker verfassten Schriften »Über die Natur« (*peri physeos*), in denen vor allem die Ursachen und Prinzipien natürlicher Prozesse behandelt wurden. Bei Platon bekommt der Physis-Begriff dann vor allem in der Gegenüberstellung zu *nomos* Kontur: Dem menschlich gesetzten Recht steht bei ihm das von Natur Gerechte gegenüber[8]. Diese Konzeption wird vor allem in der Auseinandersetzung mit den Sophisten und deren Ansicht, dass das Recht des Stärkeren gelte, entfaltet[9]. Neben *nomos* ist *techne* im Griechischen der Gegenbegriff zu *physis*[10]. Der davon abgeleitete Begriff der Technik ist auch nach heutigem Verständnis der Inbegriff einer planvollen Intervention in das Natürliche.

Hannah Arendt hat die grundlegende Bedeutung der Unterscheidung zwischen den Dingen, die aus sich selbst sind, und den anderen, die ihr Dasein den Menschen verdanken, im griechischen Denken hervorgehoben. Dieser Unterschied sei der Grund für die Vorrangigkeit der Kontemplation gewesen. Dieser Vorrang habe letztlich auf der Überzeugung beruht, dass kein Gebilde von Menschenhand es je an Schönheit und Wahrheit mit dem Natürlichen und dem Kosmischen aufnehmen könne[11].

Auch in der gegenwärtigen philosophischen Diskussion spielt die Unterscheidung zwischen Natürlichem und Artifiziellem, Gewachsenem

---

4   Aristoteles, Phys. II, 1, 192 b 8–15 (Hervorhebungen aus der Übersetzung übernommen).
5   Aristoteles, Met. 5, 4, 1015 a 13–17.
6   Aristoteles, Phys. II, 1, 192 b.
7   Nachweise bei Hager 1984.
8   Platon, Resp. 501 b.
9   Vgl. Gorg. 483e–484c; Resp. 338a–339b.
10 Vgl. die Hinweise bei Honnefelder 2011, 178.
11 Arendt 2016, 25.

und Gemachtem eine Rolle[12]. So ist sie bei Jürgen Habermas' Auseinandersetzung mit Fragen der Biopolitik von großer Bedeutung. Nach Habermas wird die kategoriale Unterscheidung zwischen Naturwüchsigem und Gemachtem durch biotechnische Eingriffe unscharf[13]. Falls Menschen wie Sachen durch andere Menschen designt würden, würde diese Entdifferenzierung in die Existenzweise einer Person hineinreichen – solche Menschen könnten sich nicht mehr allein als natürlich geboren, sondern müssten sich gleichzeitig als künstlich hergestellt erfahren[14]. Dadurch würde die Symmetrie zwischen Menschen zerstört, das designte menschliche Wesen geriete in eine irreversible Abhängigkeit von seinem Designer[15]. Dagegen bringt Habermas das »gattungsethische Selbstverständnis« zur Geltung, das interpersonale Beziehungen als Verhältnisse zwischen moralisch handelnden Akteuren begreift[16]. Dieses Verständnis impliziert eine Symmetrie zwischen Personen und ist daher mit der Unterscheidung zwischen Gewachsenem und Gemachtem verbunden. Nur wenn sich Menschen als nicht (von anderen) hergestellt verstehen können, sind die Grundlagen einer moralischen Gemeinschaft gegeben, die gleiche Achtung für jeden und solidarische Verantwortung für alle verlangt[17].

3.2 Selbststand

Natürliche Dinge haben, so Aristoteles, in sich selbst einen Anfang von Veränderung und Bestand. Das Gewordene und Gewachsene ist durch einen selbstevolutiven Anteil charakterisiert, der zwar eingeschränkt und beeinträchtigt werden kann, aber gleichwohl bestehen bleibt. Entitäten dieser Art weisen, wie man formulieren kann, einen Selbststand auf. Es gibt bei ihnen einen Keim selbständiger Entwicklung[18].

Genau betrachtet, weist der Selbststand von natürlichen Entitäten zwei Facetten auf: zum einen bedeutet er, dass diese Dinge nicht produziert, sondern auf natürliche Weise geworden sind. Sie stehen insoweit für sich selbst, hängen nicht von einem Hersteller ab wie ein Produkt. Zum anderen bedeutet er, dass die natürlichen Dinge – soweit es sich

12 Vgl. Habermas 2001, 80–93; Hilpert 2009; ferner Hampe 2006, 131–143.
13 Habermas 2001, 77, 83, 93.
14 Habermas 2001, 94.
15 Habermas 2001, 105–114.
16 Habermas 2001, 74, 121.
17 Vgl. Habermas 2001, 124.
18 Honneth 2018 verwendet den Begriff des Keims in Bezug auf John Stuart Mill (S. 121). Auch Hannah Arendt verwendet den Ausdruck; dazu hinten Kap. 5.3, dort bei Anm. 8.

um Lebewesen handelt – eigenständig existieren. Die basale Selbständigkeit natürlicher Wesen manifestiert sich in einem Lebensvollzug. Diese beiden Facetten sind eng verknüpft. Die Entitäten können deshalb selbständig existieren, weil sie nicht von anderen produziert, also keine Artefakte sind. Gleichzeitig bedeutet das natürliche Gewordensein bei Lebewesen den Anfang des Existierens. Zeitlich fallen die beiden Aspekte zusammen: Das natürliche Gewordensein (Natalität) ist in eins der Anfang des selbständigen Existierens.

Die Würde im normativen Sinn hängt mit diesen Umständen zusammen. Denn die basale Selbständigkeit indiziert bestimmte Formen adäquaten Verhaltens. Dem Gewordenen und Gewachsenen können wir nur gerecht werden, wenn wir den selbständigen Anteil ihrer Entwicklung respektieren. Natürliche Entitäten wären grundlegend verkannt, wenn sie wie eine Sache oder ein Produkt behandelt würden – als etwas, das der Verfügbarkeit unterliegt. In dieser Forderung adäquaten Handelns besteht die normative Implikation des Selbststandes, für den wir im Folgenden den Begriff der (normativen) Unverfügbarkeit verwenden.

Nun ist klar, dass die Selbstentfaltung bei verschiedenen Lebewesen eine je andere Form hat. Beim Menschen vollzieht sie sich in Form einer bewussten Lebensgestaltung. Dazu sind Pflanzen und Tiere, nach allem, was wir wissen, nicht in der Lage. Der Selbststand ist, was den Lebensvollzug angeht, bei nichtmenschlichen Lebewesen von anderer Art als bei Menschen. Somit sind menschliche und nichtmenschliche Lebewesen verbunden und verschieden zugleich: Sie sind alle nicht produziert, jedoch können die nichtmenschlichen Lebewesen ihr Leben nicht in vergleichbarer Weise frei und bewusst gestalten, wie es Menschen in der Regel tun können. Dem ist, wie später genauer zu zeigen ist, begrifflich und inhaltlich Rechnung zu tragen.

3.3 Gewordenes und Gewachsenes

Das Gewordene, dem Unverfügbarkeit zukommt, ist eine weite Kategorie. Es umfasst neben Lebewesen auch Dinge wie Flüsse, Seen oder Berge. Das *Gewachsene* dagegen umfasst nur die Lebewesen (Menschen, Tiere und Pflanzen). Dies führt zur Frage, ob unter dem Gewordenen spezifisch das Gewachsene verstanden werden und ob der Begriff damit auf Lebendiges beschränkt werden soll[19].

Dies führt auf die beiden Facetten des Selbststandes zurück, die vorhin erläutert wurden. Betont man die Komponente des Nicht-Artifiziellen, so wäre der weite Begriff des Gewordenen zu wählen. Wird dagegen

---

19 Bei Habermas werden »Gewordenes« und »Gewachsenes«, wie es scheint, fast gleichbedeutend verstanden; vgl. Habermas 2001, 80–93.

die Komponente des selbständigen Existierens in den Mittelpunkt gestellt, so wären nur die Lebewesen – das Gewachsene – einzubeziehen. Da der Begriff des Selbststandes beide Facetten einschließt, stehen prinzipiell beide Optionen offen.

Besonders bezüglich des Menschenwürdeschutzes ist der Aspekt des selbständigen Lebensvollzuges – wie noch deutlicher werden wird – von großer Bedeutung. Zudem kann der Begriff des Gewordenen selbst enger gefasst werden, da in ihm ein »Werden« enthalten ist. Dieses »Werden« lässt sich im Sinn einer selbstevolutiven Komponente verstehen, die wiederum allein Lebewesen aufweisen. Aus diesen Gründen wird der Begriff des Gewordenen in dieser Arbeit besonders auf Lebewesen – auf das Gewachsene also – bezogen.

Auch wenn das Gewordene weit gefasst würde (also einschließlich der unbelebten Natur), hätten die Lebewesen aufgrund ihres selbständigen Gedeihens innerhalb dieses Bereichs einen besonderen Status. Sie müssten in spezieller Weise geschützt werden, da nur bei ihnen ein selbständiger Lebensvollzug durch verfügende Eingriffe gestört oder gar zerstört werden kann.

3.4 Besonderheit des natürlich Gewordenen (Dworkin)

Das damit in ersten Umrissen erläuterte Würde-Verständnis hat teilweise Ähnlichkeit mit der Konzeption von Ronald Dworkin. Allerdings bestehen auch Unterschiede, weshalb Dworkins Position etwas genauer betrachtet sei. Dworkin sieht die menschliche Würde[20] in Investitionen begründet, die in jedes Leben eingegangen sind. Jedes Leben ist Ergebnis kreativer Akte, fast wie ein Kunstwerk, hochkomplexes Konglomerat von Handlungen, Ereignissen und Erfahrungen. In diesem Charakter ist das Leben wertvoll, und seine Zerstörung in ähnlicher Weise zu bedauern und zu vermeiden, wie die Zerstörung eines kostbaren Kunstwerks zu bedauern und zu vermeiden ist[21].

»The life of a single human organism commands respect and protection, then, no matter in what form or shape, because of the complex creative investment it represents and because of our wonder at the divine or evolutionary processes that produce new lives from old ones, at the processes of nation and community and language through which a human being will come to absorb and continue hundreds of generations of cultures and forms of life and value, and, finally, when mental life has begun and flourishes, at the process of internal personal creation and judgment by which a person will make and remake himself, a mysterious,

20 Dworkin spricht von einer »sanctity of life«.
21 Dworkin 1993, 81–84.

inescapable process in which we each participate, and which is there-
fore the most powerful and inevitable source of empathy and commu-
nion we have with every other creature who faces the same frightening
challenge. The horror we feel in the willful destruction of a human life
reflects our shared inarticulate sense of the intrinsic importance of each
of these dimensions of investment.«[22]

Dworkin macht den Wert des Lebens an zwei Dingen fest: zum einen
an der kreativen Investition, die es repräsentiert (»because of the complex creative investment it represents«). Insoweit ist die Betrachtungs-
weise auf das jeweilige Individuum begrenzt. Der zweite Gedanke, den
Dworkin einführt, ist der, dass das Leben wertvoll und zu schützen sei,
weil es eine Hervorbringung des wundervollen und letztlich mysteriö-
sen Prozesses der Lebensentstehung und -wandlung darstellt (»because
of our wonder at the divine or evolutionary processes that produce new
lives from old ones«). In dieser Hinsicht geht die Argumentation über
das einzelne, individuelle Leben hinaus, und bettet dieses in umfassende
evolutionäre Prozesse ein.

Die vorliegende Konzeption folgt Dworkin in der ersten Hinsicht
nicht. Sie geht nicht davon aus, dass Wert oder Würde des menschlichen
Lebens von den Investitionen abhängen, die darin eingegangen sind.
Wäre dem so, hätte altes Leben mehr Würde als neues. Ein Neugeborenes, dessen Leben noch fast keine solchen Investitionen aufweist, hätte fast gar keine Würde, was nicht plausibel erscheint. Dagegen besteht
eine gewisse Nähe zwischen dem hier vertretenen Würde-Konzept und
der zweiten, allgemeineren Überlegung Dworkins. Die Würde liegt nach
hier vertretenem Verständnis in einem Charakter des Nicht-gemacht-
Seins begründet. Ähnlich sieht Dworkin die Würde und den besonderen
Wert des Lebens darin begründet, dass dieses ein Produkt von Prozessen ist, die das einzelne Leben überschreiten. Das Gewordene soll aus
seiner Sicht nicht zerstört werden, weil es Teil eines umfassenden evolutionären Prozesses ist.

Damit verwandt ist eine Perspektive, die Dworkin in seinem späten
Werk »Religion ohne Gott« entfaltet. Darin entwickelt er folgende fik-
tive Geschichte: Jemand sieht zum ersten Mal den Grand Canyon. Er
ist überwältigt, es verschlägt ihm die Sprache. Nun erfährt die Person,
dass der Canyon vor einiger Zeit von ein paar begnadeten Architekten
und Künstlern des Disney-Konzerns angelegt wurde, um ihn zum Schau-
platz des größten Themenparks aller Zeiten zu machen. Mit einem Mal
ist die erstaunte Bewunderung dahin. Der Gegenstand ist genau dersel-
be, der Canyon hat sich nicht verändert. Aber als etwas planmäßig Her-
gestelltes hat er seine besondere Qualität verloren. »Nicht nur gibt es
in der Natur Dinge, die inhärent schön sind«, so Dworkin, »sondern es

22 Dworkin 1993, 84.

ist die Natur, und nicht die Intelligenz oder das Geschick der Menschen, die diese Dinge hervorgebracht hat. Und das macht ihren Zauber aus.«[23] Die Natur besitzt Eigenschaften, die nichts Artifizielles aufweist, auch wenn es äußerlich gleich aussieht. Angelika Krebs analysiert dies unter dem Aspekt des Erhabenen in der Natur. Beispiele sind ein hoher Wasserfall, Riesenbäume, das aufgewühlte Meer oder ein gewaltiger Wirbelsturm. Im Anschluss an Kant unterscheidet Krebs zwei Varianten des Erhabenen: das mathematisch Erhabene und das dynamisch Erhabene. Das erste beeindruckt aufgrund seiner Größe, das zweite aufgrund seiner Kraft. Vieles in der Natur können menschliche Artefakte bereits in Bezug auf das mathematisch Erhabene nicht erreichen. Zum Beispiel können kaum Artefakte in der Größe hoher Berge errichtet werden. Immerhin ist es denkbar, das mathematisch Erhabene artifiziell weitgehend zu erreichen. Doch im Wege künstlicher Herstellung nicht erreichbar ist das dynamisch Erhabene der Natur. Denn über das Konstruierte haben wir eine gewisse Kontrolle, wir sind es, die in diesem Fall etwas Gewaltiges schaffen, anders als im Fall der Natur, die uns als gestaltete entgegentritt[24].

3.5 Grundlegender als Autonomie

Menschen sind keine Sachen. Sie sind selbständige Entitäten. Im Grunde drehen sich auch die Würde-Konzeptionen, die Autonomie oder Freiheit ins Zentrum stellen, um diese Selbständigkeit. Auch sie postulieren, dass das Wesen, das sich selbst bestimmt, nicht einem verfügenden Zugriff anderer ausgesetzt werden soll. Im Unterschied dazu setzt die vorliegende Konzeption aber nicht an entwickelter Autonomie an, sondern beim grundlegenderen Umstand, dass Menschen ein eigenständiges Leben leben, das mit der Geburt einsetzt.

Menschen sind unverfügbar, weil sie nicht menschlich hergestellt, weil sie keine Artefakte sind. Sie würden in eine falsche Kategorie eingeordnet, wenn sie in den Bereich des Verfügbaren einbezogen würden. Dies betrifft nicht nur Menschen: Auch nichtmenschliche Lebewesen – Tiere und Pflanzen – sind auf natürliche Weise geworden und dürfen daher nicht völlig verdinglicht werden[25]. Auch sie haben einen anderen Status als Sachen. Die Kategorie des Unverfügbaren umfasst somit menschliche wie nichtmenschliche Lebewesen. Allerdings gibt es zwischen Menschen und nichtmenschlichen Lebewesen wichtige Unterschiede, die normativ zu berücksichtigen sind. Dies rechtfertigt es, innerhalb des Unverfügbaren begriffliche Unterscheidungen zu treffen.

23 Dworkin 2014, 48.
24 Krebs 2016, 373.
25 Vgl. zur Verdinglichung von Pflanzen und Tieren Honneth 2005, 73–77.

Ich möchte dies in den kommenden Kapiteln näher ausführen. Zunächst ist genauer zu zeigen, was die normative Unverfügbarkeit des Nicht-Hergestellten bedeutet (4). Dann möchte ich erläutern, worin die relevanten Unterschiede zwischen Menschen und nicht-menschlichen Lebewesen bestehen, und weshalb es Gründe gibt, den Begriff der Würde nur auf Menschen zu beziehen. Ich gehe dazu zunächst auf Besonderheiten der menschlichen Form des Lebens ein (5), anschließend auf eine damit verbundene Verletzlichkeit (6). Schließlich möchte ich meine Deutung mit einigen Einwänden konfrontieren, die gegen sie erhoben werden können (7).

4. Würde als Unverfügbarkeit

4.1 Begründungspflicht

Das Gewordene, Nicht-Hergestellte ist als unverfügbar zu achten. Dieser Zusammenhang, der im vorherigen Kapitel dargestellt wurde und im Weiteren noch genauer zu erläutern ist, steht im Zentrum der vorliegenden Konzeption menschlicher Würde. Menschen sind – wie andere Lebewesen – als unverfügbar zu betrachten und zu behandeln. Damit stellt sich die Frage, was »unverfügbar« bzw. »Unverfügbarkeit« genau bedeutet. In diesem Kapitel soll daher versucht werden, diesen Begriff genauer zu explizieren. »Unverfügbarkeit« kann in einem normativen oder einem deskriptiven Sinn verstanden werden[1]. Im deskriptiven Sinn bezeichnet der Begriff das, worüber wir nicht verfügen *können*[2]. In einem normativen Sinn bezieht sich der Ausdruck auf das, worüber wir nicht verfügen *dürfen*. Im Folgenden ist in diesem zweiten, normativen Sinn von Unverfügbarkeit die Rede. Es kann sein, dass Menschen faktisch verfügbar sind – zum Beispiel als Sklaven gehalten werden können. Sie *sollen* aber nicht verfügbar sein. Dies ist es, was die Würde im rechtlichen und moralischen Sinn verlangt.

Um den Begriff der Unverfügbarkeit weiter zu klären, kann zunächst der gegenteilige Begriff betrachtet werden: Was bedeutet es, wenn wir über etwas oder jemanden *verfügen* können? Es heißt, dass wir völlig frei sind, dass wir nach Belieben tun und lassen können, was wir möchten. Wir können über den betreffenden Gegenstand disponieren, wir sind niemandem Rechenschaft schuldig[3]. Der eigene Wille findet keinerlei Schranken, realisiert sich ungehemmt. Das Ding, über das verfügt werden kann, ist unbeachtlich, gleichsam unsichtbar[4].

*Un*verfügbarkeit bedeutet – gegenteilig –, dass der oder das andere in grundsätzlicher Weise zählt. Die betreffende Entität ist nicht unbeachtliche Größe – *quantité négligeable* –, sondern beachtlich. Sie kommt mit eigenem Gewicht in den Überlegungen vor, die sie betreffen. Die Unverfügbarkeit vermittelt in einem normativen Sinn den Anspruch, dass nicht ohne Rücksicht über den betreffenden Gegenstand oder das betreffende Lebewesen hinweggegangen werden darf; sie bedeutet einen Anspruch auf Achtung. Eine Person, die wir als unverfügbar betrachten, respektieren wir als normative Autorität[5].

1   Vgl. Deuser 2013, 202–203; Vorster 2001, Sp. 334; Wingert 2009, 392.
2   Vgl. Rosa 2018.
3   Vgl. Wingert 2009, 392–396.
4   Vgl. Forst 2011, 122.
5   Schaber 2012a, 70; Schaber 2013, 60–62.

Im Anschluss an Lutz Wingert und Rainer Forst kann dieser grundlegende Achtungsanspruch als eine Pflicht zur Begründung, zur Rechenschaft bestimmt werden. Nach Wingert bedeutet Verfügbarkeit, dass die handelnde Person einen Spielraum des nicht rechenschaftspflichtigen Entscheidens über X hat[6]. Wer über X verfügt, hat X zum Gegenstand einer Option, X so oder anders zu behandeln[7]. Er oder sie muss aus der Sicht Dritter nicht begründet urteilen[8]. »X ist unverfügbar« bedeutet nach Wingert normativ daher so viel wie: »X darf/soll kein Gegenstand einer Option sein, so oder anders behandelt zu werden.«[9]

Dies sei dahin gehend interpretiert, dass wir einer Entität, der wir Unverfügbarkeit zusprechen, Gründe schuldig sind, dass wir ihr gegenüber zur Rechenschaft verpflichtet sind[10]. Würde als einen normativen Anspruch der Unverfügbarkeit zu interpretieren, bedeutet demnach, dass die Würde eine Pflicht impliziert, gut begründet zu handeln, das heißt so zu handeln, dass das Handeln gegenüber der Entität, welcher Würde zugesprochen wird, jederzeit überzeugend begründet werden kann. Eben dann verfügen wir nicht blind, sondern nehmen die andere oder den anderen als zu achtendes Gegenüber wahr.

Von hier aus ergeben sich Bezüge zu Rainer Forsts Gerechtigkeitstheorie, die ein »Recht auf Rechtfertigung« vorsieht, und dieses mit dem Begriff der Menschenwürde verknüpft[11]. Nach Forst vermittelt die Würde jenes »Recht auf Rechtfertigung«, das er als basales Recht des Menschen betrachtet. »Diese Würde anzuerkennen bedeutet, Personen als Wesen mit einem *Recht auf Rechtfertigung* all jener Handlungen anzusehen, die sie in moralisch relevanter Hinsicht betreffen – und zu sehen, dass jede moralische Person zu solchen Rechtfertigungen verpflichtet ist.«[12]

Der Begriff der Gerechtigkeit besitzt nach Forst einen Bedeutungskern, der als wesentlichen Gegenbegriff den der Willkür hat. Im Fall des willkürlichen Handelns zählt das Gegenüber nicht. »Die Herrschaft der Willkür ist Herrschaft von Menschen über Menschen ohne legitimen Grund.«[13] Diese »Grundlosigkeit« willkürlichen Handelns wird ähnlich

6   Wingert 2009, 389, 394.
7   Wingert 2009, 392 f.
8   Wingert 2009, 394.
9   Wingert 2009, 394.
10   Die Gründe sind wir der Entität direkt und der menschlichen Gemeinschaft insgesamt gegenüber schuldig; dazu sogleich.
11   Vgl. generell zum Recht auf Rechtfertigung den gleichnamigen Band: Forst 2007; zur Würde insb. Forst 2005; Forst 2011, 119–133.
12   Forst 2011, 120 (Herv. i. O.). Vgl. 84: »Die Würde einer Person zu achten heißt vielmehr, sie als jemanden anzuerkennen, dem oder der gegenüber für Handlungen oder Normen, die ihn oder sie auf relevante Weise betreffen, angemessene Gründe geschuldet werden.«
13   Forst 2011, 33.

auch in juristischen Begriffsbestimmungen hervorgehoben.»Willkür-
lich ist eine Differenzierung«, heißt es etwa in der juristischen Literatur,»wenn für sie keine rational nachvollziehbaren Gründe bestehen.«[14]
Aufbauend auf den genannten Theorien sei Unverfügbarkeit als eine
Pflicht[15] – der ein Recht korrespondiert – verstanden, das eigene Handeln
hinreichend begründen zu können, das heißt nicht ohne gute Gründe zu
handeln. Der Anspruch, den die Würde vermittelt, ist, dass nicht »blind«
mit einer Entität, die diesen Status besitzt, verfahren werden kann, sondern dass das eigene Tun ihr gegenüber Begründungspflichten unterliegt.
Diese Begründungspflichten können in realen Dialogen eingefordert werden oder in virtuellen Dialogen bestehen.

Die unter dem Aspekt der Unverfügbarkeit zu leistende Begründung
ist eine zweifache: Das Handeln muss gegenüber der betroffenen Person
– dem betroffenen Lebewesen – und gegenüber der moralischen Gemeinschaft als Ganzer gerechtfertigt werden können[16]. Das konkrete Gegenüber wie die Kommunikationsgemeinschaft insgesamt sind Adressaten
der Begründungen. Darauf ist später noch näher einzugehen (hinten Ziff.
4.4). Zunächst ist genauer zu erörtern, wie sich die Begründungspflicht
zum Begriff der Menschenwürde verhält.

4.2 Zwei Dimensionen

Die Würde impliziert eine Pflicht, das Handeln adäquat zu begründen.
Nicht bei allen Handlungen, die nicht zu rechtfertigen sind, sprechen wir
jedoch von einer Verletzung der Menschenwürde. Im Fall einer nicht-ge-
rechtfertigten Lüge beispielsweise ist dies normalerweise nicht der Fall.
Ein solches Handeln ist nicht zu begründen, stellt jedoch nach allgemeiner Auffassung keine Verletzung der Menschenwürde dar.

Zwei Dimensionen der Menschenwürde sind zu unterscheiden: eine
direkt-anspruchsbegründende und eine programmatische Dimension.
Bei der direkt-anspruchsbegründenden Dimension liegt – zum einen –
ein Verhalten vor, das nicht adäquat zu begründen ist. Zusätzlich muss,
damit eine Würdeverletzung in diesem engen Sinn gegeben ist, eine inhaltliche Komponente gegeben sein. Über diese inhaltliche Komponente

14 Michael/Morlok 2017, Rz. 793. Vgl. auch Kirchhof 2010, Rz. 234:»Will-
    kür ist Wahl (Kür) nach Wollen, Entscheiden und Handeln allein nach eige-
    nem Willen.« Freilich muss verfügendes Handeln, worauf wiederum Win-
    gert hinweist, nicht unbedingt willkürliches Handeln sein: Wingert 2009,
    393.
15 Diese Pflicht ist zunächst eine moralische; sie muss in rechtliche Normen
    umgesetzt werden; dazu nachfolgend Teil 2, insb. Kap. 12.
16 Vgl. Wingert 1993, 252–258.

können wir zum gegenwärtigen Zeitpunkt noch nichts Genaues sagen. Sie wird im weiteren Verlauf der Untersuchung näher zu bestimmen sein. Grundsätzlich geht es darum, dass die betreffende Person als eigenständige Existenz missachtet wird. Die inhaltliche Dimension impliziert eine bestimmte Gravität. Nur wenn diese vorliegt und gleichzeitig der Begründungsanspruch verletzt ist, sprechen wir von einer Verletzung der Menschenwürde.

Aus dem durch die Würde vermittelten Anspruch, in einer adäquat begründeten Weise behandelt zu werden, *folgen* zahlreiche weitere Ansprüche. Diese *hängen* mit der Würde *zusammen*, ohne sich aber begrifflich mit ihr zu decken. Alles unmoralische Verhalten weist den Aspekt auf, dass damit auch die Menschenwürde verletzt wird – weil die andere Person dabei nicht in der Weise respektiert wird, welche die Würde verlangt. Da dabei das Moment des Verfügens aber meist nicht direkt zutage tritt und der Bezug zur Würde nur indirekter Art ist, finden in diesen Fällen andere Begriffe Verwendung.

Der Begriff der Würde ist somit eng und weit zugleich. Er ist weit insofern, als er (in einer programmatischen Dimension) die gesamte Moral fundiert. Er ist eng insofern, als Verletzungen der Menschenwürde im engen Sinn nur vorliegen, wenn ein Mensch als eigenständige Existenz missachtet und diese Missachtung nicht begründet werden kann. Wir werden auf diese Zusammenhänge zurückkommen[17].

4.3 Das Erfordernis guter Gründe

Wir schulden einem Wesen, das Würde hat, gute Gründe. Das Handeln ihm gegenüber – alles Handeln – muss plausibel zu rechtfertigen sein. Die Frage, was »gute Gründe« sind, die diesen Ansprüchen gerecht werden, weist in den Kern der Diskussion um Rationalität und Vernunft. Ihre Erörterung kann hier nicht eingehend erfolgen, jedoch sind einige erläuternde Bemerkungen angebracht.

Ein guter Grund für x ist ein Grund, der den hinreichend rationalen Adressaten zur Überzeugung bringt, dass x richtig ist[18]. Gute Gründe können theoretischer Art sein, dann überzeugen sie A von der Richtigkeit eines Urteils, oder sie sind praktischer Art, dann überzeugen sie A von der Richtigkeit einer Handlung. Im vorliegenden Zusammenhang ist vor allem der zweite Fall wesentlich. Der gute Grund zeichnet sich also dadurch aus, dass er A zur Überzeugung führt, dass die betreffende Handlung richtig ist. Die guten Gründe, welche insbesondere die Würde

17 Vgl. hinten insb. Kap. 9.
18 Vgl. Nida-Rümelin 2009, 99.

verlangt, müssen ihre Adressaten überzeugen, dass das fragliche Handeln legitim, das heißt moralisch zulässig ist.

Bei diesen Bestimmungen musste eine Prämisse der Rationalität gesetzt werden: der *hinreichend rationale* Mensch wird durch gute Gründe überzeugt. Der unvernünftige Adressat dagegen ist auch durch gute Gründe nicht zu einer folgerichtigen Modifikation seiner Einstellungen zu bewegen. In diesen Prämissen der Rationalität des bzw. der Adressaten liegt eine mögliche Zirkularität. Freilich erwarten wir nur durchschnittliche Eigenschaften von A, keine besondere Rationalität. So kann die Zirkularität gleichsam abgemildert werden. Ein guter Grund überzeugt, könnte man sagen, eine durchschnittlich entwickelte und einsichtsfähige Person von der Richtigkeit einer Handlung.

Gleichwohl bleibt die Zirkularität in diesen Bestimmungen grundsätzlich bestehen. Zwei Möglichkeiten, sie aufzulösen, seien erwähnt: Das Modell könnte – erstens – pragmatisch modelliert werden. G wäre ein guter Grund, wenn A sich dadurch von der Richtigkeit von x überzeugen lässt – ohne dass seine Rationalität von Belang wäre, einfach *de facto*. Diese Vorstellung ist aber insofern problematisch, als wir nicht sicher sein können, dass sich Personen unter Umständen[19] auch von abwegigen Gründen überzeugen lassen. Ihr Vernunftvermögen muss daher theoretisch einbezogen bleiben, um hinsichtlich der Qualität von Gründen verlässliche Aussagen treffen zu können. Zweitens ließe sich konsequentialistisch argumentieren: Gute Gründe für Handlungen wären solche, die die Konsequenzen von Handlungen optimieren. Dies überzeugt jedoch ebenfalls nicht, da wir gute Gründe kennen, die unter diesem Aspekt eher negative Folgen zeitigen. Der Grund beispielsweise, ein Versprechen halten zu wollen, kann sicherlich ein guter Grund sein auch dann, wenn die Erfüllung des Versprechens mit Nachteilen verbunden ist.

Es ließen sich andere Auswege diskutieren, doch werden letztlich zumindest schwache Vernunftannahmen zur Bestimmung guter Gründe kaum ganz verzichtbar sein. Gründe und Vernunft sind unauflöslich aufeinander bezogen. Die Gründe sind gute Gründe nur im Licht der Vernunft, wie sich auch die Vernünftigkeit einer Handlung nur mit Blick auf die Gründe erweist. Die Vernunft ist untrennbar verbunden mit einer Praxis des Gründe-gebens und Gründe-akzeptierens[20]. Es erscheint in diesem Licht möglich, das Prädikat »gut« in Bezug auf »gute Gründe« wegzulassen und im Hinblick auf den rationalen Charakter von Handlungen lediglich zu verlangen, dass sie Gründe haben, dass sie begründet sind. Es ist, in dieser Perspektive und unter diesen Voraussetzungen, die (als gut vorgestellte) Begründung

---

19 Vielleicht auch unter dem Einfluss von Manipulation und Suggestion.
20 Vgl. Brandom 1994, insb. 229–243.

bzw. Rechtfertigung selbst, welche die Grenzen erlaubten Handelns bestimmt[21]. Die rechtfertigenden Gründe haben, so betrachtet, nur die menschliche Begründungspraxis selbst als Fundament. Die Gründe, die Handlungen erfolgreich legitimieren können, sind jene, die im menschlichen Sprechzusammenhang als Begründungen zählen, die allgemein als gute Gründe einleuchten. Die Gründe beruhen nur auf anderen Gründen, oder paradox zugespitzt: die Gründe der Gründe sind Gründe. Man stößt hier – mit einem berühmten Bild von Wittgenstein – gleichsam auf Stein, an dem sich die Schaufel biegt, an dem die Bemühungen weiterer Fundierung nichts Substanzielles mehr erbringen[22].

4.4 Moralische Universalität

Gute Gründe vermögen hinreichend rationale Akteure zu überzeugen. Es stellt sich die weitere Frage, wer hierbei genau die Referenzgröße, wer also durch gute Gründe zu überzeugen ist. Es wurde bereits bemerkt, dass sowohl die betroffene Person bzw. das betroffene Lebewesen wie auch die menschliche Gemeinschaft insgesamt Adressaten der Begründungen sind. Dies ist noch etwas genauer zu erläutern, besonders im Hinblick auf die Unterschiedlichkeit zwischen moralischen und juristisch-politischen Diskursen, die in späteren Teilen der Untersuchung bedeutsam werden wird.

In moralischen Diskursen müssen alle Personen überzeugt werden, da moralische Normen alle betreffen[23]. Wenn die *Würde als Unverfügbarkeit* eine hinreichende Begründung des Handelns verlangt, so ist diese Begründung auf einer moralischen Ebene gegenüber allen Personen zu erbringen. Dieses Erfordernis verweist auf eine gewisse Idealität der Begründungsdiskurse, da es real kaum möglich ist, alle Personen – die gesamte Weltbevölkerung – einzubeziehen. Auch die Voraussetzung einer minimalen Vernünftigkeit verweist darauf, dass der moralische Begründungsdiskurs nicht mit einem realen Diskurs gleichgesetzt werden kann. Eine moralisch stichhaltige Begründung kann nicht durch Einwände jeder Art dementiert werden, vielmehr ist dafür eine gewisse Vernünftigkeit der Gegenargumentation vonnöten.

---

21 Begründung und Rechtfertigung können grundsätzlich gleich verstanden werden. Zwischen Begründung und Rechtfertigung unterscheidet dagegen Stemmer 2010.

22 Vgl. Wittgenstein, PU, § 217: »Habe ich die Begründungen erschöpft, so bin ich nun auf dem harten Felsen angelangt, und mein Spaten biegt sich zurück.«

23 Forst 1994, insb. Kap. IV.

Diese Gegebenheiten unterscheiden den Bereich des moralischen Begründens von dem der politischen und rechtlichen Begründungen. Es wird später noch genauer auf diese Unterschiedlichkeiten einzugehen sein[24]. Die politischen Diskurse, die rechtliche Normen begründen, sind in vieler Hinsicht gegenüber den moralischen restringiert, unter anderem hinsichtlich ihrer Teilnehmerinnen und Teilnehmer – nur die Angehörigen eines bestimmten Gemeinwesens kommen in Betracht – und der Mehrheitserfordernisse (in der Regel genügen im politischen Bereich [qualifizierte] Mehrheiten zur Beschlussfassung). Politische und rechtliche Rechtfertigungsdiskurse sind daher stärker kontextbezogen als moralische. Politisch und rechtlich betrachtet können in verschiedenen Kontexten und zu verschiedenen Zeiten unterschiedliche Gründe als gute, vernünftige Gründe gelten. Moralischen Gründen kommt dagegen kontextübergreifende Gültigkeit zu.

Somit wird das Begründungserfordernis etwas unterschiedlich umgesetzt, je nachdem, ob es um die Unverfügbarkeit in einem moralischen oder einem juridischen Sinn geht. Die Würde hat beide Facetten: Sie ist zunächst eine moralische Forderung, die aber auch juristische Gestalt annimmt[25]. Im Kern jedoch geht es um das Gleiche: Das Rechtfertigungserfordernis, das sich aus der normativen Unverfügbarkeit nicht-hergestellter Dinge ergibt, zwingt zu ernsthaften Überlegungen darüber, was als guter, überzeugender Grund gelten kann und ob das Handeln durch solche Gründe zu rechtfertigen ist. Was der Würdeanspruch vermittelt, ist, dass in Begründungsdiskurse eingetreten werden muss. Über das Gegenüber, dem wir Würde zuschreiben, kann nicht hinweggegangen werden, als wäre es unsichtbar. Die Würde zwingt als normativer Anspruch auf den Boden der Begründung, der hinreichenden Rechtfertigung.

24 Hinten insb. Kap. 12.
25 Dazu ebenfalls hinten Kap. 12.

5. Eine besondere Form des Lebens

5.1 Arten von Leben

Menschen sind nicht menschlich hergestellt, sie sind natürlich geworden. Deshalb sind die unverfügbar. Nicht artifiziell gemacht sind auch andere Lebewesen (Tiere, Pflanzen). Auch ihnen ist daher Unverfügbarkeit im normativen Sinn zu attestieren. Auch sie sind als selbständig existierende Wesen zu achten. Indes ist die Unverfügbarkeit von Menschen eigener Art. Sie geht auf ein *Geborensein* zurück, das den Beginn einer eigenen Form des Existierens bedeutet. In diesem Kapitel möchte ich aufzeigen, worin die Besonderheit des menschlichen Lebens besteht, und inwiefern Menschen und andere Lebewesen infolgedessen gleich (als natürlich Gewordene) und verschieden *zugleich* sind.

Ich werde dabei von Hannah Arendts Konzept der Natalität ausgehen. Dieses weist auf die besondere Form des menschlichen Lebens hin. Diese Besonderheit lässt sich nicht auf den Aspekt der Autonomie reduzieren, denn sie besteht auch dann, wenn Menschen nicht autonom sind. Namentlich ist es die Verbindung mit einer Körperlichkeit, die dazu führt, dass spezifische menschliche Handlungs- und Gestaltungsmöglichkeiten das ganze Leben bestimmen und dieses eine besondere Gestalt annimmt. Diese Überlegungen werde ich in weiteren Schritten im Hinblick auf die neuere Verhaltensforschung konkretisieren. Diese zeigt auf, dass Menschen schon in einem frühkindlichen Stadium ein anderes Verhalten zeigen als Tiere – eines, das in spezieller Weise auf Kooperation ausgerichtet ist.

Die Analysen dieses Kapitels werden verdeutlichen, dass das menschliche Leben nicht mit dem Leben anderer Lebewesen gleichgesetzt werden kann. Im nächsten Kapitel (6) werden wir sehen, dass die besondere Form des menschlichen Existierens mit einer Schutzbedürftigkeit einhergeht. Diese führt zur Würde als normativem Postulat.

5.2 Natalität

Nach Arendt unterliegen Menschen den Bedingungen von Mortalität und Natalität. Natalität heißt für Arendt, dass mit jedem neuen Menschen ein neuer Anfang gesetzt wird[1]. Jeder Mensch ist etwas, dass es so vorher noch nicht gab, das auch nicht geplant und ausgedacht war. »[W]ill man den Jemand, der einzigartig in jedem neuen Menschen in die

---

[1] Vgl. Arendt 2016, 18.

53

Welt kommt, bestimmen, so kann man nur sagen, dass es in Bezug auf ihn vor seiner Geburt ›Niemand‹ gab.«² Da die Geburt einen neuen Anfang setzt, bedeutet sie den Anfang von Freiheit und Selbstbestimmung. Arendt spricht davon, dass »die Erschaffung des Menschen als eines Jemands mit der Erschaffung der Freiheit zusammenfällt.«³ »[S]eine Erschaffung [die Erschaffung des Menschen] ist nicht der Beginn von etwas, das, ist es erst einmal erschaffen, in seinem Wesen da ist, sich entwickelt, andauert oder auch vergeht, sondern das Anfangen eines Wesens, das selbst im Besitz der Fähigkeit ist anzufangen.«⁴

Die Geburt markiert einen Anfang. Dieser ist bei Menschen und Tieren je ein anderer. Beim Menschen ist es der Anfang einer *Lebensgeschichte*. Diese Geschichte entwickelt sich vor dem Hintergrund, dass Menschen über ihr Leben bestimmen können. Auch wenn diese menschliche Eigenschaft bei der Geburt noch nicht voll ausgeprägt ist, prägt sie das gesamte menschliche Leben. Sie manifestiert sich insbesondere darin, dass Menschen eine *Entwicklung* durchlaufen. Dies ist bei Tieren nicht in vergleichbarer Weise der Fall. Löwen oder Katzen beispielsweise erleben ein organisches Wachstum, sind im Grunde aber immer die gleichen. Das einzelne Tier hat daher keine Lebensgeschichte, die mit einer menschlichen Lebensgeschichte vergleichbar wäre. Man kann von einer Katze vielleicht sagen: »Sie war, als sie jung war, sehr verspielt und ging oft nach draußen. Nachher wurde sie ruhiger und blieb mehr im Haus.« Das sind jedoch keine Erzählungen, die an innerer Dichte und Varianz mit menschlichen Lebensgeschichten vergleichbar sind. Analog verhält es sich bezüglich der Gattung: Die Menschheit befindet sich heute in einem anderen Stadium als in der Antike oder im Mittelalter, ihr Kenntnisstand und das allgemeine menschliche Bewusstsein haben sich verändert. Bei Tiergattungen gibt es keine vergleichbare Entwicklung, Löwen oder Giraffen sind im Wesentlichen nicht anders als vor 100, 200 oder 500 Jahren.

Das Altgriechische verwendet für das Leben die Begriffe *zoë* und *bíos*. *zoë* bezeichnet das Lebendigsein an sich, das Tieren, Pflanzen und Menschen zukommt. *bíos* bezieht sich auf das individuelle Leben. »So ist Bios das Leben, das man führt und durch das man sich von allem anderen, das auch lebendig ist, durch seine Lebensweise und insbesondere seine eigene Lebensgeschichte und sein eigenes Lebensschicksal unterscheidet.«⁵ Dieser Sinn von *bíos* ist im Begriff »Biographie« präsent geblieben⁶. Menschen teilen mit Tieren das Lebendigsein im Sinne von

2 Arendt 2016, 217.
3 Arendt 2016, 216.
4 Arendt 2016, 216.
5 Gadamer 1987, 164.
6 Dagegen wurde im Begriff der Biologie im Grunde der falsche Term aufgenommen.

zoë, unterscheiden sich von ihnen aber bezüglich des *bíos*. Das deutsche Wort »Leben« ist zu unscharf, um diese Verbundenheit *und* Unterschiedlichkeit von Menschen und anderen Lebewesen zu fassen. Der biologische *Beginn* eines Lebens (im Sinn von *zoë*) ist bei Menschen zugleich der *Anfang* einer Lebensgeschichte (*bíos*); auf diesen Anfang bezieht sich Arendts Konzept der Natalität.

Der Begriff der Autonomie, der gerade in der Menschenwürde-Diskussion oft im Zentrum steht, ist im Grunde wenig geeignet, diese Zusammenhänge und das Spezifische des menschlichen Existierens – und damit die menschliche Würde – zu erfassen. Autonomie in einer vollen Form ist etwas, das bei Menschen erst in einem relativ späten Stadium besteht. Deshalb lässt sich sagen, dass sie beim Kleinkind genauso wenig da ist wie bei Tieren[7]. Doch diese verkürzte Sicht auf eine spezifische Fähigkeit, die den Menschen auszeichnen soll, geht an dem vorbei, was wir im Kern wirklich bei Menschen achten: eine selbständige Art des Existierens, die bereits mit der Geburt beginnt, in jedem Moment des menschlichen Lebens da ist und sich von demjenigen bei Tieren unterscheidet. Wir begegnen einem Kleinkind anders als einem Tier, weil wir es als Subjekt einer Lebensgeschichte betrachten, die ein Tier in vergleichbarer Weise nicht hat und nicht haben kann. Selbst wenn ein Kind im Alter von zwei Jahren stirbt, hat es diese Lebensgeschichte. Es ist in diesem Fall eine tragische. Sie ist tragisch deshalb, weil die Erwartungen, Hoffnungen usw., die mit dem menschlichen Leben verbunden sind, andere sind als bei Tieren.

5.3 Autonomie und Leib

Hannah Arendt zufolge entwickelt sich die menschliche Selbstbestimmung in zwei Stufen, die eng miteinander verbunden sind und im Grunde einen einzigen Akt bilden. Die Autonomie, die bei einem erwachsenen Menschen vorliegt, kann von der Natalität nicht abgetrennt betrachtet werden. »Das Wunder, das den Lauf der Welt und den Gang menschlicher Dinge immer wieder unterbricht und von dem Verderben rettet, das als Keim in ihm [dem Menschen] sitzt und als ›Gesetz‹ seine Bewegung bestimmt, ist schließlich die Tatsache der Natalität, das Geborensein, welches die ontologische Voraussetzung dafür ist, dass es so etwas wie Handeln überhaupt geben kann.«[8] Den Zusammenhang von Geborenwerden und Selbstbestimmung fasst Arendt auch in das Bild von zwei Geburten. Sprechend und handelnd schalteten wir uns in die Welt ein, schreibt sie, »und die Einschaltung ist wie eine zweite Geburt, in der

7 Zur *marginal-cases*-Problematik vorn Kap. 2.2.
8 Arendt 2016, 316.

wir die nackte Tatsache des Geborenseins bestätigen, gleichsam die Verantwortung auf uns nehmen.«[9] Das tätige, verantwortliche Tun ist eine Bestätigung dessen, was schon mit der Geburt da ist – des Neuanfangs, den jeder Mensch bildet. Arendt sagt daher auch, Menschen könnten den Neuanfang, den sie aufgrund ihrer Natalität bilden, handelnd verwirklichen[10].

Diese Aussagen verdeutlichen, wie die Autonomie in der vollen Form mit dem Geborensein zusammenhängt, wie sie im Grunde schon im Moment der Geburt da ist. Die menschliche Leiblichkeit, das Existieren als solches, ist gewissermaßen der Behälter, in den die Autonomie fließt. An einer etwas dunklen Stelle spricht Arendt vom »personal-menschlichen Substrat«, die mit Menschen in die Welt kommt[11]. Damit dürfte ein Zusammenhang zwischen dem Menschen als biologischem Lebewesen und der Person als handlungsfähigem Subjekt ins Auge gefasst sein. Bei Menschen ist ein Lebensvollzug da, der in jeder Phase von individueller Freiheit *bestimmt* ist. Die Autonomie muss im Zusammenhang mit dem leiblichen Existieren betrachtet werden, sie lässt sich nicht losgelöst, als etwas, was sozusagen vom Himmel fällt, verstehen. Manche Theorien der Autonomie und der menschlichen Selbstbestimmung erinnern an das Gedankenexperiment des »Gehirns im Tank«: Sie lösen die Autonomie von der Leiblichkeit ab und isolieren sie. Eine solche Autonomie aber gibt es nicht.

Was den Menschen ausmacht, ist die Verbindung eines Gehirns – geistiger Fähigkeiten – mit einem lebendigen Körper[12]. Keine dieser Komponenten darf isoliert und verabsolutiert werden. Der Mensch ist weder reiner Körper, bloße Leiblichkeit. Von solchen Fehlannahmen geht ein biologischer Reduktionismus aus, der etwa im Zusammenhang mit der Debatte um die Willensfreiheit prominent hervorgetreten ist. Der Mensch ist aber auch nicht reine Geistigkeit, vollkommen abstrahierte »Autonomie«. Mit solchen Vorstellungen operieren insbesondere Menschenwürde-Theorien, die den Unterschied zu Tieren explizieren wollen.

Weil wir Körper sind, eine leibliche Existenz, die sich als solche bruchlos vollzieht und aufbaut, kommt, wenn wir selbständig zu handeln beginnen, nicht etwas grundlegend Neues in die Welt. Wir bestätigen eher das – wie sich wiederum im Anschluss an Arendt sagen lässt –, was sich mit dem Geborensein bereits ereignet hat. Es gibt zwei Stufen, die gemeinsam das menschliche Dasein ausmachen: Die erste Stufe ist das Geborenwerden, durch das wir als eine individuelle, unverwechselbare Existenz in die Welt kommen, die zweite Stufe ist die Entfaltung der

---

9   Arendt 2016, 215.
10 Arendt 2016, 317.
11 Arendt 2016, 316.
12 Vgl. Fuchs 2020, insb. 21–118, 179–201.

Autonomie, durch die wir verantwortlich handelnde Menschen werden. Diese beiden Stufen sind eng verbunden, so dass Hannah Arendt von ihnen auch im Sinn eines kausalen Zusammenhanges spricht: »*Weil* jeder Mensch aufgrund des Geborenseins ein *initium*, ein Anfang und Neuankömmling in der Welt ist, können Menschen Initiative ergreifen, Anfänger werden und Neues in Bewegung setzen.«[13]

Die menschliche Würde lässt sich nur dann adäquat verstehen, wenn die Verbindung von Autonomie und Lebendigsein, von geistigem Vermögen und Leiblichkeit, berücksichtigt wird. Erst dann wird klar, dass nicht isolierte Momente zu betrachten sind – in denen möglicherweise keine Autonomie vorliegt –, um die Würde zu verstehen, sondern ein menschliches Existieren, das als solches vom Vermögen der Selbstbestimmung geprägt ist. Bei einem 80-jährigen Demenzkranken ist die Autonomie nicht mehr gegeben, aber er lebt (weiterhin) ein *menschliches Leben*, das durch diese bestimmt ist. Bei einem sechsjährigen Kind ist die Autonomie noch nicht da, aber auch bei ihm gibt es einen Lebensvollzug, der davon geprägt ist. Dies nicht in einem banalen Sinn von Potenzialität, sondern im Sinn eines Lebens, das ohne den Aspekt der Selbstbestimmung eine andere Form hätte.

Wir reagieren ja gerade *nicht* so, wie Martha Nussbaum es an einer Stelle beschreibt: »Angesichts mancher Zustände, in denen sich menschliche Wesen befinden können, zum Beispiel angesichts eines (vormaligen) Menschen im Wachkoma, können wir zu dem Urteil gelangen, dass es sich hier einfach nicht mehr um ein menschliches Leben handelt, weil die Möglichkeit zu denken, wahrzunehmen, Bindungen einzugehen usw. unwiederbringlich verloren ist.«[14] Auch einen Menschen im Koma achten wir als einen Menschen. Die Angehörigen, die Ärztinnen und Ärzte, die Pflegekräfte und die anderen Personen, die am Bett eines solchen Menschen stehen, überlegen sich in einer spezifischen Weise, wie mit ihm umzugehen ist – in einer Weise, die es nur gegenüber menschlichem Leben gibt. Sie behandeln auch diese Person als jemanden, der ein menschliches Leben lebt, und versuchen, dieser Gegebenheit Rechnung zu tragen, indem sie zum Beispiel genau überlegen, was der Wunsch des Betroffenen in der betreffenden Situation gewesen wäre[15]. Von der aktual vorliegenden Autonomie ist nicht abhängig, ob wir ein menschliches Leben achten.

In diesem Zusammenhang ist auch auf die Gehirnentwicklung hinzuweisen. In den ersten drei Lebensjahren eines Kindes nimmt die Zahl der Verbindungen zwischen den Nervenzellen im Gehirn, den Synapsen, rasant zu. Bereits im Alter von zwei Jahren haben Kleinkinder so viele

---

13 Arendt 2016, 215; Hervorhebung nur hier.
14 Nussbaum 2014, 252.
15 Vgl. Pluhar 1995, 117–119.

Synapsen wie Erwachsene, mit drei Jahren sogar wesentlich mehr (ein grosser Teil davon wird später wieder abgebaut)[16]. Die Struktur des Gehirns formt sich im Wesentlichen in den ersten Jahren. Frühkindliche Einflüsse wirken sich stark auf das weitere Leben aus. Auch diese Gegebenheiten weisen darauf hin, dass eine isolierte Vorstellung von Autonomie, die irgendwann quasi aus dem nichts einsetzt, fehlgeht.

5.4 Keine Artefakte

Dass die menschliche Würde nicht unabhängig vom leiblichen Existieren verstanden werden kann, lässt sich durch einen Blick auf das aktuelle Thema der Künstlichen Intelligenz (KI) zusätzlich verdeutlichen. Das Beispiel der KI zeigt insbesondere, dass Autonomie unabhängig vom menschlichen Geborensein kein Grund von Würde sein kann, und dass eine alleinige Anknüpfung an die Fähigkeit der Autonomie in dieser Hinsicht fehlgeht.

Es ist längst nicht mehr unrealistisch, ja teilweise bereits Realität, dass Maschinen entwickelt werden, die eine Art von Autonomie erlangen. Diese Maschinen operieren zumindest teilweise unabhängig von menschlichen Steuerungsimpulsen und weisen insoweit eine eigenständige Entwicklung auf. Nehmen wir an, diese technische Entwicklung würde sich vollständig entfalten und Maschinen hervorbringen, denen wir Autonomie im Sinne vollständiger Selbststeuerung attestieren könnten und müssten. Diese Maschinen wären im Hinblick auf ihre Fähigkeiten mit Menschen vergleichbar, ja ihnen vielleicht sogar überlegen. Dennoch wären sie von Menschen zu unterscheiden und würden wir ihnen keine Würde zusprechen. Der Grund dafür liegt darin, dass der Anfang ihres Existierens bei anderen Menschen liegt. Deren herstellendes Handeln ist Grundlage ihres Daseins. Damit befinden sich diese Maschinen kategoriell im Bereich menschlicher Verfügungsmacht.

Menschen sind im Unterschied dazu keine Artefakte. Für sie ist charakteristisch – wie für alles Lebendige –, dass sie von selbst ins Leben treten und sich selbst organisieren[17]. Die Grundlage menschlicher Existenz liegt nicht in einem herstellenden Akt anderer Menschen, und auf dieser Basis leben Menschen ein Leben, das von selbständigen Wachstums-, Entwicklungs- und Wandlungsprozessen bestimmt ist. Kein Mensch ist als der konzipiert, der er schließlich wird. Eine Geburt kann geplant sein, doch niemand wurde als die spezifische Person beabsichtigt, die

---

16 Vgl. z.B. Eliot 2001.
17 Fuchs 2020, 55 f. Fuchs benennt damit die beiden Komponenten des Selbststandes: das natürliche Gewordensein und das selbständige Existieren.

sie dann wird[18]. Daran ändern die modernen Mittel der Fortpflanzungsmedizin nichts, da mit der Geburt immer ein Moment des Zufälligen in die Welt kommt. Selbst genetisch identische Personen entwickeln sich unterschiedlich. Es gibt eine Kluft zwischen einem Produkt als Resultat des Herstellens und dem Leben als Ausdruck des Lebensvollzugs[19]. Nun kann es sein, dass eine hoch entwickelte, künstlich intelligente Maschine im Einzelnen Handlungen vollzieht, die der Produzent oder die Produzentin nicht vorhergesehen hat. Dennoch bleibt ihre Aktivität im Ganzen ein Resultat menschlicher Planung und Programmierung. Ein menschliches Leben und eine menschliche Persönlichkeit können nicht in einer vergleichbaren Weise geplant und programmiert werden.

Diese Unterschiedlichkeit ist konkret besonders daran zu erkennen, dass Maschinen – unabhängig davon, wie leistungsfähig sie sein mögen – von ihren Herstellern zerstört werden können. Der Hersteller ist derjenige, der das Produkt in die Welt gebracht hat, und er hat deshalb das Recht, es zu zerstören und generell darüber zu verfügen. Dieses Recht kann er in der Form des Eigentums auf andere übertragen. Er muss die Maschine nicht achten, selbst wenn diese enorme Fähigkeiten hat. Im Gegenteil, gerade in diesem Fall hat er als (genialer) Konstrukteur umso größere Ansprüche, für seine Leistung belohnt zu werden.

Es ist somit nicht die Autonomie als solche, sondern stets die Autonomie eines *Menschen*, die wir bei der menschlichen Würde achten. Diese Autonomie ist verwurzelt in einem Geborensein, ohne die wir den Menschen und seine Würde nicht angemessen verstehen können. Wir achten bei der Würde ein natürliches Geboren- und Lebendigsein, das auf die Entfaltung der Autonomie angelegt ist, nicht eine isolierte Fähigkeit wie die Autonomie als solche. Wir respektieren einen selbständigen Lebensvollzug, der in einem natürlichen Gewordensein seine Grundlage und seinen Anfang hat.

Um die Besonderheit des menschlichen Existierens zu verstehen, ist nunmehr genauer auf neuere empirische Forschungen einzugehen. Sie zeigen auf, dass der Mensch gegenüber anderen Lebewesen besondere Verhaltensweisen zeigt. Dadurch wird ein innerer Zusammenhang von menschlicher Schwäche und Stärke erkennbar, der für das Verständnis der menschlichen Würde zentral ist.

5.5 Menschliches Handeln

Arendt formuliert an der Stelle, an der sie in »Vita activa« das Konzept der Natalität einführt, folgenden Satz: »Der Neubeginn, der mit jeder

18 Kateb 2011, 19.
19 Maio 2011, 95. Vgl. auch Marquard 1986, insb. 127–132.

Geburt in die Welt kommt, kann sich in der Welt nur darum zur Geltung bringen, *weil dem Neuankömmling die Fähigkeit zukommt,* selbst einen neuen Anfang zu machen, d.h. *zu handeln.*«[20] Der Neuankömmling hat die Fähigkeit zu handeln. Schon das Neugeborene kann handeln (und tut es selbstverständlich auch).

Besonders dieses Handeln zeigt, genauer betrachtet, dass das menschliche Existieren auch dann eine besondere Form hat, wenn die Autonomie (wie bei Kleinkindern) in voller Gestalt noch nicht gegeben ist.

Das Handeln von kleinen Kindern ist unter anderem ein *kommunikatives* Handeln. Bereits vor dem Spracherwerb kommunizieren Kinder mit ihrer Umwelt. Schon kleine Kinder im Alter von wenigen Monaten, so zeigen neuere Forschungen, verhalten sich auf eine Weise, die bei Tieren so nicht feststellbar ist. Das Entscheidende dabei ist, dass Menschen *kooperativ* tätig sind. Sie bilden mit anderen Menschen eine Welt geteilter Ziele, und dies bereits sehr früh in ihrer Entwicklung. Dies ist in vergleichbarer Weise bei Menschenaffen nicht der Fall. Diese handeln beispielsweise bei der Jagd auch gemeinsam, überschreiten dabei aber nie die Perspektive ihrer eigenen Interessen. Sie entwickeln, wie Michael Tomasello formuliert, keine geteilte Intentionalität.

Kleinkinder kommunizieren unter anderem mit Zeigegesten. Sie verwenden solche Gesten, um andere aufzufordern, etwas zu tun. Das tun Affen ebenfalls. Sie setzen ebenfalls Gesten ein, um individuelle Ziele zu erreichen. Bei kleinen Kindern ist jedoch früh feststellbar, dass sie Zeigegesten auf noch zwei andere Arten verwenden: um andere Menschen über etwas zu informieren oder um ihnen zu helfen. So beschreiben Forscherinnen und Forscher etwa den Fall, dass ein Kind im Alter von zwölf Monaten vom Innern des Hauses durch ein Fenster in die Richtung des Geräusches eines Flugzeuges zeigt, um die Aufmerksamkeit auf das Flugzeug und dessen Geräusch zu lenken[21]. Das Kind verfolgt mit diesem Handeln keine egoistischen Interessen. Es möchte vielmehr den anderen auf etwas hinweisen und damit einen geteilten Raum der Aufmerksamkeit schaffen. Ein anderes, vergleichbares Beispiel besteht darin, dass ein Kleinkind auf ein entferntes, interessantes Tier zeigt, Gefühle ausdrückt und seinen Blick zwischen dem Tier und dem anwesenden Erwachsenen hin und her wandern lässt. Das Kleinkind will seine Aufregung mit dem Erwachsenen teilen und ihn dazu veranlassen, das Tier zu betrachten und seine Gefühlsreaktion zu zeigen[22].

Tomasello unterscheidet drei Ebenen, auf denen Kleinkinder Zeigegesten einsetzen: Sie tun es, um andere zu einer Handlung aufzufordern, um Gefühle und Einstellungen zu teilen und um Hilfe anzubieten. Alle drei

Formen des Handelns zeigen sich bei kleinen Kindern sehr früh. Der gegenwärtige Wissensstand ist noch unvollständig, jedoch scheint es so zu sein, dass einige dieser Kommunikationshandlungen bereits früh nach der Geburt einsetzen, und dass alle Motive bereits im Alter von etwa zwölf Monaten feststellbar sind (inklusive der Gesten, die dazu dienen, anderen zu helfen, die am spätesten folgen)[23]. Kein Tier zeigt vergleichbare Aktivitäten kooperativer Kommunikation. Sie sind im Unterschied zu Menschen nicht in der Lage, eine »Vogelperspektive« auszubilden, bei der sie über ihr eigenes Interesse hinaus eine *gemeinsame* Aktivität erkennen und ein Interesse an deren Aufrechterhaltung entwickeln. Dies ist bei Kindern etwa beim Spielen der Fall. Kleine Kinder entwickeln früh ein Interesse, dass ein angefangenes Spiel fortgesetzt wird, wenn ein Teilnehmer es unterbricht, und zeigen dies[24]. Dabei geht es ihnen offenbar um die Aufrechterhaltung und Erweiterung einer gemeinsamen Welt, ähnlich wie beim Zeigen auf Gegenstände, die sie faszinieren.

Auch andere jüngere Forschungen zeigen eine besondere Anlage des Menschen zur Kooperation. Andere früher lebende Menschenarten als der *homo sapiens* verfügten ebenfalls über große Gehirne und vergleichbare Fähigkeiten wie jener. Was diesen aber ganz besonders auszeichnete und seinen entwicklungshistorischen Erfolg ausmachte, war seine Bereitschaft, mit anderen zu kooperieren. Er konnte größere Gruppen bilden als andere Arten. Die Menschen (=*homo sapiens*) begegnen Fremden nicht durchgängig feindlich, sondern sind imstande, sie in ihre Gruppen einzubeziehen[25]. Besonders Schimpansen sind, so intelligent sie in verschiedener Hinsicht sind, nicht in der Lage, ihr Verhalten auf eine vergleichbare Weise mit anderen zu koordinieren[26].

Das für die Würde Entscheidende liegt darin, dass diese Stärken innerlich mit Schwächen im Sinn einer besonderen Abhängigkeit des Menschen verbunden sind. Dies soll im folgenden Kapitel genauer ausgeführt werden. Zum Abschluss dieses Kapitels möchte ich nochmals auf Kant blicken.

5.6 Situierte Autonomie

Zwischen Kants Theorie und der hier vorgeschlagenen Interpretation von Würde besteht eine enge Verbindung. Beide reagieren auf die gleiche Intuition: Im anderen Menschen kommt uns ein eigenständiges Wesen entgegen, das wir als Subjekt zu achten haben. Kant hat diesen Anspruch

23 Tomasello 2017, 158.
24 Tomasello 2017, 191–193.
25 Hare/Woods 2020, 92–101.
26 Hare/Woods 2020, XXV.

an der Moralfähigkeit festgemacht, die er dem Menschen als Vernunftwesen zuschrieb. In der vorliegenden Darstellung wird die menschliche
Selbständigkeit etwas grundsätzlicher gefasst, indem sie mit dem Geborensein (Natalität) verbunden wird, das eine spezifisch menschliche
Form des Existierens begründet. In beiden Fällen geht es im Kern jedoch um das Gleiche: Die andere Person ist als eigenständige Existenz
zu achten.

Es ist in diesem Zusammenhang wichtig zu sehen, dass auch Kant die
Autonomie nicht isoliert betrachtet. Kant bezieht sich, um die menschliche Würde zu erklären, auf das »Wesenhafte« des Menschen, nicht auf
die Autonomie allein[27]. Ihm zufolge ist es bekanntlich die Sittlichkeit,
die Würde hat, und die *Menschheit* hat Anteil an der Sittlichkeit[28]. Da
jeder Mensch wiederum an der Menschheit partizipiert, ist er würdig.
Kant bettet die moralische Autonomie mithin in eine Konzeption des
Menschen an sich ein. Nur so gelingt es ihm, allen Menschen, auch den
nicht-autonomen, Würde zuzusprechen. Diese metaphysische Konzeption wird hier innerweltlich reformuliert, indem das menschliche An-sich,
das, was alle Menschen schlechthin verbindet, darin gesehen wird, dass
sie geboren werden und mit der Geburt eine besondere Weise des Lebensvollzugs beginnen. So wie bei Kant die Sittlichkeit an eine Idee des
Menschen an sich geknüpft ist, so ist sie in der vorliegenden Studie mit
dem Moment der Natalität verknüpft. In beiden Fällen ist Autonomie
nicht isoliert, sondern situiert.

Die menschliche Würde kann nicht ausschließlich an bestimmte Fähigkeiten gebunden werden, denn es gibt keine Fähigkeit, die der Mensch
nicht verlieren könnte – dennoch muss er als Wesen mit Würde geachtet werden, ja gerade dann. Dies ist der grundlegende Konstruktions-
fehler aller Ansätze, die nach bestimmten menschlichen Fähigkeiten als
Ansatzpunkten der Würde fahnden. Kant hat die Autonomie zum Anknüpfungspunkt der Würde gemacht, aber zugleich – und nicht weniger
wichtig – den Menschen an sich zum Träger dieser Autonomie erklärt.
Er ging mit seiner Konzeption im Grunde über die Autonomie hinaus,
indem er auf den Menschen als solchen rekurrierte. Die zweite Komponente ist nicht weniger wichtig als die erste, und sie darf nicht unter-
schlagen werden, wenn Kants Menschenwürde-Verständnis verstanden
werden will. Die dabei mitschwingenden, heute nicht mehr allgemein
akzeptablen metaphysischen Komponenten müssen freilich detranszen-
dentalisiert werden.

Für Kant ist entscheidend, dass der Mensch sich über die Naturnotwen-
digkeit erhebt. Bekanntlich ist diese Fähigkeit (Freiheit) unerklärlich[29].

27 Vorn Kap. 1.2 und 2.5.
28 Kant, GMS, 68.
29 Kant, KpV, 265.

Hannah Arendt spricht in diesem Zusammenhang von einem Wunder[30]. Dieses Jenseits der Natur beginnt nicht erst, wenn wir Autonomie erlangen (was sich zeitlich ja so genau nicht einmal feststellen lässt), sondern bereits mit der Geburt. Schon mit der Geburt sind wir, aus dem Natürlichen heraus kommend, auch jenseits der Natur, nicht mehr reine Natur. Das Kleinkind im Alter von wenigen Tagen ist bereits etwas anderes als die übrige Natur, da es ein menschliches Existieren beginnt, das sich von dem anderer Lebewesen unterscheidet. Was wir achten, wenn wir »Menschenwürde« sagen, ist diese Eigenständigkeit, ist das Dasein des anderen als selbständige Existenz.

---

30 Arendt 2016, 317: »Das ›Wunder‹ besteht darin, dass überhaupt Menschen geboren werden, und mit ihnen der Neuanfang, den sie handelnd verwirklichen können kraft ihres Geborenseins.«

6. Würde in der Schwäche

6.1 Dimensionen der Verletzlichkeit

Menschen haben, so hatten wir gesehen, eine besondere Befähigung zur Kooperation und Koordination. Darin liegt eine Stärke, die dem Menschen gegenüber anderen Arten Vorteile verschafft. Jedoch ist diese Stärke innerlich mit einer besonderen Abhängigkeit verknüpft. Der Mensch ist als kooperatives Wesen auch in besonderer Weise ein abhängiges und fragiles Wesen. Erst diese interne Verbundenheit von Stärke und Schwäche lässt die Besonderheit des menschlichen Lebens verstehen und führt zur Würde im Sinn eines Gebots hin, Menschen zu schützen[1].

Ich möchte, nachdem im vorangegangenen Kapitel die spezielle Form des menschlichen Lebens erkennbar wurde, daher nun besonders die Aspekte der Vulnerabilität hervorheben, die damit verbunden sind. Ich entwerfe im Folgenden ein Modell mit drei Dimensionen der Verletzlichkeit. Dabei ziehe ich zunächst Analysen von Jürgen Habermas zur Versehrbarkeit des Menschen heran. Danach beleuchte ich die soziale und psychische Verletzlichkeit des Menschen, die neben der körperlichen Verwundbarkeit – auf die ich nicht näher eingehen werde – das menschliche Leben begleiten. Die gesteigerte Verletzlichkeit, die so erkennbar werden wird, begründet die Würde als normatives Postulat. Dabei ist es wesentlich zu verstehen, was »Würde« im rechtlichen und moralischen Sinn eigentlich besagt. Darauf werde ich am Schluss des Kapitels eingehen.

6.2 Eine tiefe Versehrbarkeit

Ein neugeborenes Kind ist in besonderer Weise hilflos und bleibt das über eine außergewöhnlich lange Zeit[2]. Gleichzeitig entwickelt es gerade in dieser frühesten Phase seines Lebens die besondere, auf Kooperation ausgerichtete Bezugnahme auf andere, die sich bei anderen Gattungen nicht in gleicher Weise feststellen lässt. Die besondere Schwäche des kleinen Kindes ist zugleich seine Stärke; aus der völligen Hilflosigkeit und dem Angewiesensein auf andere ergibt sich eine Bereitschaft zum Zusammenwirken, welche sich im weiteren Verlauf des Lebens zum Vorteil entwickelt.

Es gibt eine banale Vorstellung von Würde, die diese mit besonderer Stärke und Vorzügen verbindet. Zu ihrer Illustration wird etwa ein

---

1   Wichtige Hinweise dazu verdanke ich Jonas Heller.
2   Hare/Woods 2020, 73, 88.

majestätischer Löwe oder ein stolzer Feldherr herangezogen. Doch die menschliche Würde liegt viel stärker in einer Verletzlichkeit, die jedoch intern mit Stärken und Potenzialen verbunden ist. Nur dieser Zusammenhang macht recht verstehbar, warum die Würde in einem normativen Sinn mit einem besonderen Schutzanspruch einhergeht. Wäre der Mensch einfach stark und mächtig, bräuchte es die Würde in einem normativen Sinn im Grunde nicht. Die Menschenwürde als Norm gründet in der besonderen Fragilität des Menschen.

Jürgen Habermas hat, unter teilweise etwas anderen Prämissen, die Unterschiedlichkeit in der Verletzbarkeit von Menschen und anderen Lebewesen hervorgehoben. Für soziokulturelle Lebensformen, so argumentiert er, seien jene sozialen Interaktionen, die über einen verständigungsorientierten Sprachgebrauch laufen, konstitutiv.»Diese Art der kommunikativen Vergesellschaftung, durch die die Einzelnen zugleich individuiert werden, begründet eine tiefe Versehrbarkeit, weil sich die Identität der vergesellschafteten Individuen nur auf dem Wege der Integration in immer weitläufigere soziale Abhängigkeiten entwickelt.«[3] Die Moral lasse sich unter diesem Gesichtspunkt als diejenige Schutzvorrichtung begreifen, die eine in der soziokulturellen Lebensform selbst angelegte konstitutionelle Gefährdung kompensiert. Sie ziele auf die chronische Anfälligkeit einer persönlichen Integrität, die der handgreiflichen Versehrbarkeit der leiblichen Integrität noch vorausliegt, mit dieser aber verschränkt ist[4].

Tiere unterscheiden sich im Hinblick auf die Verletzbarkeit von Menschen. Die Verletzungen, die der Mensch dem Tier zufügen kann, berühren nach Habermas nicht so etwas wie eine personale Identität[5]. Auch würde ein Tier seinen Schmerz nicht reflexiv erfahren wie ein Mensch[6]. Menschen finden sich nach Habermas immer schon in einem intersubjektiven Horizont von Interaktionen vor und können ihn als Personen auch gar nicht verlassen,»während Tiere einer anderen Spezies und anderen Lebensformen angehören und nur über eine Teilnahme an unseren Interaktionen in unsere Lebensform einbezogen werden.«[7] Nur gegenüber bestimmten Tieren hätten wir daher eine moralanaloge Verantwortung, nämlich gegenüber denjenigen, die an unseren sozialen Interaktionen teilnehmen (also insbesondere Haustieren). Diese Verantwortung hat ihren Grund im Gefährdungspotenzial, das allen diesen Interaktionen innewohnt.[8]

3   Habermas 2016, 96.
4   Ebd.
5   Habermas 2016, 97 f.
6   Habermas 2016, 98.
7   Habermas 2016, 98.
8   Habermas 2016, 97.

Auch unter dem Aspekt der Verletzlichkeit wird deutlich, dass Tiere und Mensch gleich und unterschiedlich *zugleich* sind[9]. Sie sind beide in einem körperlichen Sinn verletzlich; Menschen sind darüber hinaus jedoch noch in einer anderen Weise verwundbar, weil sie in besonderer Art in ein kooperatives Zusammenleben eingelassen sind. Sowohl eine Position, die Menschen und Tiere in normativer Hinsicht streng trennt, als auch eine Auffassung, die beide in einer einzigen Kategorie zusammenfasst, verfehlen diese Relation ungleicher Gleichheit.

Aristoteles' berühmte Beschreibung des Menschen als *zoon politikon* bringt diese Verhältnisse auf genaue Weise zum Ausdruck: Der Mensch ist ein Lebewesen *(zoon)* und insofern mit der übrigen Natur verbunden. Er ist zugleich jedoch in besonderer Weise ein soziales, ein gemeinschaftsbezogenes und gemeinschaftsbildendes Wesen. Er gestaltet in der Weise eine Welt, wie es bei anderen Lebewesen nicht der Fall ist.

6.3 Komplexe Sozialität

Wir wollen die besondere Verletzbarkeit des Menschen im Folgenden etwas näher beleuchten. Ich gehe dabei in drei Schritten vor: Zunächst möchte ich erörtern, inwiefern der Mensch besondere Arten sozialen Zusammenlebens entwickelt hat. Im folgenden Abschnitt (6.4) soll dargestellt werden, dass damit eine besondere (soziale) Verletzlichkeit einhergeht. Schließlich ist zu zeigen, dass der Mensch auch in anderer, namentlich psychischer Hinsicht in besonderer Weise vulnerabel ist (6.5).

Menschen entwickeln soziale Ordnungen von einer Komplexität, wie sie bei anderen Lebewesen nicht zu finden sind. Sie konstituieren Verbände mit sehr vielen Angehörigen (zum Beispiel Nationen), die sich durch ein höchst differenziertes Set an Rollen und Normen auszeichnen. Auch Tiere leben sozial[10]. Dies wird etwa bei den sog. staatenbildenden Tieren deutlich, wie beispielsweise Ameisen, Termiten oder Bienen (in der Biologie spricht man diesbezüglich auch von Eusozialität). Diese Tiere bilden Kommunitäten, die von einer klaren Rangordnung und damit verbundenen Arbeitsteilung geprägt sind. Es gibt in den »Staaten«, die diese Tiere bilden, Arbeiter, Soldaten, Königinnen etc. Einzelne Individuen oder Gruppen übernehmen darin Aufgaben wie Begattung, Brutpflege, Bau oder Feindabwehr.

Wenngleich vergleichsweise komplex, erreicht auch diese Sozialität jedoch nicht annähernd die Differenziertheit einer menschlichen Gesellschaft. Die Vielzahl von Rollen, Institutionen und Beziehungen, die sich in einem menschlichen Verband findet, ist mit einer tierlichen

9   Dazu bereits vorn Ziff. 3.2.
10 Vgl. Wild 2018.

Sozialordnung nicht vergleichbar. Grundsätzlich gilt in Bezug auf Menschen und Tiere: Der Umstand, dass ein bestimmtes Phänomen, das bei Menschen vorkommt, auch bei Tieren auftaucht, bedeutet nicht, dass es zwischen Menschen und Tieren keine Unterschiede gäbe. Tiere leben wie Menschen sozial, und zumindest bestimmten Tierarten kann auch eine Fähigkeit zu kultureller Evolution zugesprochen werden[11]. Doch die menschlichen Gesellschaften weisen eine andere innere Vielfalt und Komplexität auf. Tiere gründen keine Universitäten, veranstalten keine Konzerte und schreiben keine Bücher. Dies gilt analog in Bezug auf andere Merkmale: Nicht nur Menschen verwenden, wie man heute weiß, Werkzeuge. Doch die Werkzeuge des Menschen und der menschliche Umgang mit ihnen sind von einer Art, wie wir sie bei Tieren nicht finden[12]. Ähnliches gilt für die Sprache: Nach neueren Forschungen kann zumindest von einigen Tierarten gesagt werden, dass sie so etwas wie eine Sprache verwenden[13]. Doch diese Sprache ist mit der inneren Vielfalt und Dichte menschlicher Sprachen nicht gleichzusetzen.

Nicht selten verlaufen tierphilosophische und tierethische Diskussionen nach folgendem Muster: Es wird ein Merkmal identifiziert, das vermeintlich typisch menschlich ist. Anschließend wird festgestellt, dass das betreffende Merkmal auch bei Tieren vorkommt. Danach folgt der Schluss, dass es zwischen Tieren und Menschen keinen (wesentlichen) Unterschied gäbe. Dieses Argumentationsmuster erfasst die Differenzen zwischen Menschen und Tieren jedoch zu wenig genau. Auch wenn eine Fähigkeit oder eine Eigenschaft sowohl bei Menschen und Tieren vorkommt, kann es diesbezüglich wesentliche Unterschiede geben.

Die besondere Sozialität des Menschen vermittelt der menschlichen Gattung besondere Fähigkeiten und Stärken. Es wäre ohne diese Form der Gemeinschafts- und Gesellschaftsbildung nicht möglich gewesen, die Welt und die natürliche Umwelt in der Weise zu beherrschen, wie Menschen das heute tun. Für den einzelnen Menschen impliziert diese Form der Kooperation jedoch auch eine besondere Abhängigkeit und Verletzlichkeit. Darauf wollen wir im folgenden Abschnitt eingehen.

6.4 Soziale Vulnerabilität

Da der Mensch sein Leben so sehr mit und durch andere lebt, ist er von diesen in besonderer Weise abhängig. Darauf hat unter anderen Judith Butler hingewiesen. Die soziale Natur – in ihren Worten: die ethische

---

11 Vgl. Wild 2010, 161–178.
12 Wild 2010, 166 f.
13 Wild 2015, 333 f. Generell zu den Fähigkeiten von Tieren, die Kognition in einem anspruchsvollen Sinn verlangen, ebd. 333–336.

Beziehung – impliziert eine tiefe Verwundbarkeit[14]. Sozialität bedeutet Vulnerabilität. Unser Leben liegt in gewissem Sinn immer schon in der Hand des Anderen[15]. Der Mensch kann dieser Verwundbarkeit nicht entkommen, denn nur wenn er sich auf sie einlässt, kann er ein menschliches Leben leben. »Kein Mensch entgeht der prekären Dimension des Soziallebens«, so Butler[16].

Ich möchte das im Hinblick auf einen Aspekt konkretisieren: Die menschliche Form des Zusammenlebens ist von einer besonderen Bedeutung sozialer Akzeptanz begleitet, die sich auf den Begriff der Ehre bringen lässt und eine besondere Fragilität des menschlichen Existierens impliziert. Ein menschliches Individuum ist darauf angewiesen, von seinen Mitmenschen als prinzipiell gleichwertiges und achtenswertes Gesellschaftsmitglied anerkannt zu werden, also über eine Ehre zu verfügen. Das ist bei Tieren nicht in gleicher Weise der Fall. Ein Tier kann aus dem Verband ausgestoßen werden und im Extremfall zugrunde gehen. Es kann aber nicht wie Menschen sozial entwürdigt und entehrt werden[17]. Infolgedessen ist der soziale Status eines Menschen fragiler als der eines Tieres. Menschen sind darauf angewiesen, von ihren Mitmenschen akzeptiert zu werden, um ein menschliches Leben leben zu können. Ohne seine »Ehre« ist ein Mensch im Grunde nicht handlungsfähig. Mit einem harten, aber durchaus treffenden Ausdruck spricht man in diesem Zusammenhang vom »sozialen Tod« einer Person[18]. Menschen sind in ein komplexes Beziehungsgeflecht eingelassen, in dem ihre Stellung im Grunde stets unsicher ist. Dies impliziert eine besondere Fragilität des ganzen menschlichen Daseins. Bei Tieren ist das nicht in gleicher Weise der Fall. Die viel einfachere Sozialstruktur, in der sie leben, bedeutet, dass zahlreiche Gefährdungen nicht bestehen, die es bei Menschen gibt. Die Risiken, die ein tierliches Leben kennt, sind im Wesentlichen leiblich-physische. Ein Schimpanse, um ein hoch entwickeltes Tier zu nennen, muss sich beispielsweise keine Sorgen darüber machen,

– ob er seine Stelle verliert,
– ob eine Freundschaft zerbrechen wird, oder
– ob im Internet Unwahrheiten über ihn verbreitet werden.

Diese Hervorhebung sozialer Aspekte weist eine gewisse Nähe zu den Ausführungen von Elisabeth Anderson auf, auf die an früherer Stelle

14 Butler 2016, 145–147; dies. 2005, 36–68.
15 Butler 2010, 21.
16 Butler 2016, 158.
17 Darauf bezieht sich Habermas, wenn er sagt, dass Verletzungen, die Tieren zugefügt werden, nicht deren personale Identität betreffen würden; vgl. vorn Ziff. 6.2.
18 Vgl. Patterson 1982.

hingewiesen wurde[19]. Anderson betont, dass Menschen und insbesondere die sogenannten Grenzfälle (Menschen mit Behinderungen, Dauerkomatöse etc.) im Vergleich zu Tieren deshalb anders behandelt werden, weil sie in ein menschliches Beziehungsgeflecht eingebettet sind. Diese Sozialität ist in der Tat wesentlich, doch wird sie hier nicht im Sinn eines auszeichnenden Merkmals, sondern als ein Grund besonderer Verwundbarkeit verstanden. Damit erst entsteht der Bezug zur Würde als normativem Postulat, auf das wir am Ende des Kapitels zurückkommen werden.

6.5 Psychische Vulnerabilität

Neben der – wie ich formulieren möchte – sozialen Vulnerabilität gibt es bei Menschen eine psychische Vulnerabilität, die sich ebenfalls von derjenigen bei Tieren unterscheidet[20]. Damit ist gemeint, dass Menschen in einer besonderen Weise psychisch leiden können. Die soziale Vulnerabilität hängt mit diesen Aspekten zusammen, da auch die soziale Isolation oder Missachtung sich letztlich psychisch niederschlägt. Jedoch rechtfertigt es die besondere Bedeutung der sozialen Dimension, diese Form der Verletzlichkeit besonders hervorzuheben.

Wenn wir von psychischen Zuständen von Tieren sprechen, so ist dies mit großen Schwierigkeiten verbunden, da wir ihr geistiges Erleben nicht umfassend kennen und wohl auch nicht kennen können[21]. Alles, was wir im Folgenden über Differenzen zwischen Menschen und Tieren sagen, steht unter diesem Vorbehalt.

Tiere können zweifellos psychisch leiden. Jeder, der mit Tieren lebt und sie beobachtet, erkennt das ohne weiteres. Ohne Zweifel haben Tiere zum Beispiel Ängste, und sie kennen Schmerzen. Es ist jedoch wenig klar, wie sich das Schmerzempfinden bei Tieren genau gestaltet, und ob es gleich ist wie bei Menschen[22]. Diese Themen hängen eng mit der Frage nach dem tierlichen Bewusstsein zusammen. Auch diesbezüglich besteht nach aktuellem Forschungsstand noch wenig Klarheit[23].

Grundsätzlich ist anzunehmen, dass zumindest einige Tierarten über eine Form von Bewusstsein und ein differenziertes Gefühlsleben verfügen. Gleichwohl dürften Unterschiede zum psychischen Erleben von Menschen bestehen. Es ist zweifelhaft, ob Tiere zum Beispiel so etwas wie Depressionen kennen. Einige Biologinnen und Verhaltensforscher

19 Vorn Ziff. 2.3.
20 Vgl. auch Burghardt u.a. 2017, 34–52 (»anthropologische Dimensionen«).
21 Zum Problem des Fremdpsychischen etwa Avramides 2020.
22 Shriver 2018.
23 Andrews 2015, 51–79.

wenden zwar auch diesen Begriff auf Tiere an. Ob es bei diesen aber zu persönlichen Krisen und Brüchen kommt, die mit denen vergleichbar sind, die Menschen kennen, ist zu bezweifeln. Tiere dürften ihr eigenes Leben nicht in einer Weise problematisieren, wie es bei Menschen der Fall ist, und sie haben wahrscheinlich auch keine bewusste Vorstellung von der eigenen Endlichkeit.

Das menschliche Leben ist demnach auch psychisch von einer besonderen Zerbrechlichkeit geprägt. Menschen sind, quasi spiegelbildlich zu ihrer hohen Entwicklung und ihrem besonderen Potenzial, seelisch in einer besonderen Weise anfällig. So dürfte es kein anderes Lebewesen geben, das zum Beispiel in vergleichbarer Weise unter der Verweigerung oder dem Abbruch von Kommunikation leidet. Das Kommunizieren verschafft dem Menschen außergewöhnliche Möglichkeiten, macht ihn aber zugleich enorm verletzlich. Dieser Zusammenhang von Abhängigkeit und Selbständigkeit ist bezüglich der menschlichen Würde von fundamentaler Bedeutung und im Folgenden weiter zu vertiefen.

6.6 Würde des Menschen

Wir hatten gesehen, dass die normative Unverfügbarkeit von Lebewesen in einem Selbststand begründet ist. Dieser lässt es als inadäquat erscheinen, sie wie Sachen, also verfügbare Objekte menschlicher Entscheidungen, zu behandeln. Der Selbststand hat zwei Komponenten: das natürliche Gewordensein und der selbständige Lebensvollzug[24]. Wir sehen nun deutlicher, dass der Selbststand insofern zu differenzieren ist, als er hinsichtlich der zweiten Komponente, des Lebens, nicht bei allen Lebewesen gleich ist.

Der *menschliche* Lebensvollzug ist zwar eigenständig, zugleich aber auf elementare Weise mit einem Angewiesensein auf andere verbunden. Der Selbststand hat bei Menschen folglich eine besondere Form, er ist auf spezifische Weise mit Fragilität und Vulnerabilität verknüpft. Tiere und Pflanzen sind ebenfalls vulnerabel, aber in einer anderen Weise. Da sie nicht in gleicher Weise kooperativ existieren, ist ihre Existenz im Grunde weniger fragil als diejenige von Menschen. Das Artefakt (zum Beispiel ein Stuhl) kann als das am wenigsten fragile Ding betrachtet werden, eine Pflanze ist ebenfalls noch relativ unabhängig, und so steigert sich die existenzielle Dependenz bis zum Menschen[25].

Die »Autonomie«, die in Bezug auf Menschen so oft betont wird, ist auf eine seltsame Weise bei diesen im Grunde am schwächsten. Kein

---

24 Vgl. vorn Ziff. 3.2.

25 Turner unterscheidet hinsichtlich der Vulnerabilität dagegen nicht zwischen Menschen und Tieren, da er jene im Wesentlichen körperlich interpretiert.

Lebewesen lebt so wenig von sich selbst her wie der Mensch. Eine Pflanze beispielsweise braucht elementare natürliche Bedingungen wie Wasser und Licht; sind diese aber gegeben, so lebt sie problemlos von sich selbst her. Ein solches Existieren ist Menschen nicht möglich (außer in der fiktiven Existenzform des Einsiedlers, die real aber über kurz oder lang zu einem menschlichen Verkümmern führt – ich werde darauf zurückkommen). Natürlich sind Menschen insofern besonders autonom, als sie ihr Handeln vergleichsweise weitgehend selbst bestimmen können. Sie sind aber in der Hinsicht besonders nicht-autonom, als sie existenziell auf andere angewiesen und von ihnen abhängig sind, und dies nicht nur auf einer biologisch-funktionalen, sondern auch und besonders auf einer sozialen, psychischen und kommunikativen Ebene.

Diese Unterschiede rechtfertigen es, den Begriff der »Würde« nur auf Menschen zu beziehen. An der normativen *Unverfügbarkeit* partizipieren alle Lebewesen. Sie hat bei Menschen aber eine besondere Form, die wir mit dem *Würde*begriff bezeichnen. Bei Menschen sind besondere Aspekte zu berücksichtigen, die diese begriffliche Differenzierung zwar nicht notwendig machen, aber rechtfertigen. Manche Autorinnen und Autoren sprechen auch in Bezug auf Tiere von Würde, so zum Beispiel Martha Nussbaum[26]. Aus Sicht der vorliegenden Konzeption ist eine solche Verwendung des Begriffs nicht ausgeschlossen; doch erscheint es mir adäquat, den Begriff der Würde nur auf Menschen zu beziehen[27].

In Bezug auf Menschen lässt sich von zwei Stufen der Vulnerabilität sprechen: Die erste Stufe hängt damit zusammen, dass sie natürlich geworden und nicht fabriziert sind. Diese Form der Verletzlichkeit teilen sie mit anderen Lebewesen (wenn sie auch im Einzelnen bereits differenziert ist, da der Mensch auch physisch, vor allem in der frühkindlichen Phase, außerordentlich abhängig ist). In einer zweiten Stufe besteht bei Menschen eine soziale und psychische Vulnerabilität, die mit der Komplexität menschlicher Sozialstrukturen zusammenhängt und bei anderen Lebewesen in einer vergleichbaren Form nicht gegeben ist. Diese Unterschiedlichkeit rechtfertigt es, den fundamentalen Schutz menschlichen Existierens mit einem besonderen Begriff – Würde – zu bezeichnen.

Damit ist nicht gemeint, dass die Unverfügbarkeit der Würde zugrunde läge. Letztere ist beim Menschen mit der normativen Unverfügbarkeit

Dies führt ihn zum Postulat von Tierrechten (Turner 2006, 37 f.). Ähnlich Schnell 2017, insb. 160–182.

26 Nussbaum 2014, 445, 453, 477, 484. Nussbaum lässt allerdings die Frage offen, ob es sich um die gleiche Würde wie bei Menschen handle: a.a.O., 516 f.

27 Ich habe in früheren Arbeiten, unter anderem in Bezug auf die Schweizer Verfassung, den Begriff der Würde ebenfalls auf nichtmenschliche Lebewesen angewandt; vgl. Engi 2008; Engi 2012a. Hier modifiziere ich diese Position.

identisch. Die Unverfügbarkeit hat bei Menschen eine besondere Form, da sein Leben gegenüber anderem Leben signifikant anders ist und diese Umstände zu berücksichtigen sind. Dies rechtfertigt es, die normative Unverfügbarkeit des Menschen mit dem Begriff der Würde besonders zu benennen.

6.7 Nochmals ein Blick auf die *Marginal Cases*

Auf diesen Grundlagen kann das früher erörterte Problem der sog. *Marginal Cases* nochmals aufgenommen werden[28]. Demente, Dauerkomatöse, Kleinkinder und andere Individuen können von den Würde-Theorien, die auf Autonomie, Handlungsfähigkeit, Selbstachtung oder dergleichen abstellen, nicht adäquat erfasst werden, da sie die damit gesetzten Voraussetzungen nicht erfüllen. Das ist offensichtlich ein gravierender Mangel, den eine weiterführende Würde-Theorie beheben muss, kommt die Würde doch besonders aus rechtlicher Perspektive unstreitig allen Menschen zu.

Aus der Sicht der vorliegenden Deutung ist zunächst zu sagen, dass auch alle Menschen, die in die Kategorie der *marginal cases* fallen, natürlich Gewordene sind und damit an der Unverfügbarkeit im normativen Sinn partizipieren. Was die Würde des Menschen betrifft, die mit einer besonderen Kooperationsneigung und Fragilität zusammenhängt und sich von der generellen Unverfügbarkeit von Lebewesen abhebt, so lassen sich diese Personen ebenfalls erfassen. Betrachten wir das für die wichtigsten Gruppen gesondert: Kleinkinder, Dauerkomatöse, Demente und Schwerbehinderte.

(a) Kleinkinder sind natürlich geworden und leben auf eine besondere menschliche Weise, die sich so bei anderen Arten nicht findet. Sie verwenden zum Beispiel schon im Alter von wenigen Monaten Zeigegesten, die darauf abzielen, mit den Mitmenschen eine Welt geteilten Erlebens aufzubauen[29]. Zudem sind kleine Kinder gegenüber anderen Arten in besonderer Weise abhängig und hilflos. Die Kindheit dauert bei Menschen wesentlich länger als bei anderen Arten, zum Beispiel Schimpansen. Gerade diesbezüglich ist die besondere Abhängigkeit und Fragilität jedoch mit besonderen Vorteilen verknüpft: Die langsame Entwicklung bei Kindern steht in einem direkten Zusammenhang mit dem Entstehen sozialer und kommunikativer Komplexität. Der lange Reifeprozess hat den Menschen gegenüber anderen Arten einen einzigartigen evolutionären Vorteil verschafft[30].

(b) Dauerkomatöse und Demente haben die Fähigkeiten bewusster Selbstbestimmung verloren bzw. zeitweise eingebüßt. Sie sind dadurch in

28 Vgl. vorn Ziff. 2.2.
29 Vorn Kap. 5.5.
30 Smith u.a. 2010.

besonderer Weise abhängig von anderen und ohne deren Unterstützung schlicht nicht überlebensfähig. Menschen haben komplexe Systeme der Gesundheitsversorgung und Pflege errichtet, um auch diesen Menschen ein Leben zu ermöglichen. Es gibt dergleichen bei Tieren nicht. Es ließe sich einwenden, dass auch Tiere, die schwer beeinträchtigt sind, prinzipiell eine solche Abhängigkeit aufweisen und der Unterstützung bedürften. Dies trifft zu, doch ist es ganz einfach so, dass andere Arten solche Systeme der Hilfe und der Pflege nicht entwickeln. Deshalb entsteht bei ihnen auch eine Abhängigkeit und Fragilität in dieser Weise nicht. Das geschwächte Tier, das analog etwa zu einer dementen Person die Voraussetzungen zu einem selbständigen Leben verloren hat, geht im Tierreich über kurz oder lang zu Grunde. Im Verhältnis zu Menschen kann es vorkommen, dass Menschen auch solchen Tieren das Überleben sichern, indem sie sie pflegen etc. Damit ist aber bereits wieder die besondere menschliche Sozialität im Spiel.

(c) Ähnlich wie bei den eben genannten Fällen verhält es sich bei schwerbehinderten Menschen. Auch sie sind in besonderer Weise abhängig und können nur mit der Hilfe anderer existieren. Gerade darin zeigt sich eine besondere Komponente *menschlichen* Existierens. Das ist beispielsweise bei einem schwerstbehinderten Kind der Fall, das keine Aussicht hat, jemals minimale Autonomie zu erlangen. Es ist in besonderer Weise in den menschlichen Kooperationszusammenhang eingebunden und kann ohne diesen nicht existieren. Die menschliche Gemeinschaft versucht, das Leben eines solchen Kindes soweit als möglich einem normalen menschlichen Leben anzunähern und vorhandene Defizite zu korrigieren[31]. Der menschliche Lebensvollzug wird hier in seiner besonderen Vulnerabilität und Fragilität deutlich und weist damit im Grunde gerade besonders eindringlich auf die normativen Forderungen hin, die wir mit dem Begriff der Würde kennzeichnen.

Allenfalls ließe sich auf den bereits mehrfach berührten Fall eines Einsiedlers hinweisen und einwenden, dass dieser keine soziale Abhängigkeit aufweise. Diese Lebensweise ist allerdings zumindest in modernen Gesellschaften eine bloß theoretische Option. Jeder Mensch ist in den sozialen Zusammenhang eingelassen, wird als Person registriert, mit bestimmten Pflichten konfrontiert (z.b. Steuerpflicht) und von seiner Umwelt kritisch-freundschaftlich begleitet. Selbst der vielleicht berühmteste Einsiedler der Geschichte, Henry David Thoreau (1817–1862), konnte ein völlig solitäres Leben nicht führen. In seinem Buch *Walden* dokumentiert er bekanntlich sein Experiment, in einer Waldhütte zu leben. 1845 bezog er eine selbst gebaute Hütte am *Walden Pond* in Massachusetts und lebte dort fast zwei Jahre lang. Allerdings entfernte er sich damit nicht allzu weit von der Zivilisation und blieb mit dieser in Verbindung.

---

31 Vgl. die Hinweise von Korsgaard, vorn Kap. 2.3.

Das nahe Concord war zu Fuß in relativ kurzer Zeit zu erreichen, und ganz in der Nähe seiner Hütte verlief auch eine Eisenbahnlinie. Das Leben im Wald endete, als Thoreau am 23. Juli 1846 ins Gefängnis gesteckt wurde, weil er sich weigerte, eine Steuerschuld zu bezahlen.

6.8 Würde als Schutz

Die Verletzlichkeit, die mit dem menschlichen Leben einhergeht, führt zur Würde. In diesem Zusammenhang ist es wichtig, sich zu vergegenwärtigen, was mit »Würde« im rechtlichen und moralischen Sinn gemeint ist. Es geht um die grundlegende Frage, ob der Begriff in einer deskriptiven oder einer präskriptiven Bedeutung verstanden wird[32]. Viele Schwierigkeiten im Zusammenhang mit dem Begriff kommen daher, dass diese grundlegende Frage nicht geklärt ist.

Oft wird »Würde« auch in rechts- und moralphilosophischen Darstellungen mehr oder weniger deskriptiv verstanden. Die Überlegungen gehen dementsprechend dahin, Merkmale zu identifizieren, die die besondere Stärke des Menschen ausmachen sollen. Eine solche Herangehensweise ist möglich und durchaus plausibel, sie geht aber am moralischen und rechtlichen Konzept der Würde vorbei. Denn »Würde« meint dabei etwas anderes.

Der Begriff der Würde, wie er im Recht steht, hat keinen deskriptiven Sinn. Man beschreibt nichts, wenn man juristisch von Würde spricht. Der Term steht für einen fundamentalen Schutz. Er repräsentiert eine normative Garantie[33]. Und diese ist genau deshalb nötig, weil die Menschen verletzlich und gefährdet sind. Wäre der Mensch so selbständig und stark, wie es viele Würde-Theorien implizieren, bedürfte es dieses Schutzes im Grunde nicht. »Wer sicher in einer Gemeinschaft steht und in ihr und mit ihr handelt«, so Christoph Möllers, »hat natürlich auch Würde, aber er bedarf ihrer in diesem Moment nicht.«[34]

Es ist vielleicht der grundlegendste Fehler, den viele Würde-Theorien begehen, dass sie diese begrifflichen Differenzen nicht ernst genug

32 Vgl. die Bemerkungen in der Einleitung.
33 Einiges davon ist in der Systemtheorie von Luhmann erfasst. Dieser zufolge sichert die Menschenwürde als Garantie den sozialen Status von Menschen (Luhmann 1965, 53–83). Freilich kann Luhmanns soziologisches Verständnis hier nicht leitend sein.
34 Möllers 2020, 93. Freilich scheinen in dieser Aussage soziologischer und normativer Begriff verschränkt zu sein. Die erste Würde, von der die Passage spricht (»… hat natürlich auch Würde …«), ist eine deskriptive und wohl auch normative, die zweite (»… bedarf ihrer in diesem Moment nicht«) eine allein normative.

nehmen und davon ausgehen, dass man mit »Würde« etwas beschreibe, eine besondere Qualität des Menschen. Um die normative, die rechtliche und moralische Würde zu verstehen, muss man sich ihr anders nähern. Ansonsten verpasst man genau das, worum es bei der Würde geht: den Schutz des Menschen in seiner Gefährdung und Anfälligkeit.

Gegenüber den meisten bestehenden Würde-Theorien setzt diese Deutung deshalb anders an. Sie macht die Würde nicht an besonderen Vorzügen des Menschen (wie Autonomie, Willensfreiheit, Rationalität etc.) fest, jedenfalls nicht ausschließlich. Die vorliegende Konzeption setzt gewissermaßen umgekehrt an und geht davon aus, dass die Würde als normatives Postulat in der Schwäche, in der menschlichen Fragilität und Vulnerabilität begründet liegt. Damit versucht diese Deutung, den Unterschied zwischen einem präskriptiven und einem deskriptiven Würde-Begriff ernstzunehmen: Die Würde, um die es hier geht, hat keinen beschreibenden, sondern einen verpflichtenden Sinn.

7. Einwände

7.1 Drei Fragen

Am Schluss des ersten Teils soll die bisherige Argumentation mit einigen Einwänden konfrontiert werden. Dies soll dazu beitragen, die hier vertretene Position zu verdeutlichen. Ein erster möglicher Kritikpunkt betrifft die Unterscheidung zwischen Gemachtem und Gewordenem. In der Realität, könnte dagegen eingewandt werden, lasse sich diese Unterscheidung nicht halten. Denn fast alles Gewordene, also die natürliche Umwelt, sei mehr oder weniger stark auch vom Menschen gestaltet. Das betrifft etwa Wälder, Wiesen oder Flüsse. Ein zweiter Einwand ist grundsätzlicher Art. Vorliegend wird die Unverfügbarkeit von Menschen mit dem Umstand des Gewordenseins erklärt. Damit, so lässt sich einwenden, wird von einem Sein auf ein Sollen, von einer faktischen Tatsache (Menschen sind nicht gemacht) auf eine normative Aussage (Menschen sollen nicht verfügbar sein) geschlossen. Schließlich ist folgender Punkt zu diskutieren: Kant hat streng zwischen Menschen, denen der Personen- und Subjektstatus zukommt und die Würde haben, und allen anderen Entitäten inklusive Tieren, die keine Würde haben, unterschieden. Die vorliegende Konzeption (die sich als kantisch versteht) begrenzt die Anwendbarkeit des Würde-Begriffs ebenfalls auf Menschen, bezieht die Unverfügbarkeit jedoch auch auf nichtmenschliche Lebewesen und weist damit keine so strenge Unterscheidung zwischen Menschen und anderen Lebewesen auf.

7.2 Gemachte Natur

Ich beginne die Diskussion mit der Unterscheidung zwischen Gewordenem und Gemachtem. Diese Differenz ist faktisch keineswegs stabil und klar. Nicht alle Entitäten können in tatsächlicher Hinsicht eindeutig dem Gewordenen oder Gemachten zugeordnet werden. Häufig verläuft die Grenze zwischen »geworden« und »gemacht« sozusagen innerhalb der Dinge selbst. Viele natürliche Entitäten sind teilweise manipuliert, menschlich verändert. Die meiste uns umgebende Natur, schreibt beispielsweise Dietmar von der Pfordten, sei »gemachte Natur«. Die Wälder seien bewusst angelegt, die Flüsse begradigt und verändert usw.[1]

Allerdings behält die Natur, auch wenn sie menschlich gestaltet ist, doch stets einen Anteil des Eigenständigen. »Die gemachte Natur«, so

---

1   von der Pfordten 1996, 68–70; vgl. auch Hilpert 2009, 192–195.

ebenfalls von der Pfordten,»ist doch nicht so vollständig vom Menschen gemacht, dass z.b. biologische Wachstums- und Erhaltungsvorgänge bei Naturentitäten nicht noch autochthonen organischen Mechanismen gehorchen würden. Erst wenn der Mensch Naturentitäten wie Maschinen vollständig genetisch konstruieren und in ihrer Entwicklung beherrschen würde, wäre jeder Ansatzpunkt für eine nichtanthropozentrische ethische Berücksichtigung beseitigt.«[2] Bei den Naturentitäten verbleibt ein Moment selbständigen Wachsens, spontaner Entwicklung, das sich menschlicher Verfügung entzieht. Selbst die in geradem Muster zurechtgeschnittene Hecke beispielsweise wächst selbst, bildet Zweige und Blätter in einer Gestalt und Zahl, die nicht fremdbestimmt ist. Daher stellt auch Angelika Krebs fest:»Der Einwand [der Einwand, dass es fast keine ›reine Natur‹ mehr gibt – LE] spricht nicht gegen die Definition, da menschlich überformte Natur dennoch nicht etwas vom Menschen Gemachtes, sondern eben nur etwas von ihm Überformtes ist.«[3]

Insofern ist die Grenze zwischen Natürlichem und Nichtnatürlichem doch ziemlich deutlich. Wenngleich die Anteile des Gemachten hoch sein mögen, bleibt das Natürliche doch *gänzlicher* menschlicher Beherrschung entzogen – und just dieser Lebensimpuls, dieser basale Selbststand ist es, der die normative Unverfügbarkeit indiziert. Allerdings wird damit auch eine gewisse Abstraktheit der Unterscheidung zwischen Gewordenem und Gemachtem erkennbar. In der Realität sind die Grenzen nicht völlig klar, das heißt, viele Entitäten haben Anteile von beidem. Das ist für Unterscheidungen jedoch nicht völlig untypisch. Viele von ihnen haben, wie Martin Seel hervorhebt, einen guten und präzisen Sinn, auch wenn es sich um graduelle Unterscheidungen handelt[4]. Als Beispiele nennt er die Unterscheidungen zwischen Kindern und Jugendlichen, zwischen Tröpfeln und Nieseln, zwischen Türkis und Blau oder zwischen analytischen und synthetischen Sätzen[5]. In diesem Kontext gehört auch die Tatsache, dass alle gemachten Gegenstände letztlich auf Gewordenes zurückführen, da sie ja aus natürlichen Substanzen geschaffen worden sind. Auch das verhindert es nicht, dass wir beispielsweise ein Haus oder ein Auto dem Gemachten, Hergestellten und Artifiziellen zuordnen können[6]. Hergestellte Dinge beginnen als solche erst dann zu existieren, so Hannah Arendt, wenn der Vorgang der Herstellung zum Abschluss gekommen ist[7].

2 von der Pfordten 1996, 69. Vgl. auch Hilpert 2009, 196 f.
3 Krebs 2016, 340. Mit der Definition ist ihre Definition des Naturbegriffs gemeint. Sie definiert Natur als dasjenige in unserer außermenschlichen Welt, das nicht vom Menschen gemacht wurde (a.a.O., 344).
4 Seel 2016, 315.
5 Seel, ebd.
6 Vgl. Krebs 2016, 340 f.
7 Arendt 2016, 177.

Die Abstraktheit der Unterscheidung von Gewordenem und Gemachtem ist auch hinsichtlich des Szenarios wichtig, dass Teile der Natur vollständig menschlicher Steuerung unterworfen werden könnten. Es ist vorstellbar, dass Tiere wie Roboter programmiert oder Pflanzen wie Produkte designt und produziert werden. Auch bezüglich des Menschen sind solche Szenarien denkbar: dass Menschen planmäßig konstruiert und vollständig determiniert würden. Faktisch gibt es zwar wenig Anhaltspunkte für eine solche vollständige Umwandlung des Gewordenen in das Gemachte. Wie erwähnt, bleibt selbst bei der Natur, in die stark interveniert ist, ein Moment des Naturwüchsigen bestehen. Wir haben wenig Anlass anzunehmen, dass vollständig programmierte Lebewesen entstehen, die in ihrem ganzen Existieren externen Befehlen folgten, und damit die Grenze zwischen dem Natürlichen und dem Gemachten ganz verschwinden könnte. Auch der genetisch programmierte Mensch zum Beispiel wäre in seinem konkreten Lebensvollzug kaum vollständig steuerbar.

Spielt man die Möglichkeit dennoch durch, so ist der ideelle bzw. normative Charakter der Unterscheidung von Gemachtem und Gewordenem hervorzuheben. Gegenstände wie Menschen, Tiere und Pflanzen gehören auch dann zum Gewordenen, wenn der Anteil des Gemachten an ihnen wächst und möglicherweise sogar dominiert. Die normative Unterscheidung von »geworden« und »gemacht« und die Zuordnung von Entitäten zu diesen Kategorien ist von faktischen Veränderungen unabhängig. Auch wenn ein Mensch – hypothetisch – vollständig gemacht würde, gehörte er systematisch zum Gewordenen.

7.3 Sein und Sollen

Im Weiteren stellt sich die Frage, wie sich das hier vertretene Verständnis menschlicher Unverfügbarkeit und Würde mit dem Grundsatz verträgt, dass von einem Sein nicht auf ein Sollen geschlossen werden kann. Dieser Grundsatz hat gerade im vorliegenden Kontext eine große Bedeutung. Denken wir nochmals an das hypothetische Szenario, dass Menschen gänzlich maschinell fabriziert und programmiert würden: Dann müsste ungeachtet dieser Tatsache die normative Forderung aufrechterhalten werden, dass sie so nicht behandelt werden dürfen. Dieses Sollen muss also vom Sein, von den Tatsachen unabhängig sein.

Der Umstand des Gewordenseins *indiziert* – so wurde gesagt – eine Form der Behandlung, die von willkürlicher Verfügung absieht[8]. Da die Entitäten, die wir in die Kategorie des Gewordenen fassen, einen anfänglichen Selbststand aufweisen und nicht menschlich gemacht sind, wäre es nicht angemessen, sie in einem Modus freier Disponibilität zu behandeln.

8   Vorn Kap. 3.2.

Mit diesen Überlegungen erfolgt kein logischer Schluss von einer faktischen Gegebenheit auf normative Aussagen. Zwischen dem Umstand, dass Menschen keine Artefakte sind, und dem Postulat, dass sie als unverfügbar zu betrachten sind, liegt ein argumentativer Schritt. Es wird nicht behauptet, dass dieser Schritt logisch zwingend wäre. Die Aussage ist vielmehr, dass die Überlegung plausibel ist, dass Entitäten, die keine Artefakte sind, als unverfügbare Einheiten behandelt werden sollen.

Es wäre ein falsches Verständnis eines normativen Begriffs, dass er aus einer idealistischen Welt, losgelöst von realen Gegebenheiten in die Kommunikation einträte. Er entwickelt sich aus Beobachtungen, Erfahrungen und Erlebnissen in der Welt heraus. Er emanzipiert sich dann aber und distanziert sich vom Faktischen. Sind die normativen Postulate, zu denen uns die Beobachtungen und Wahrnehmungen führen, einmal erreicht, sind sie von faktischen Beschreibungen und Erfahrungen unabhängig. So ist es auch bei der Unverfügbarkeit und Würde von Menschen: Wir nehmen Menschen als unverfügbar wahr, weil sie keine Artefakte sind und eigenständig leben. Auf der Sollensebene führt das zum Ergebnis, dass Menschen generell unverfügbar sein sollen, unabhängig von faktischen Gegebenheiten.

Die Differenz von Sein und Sollen wird somit respektiert. Die vorliegende Konzeption schließt nicht in einem logischen Sinn von Tatsachen auf Postulate. Es handelt sich beim Zusammenhang zwischen Gewordensein und Unverfügbarkeit bzw. Geborensein und Würde nicht um einen logisch-deduktiven, sondern um einen Sinnzusammenhang.

7.4 Kants Dichotomie von Personen und Sachen

Schließlich ist Kants strenge Unterscheidung von Personen und Sachen zu betrachten. Die vorliegende Konzeption schließt an Kants Würde-Verständnis an. Sie fasst die Autonomie etwas weiter und begreift sie als basale Eigenständigkeit von Menschen, die zu respektieren ist. Würde wird auf das Geborensein von Menschen zurückgeführt, die von Anfang an einen besonderen, spezifisch menschlichen Lebensvollzug aufweisen. Inhaltlich wird Würde als Unverfügbarkeit verstanden. Die Unverfügbarkeit kommt neben Menschen auch nichtmenschlichen Lebewesen zu. Auch wenn der Würdebegriff damit wie bei Kant nur auf Menschen bezogen wird, reicht der normative Geltungsbereich der Unverfügbarkeit weiter. Damit weist die Konzeption keine so strenge Grenze zwischen Menschen und anderen Lebewesen auf, wie das bei Kant der Fall ist.

Kant unterscheidet im Zusammenhang mit der Würde zwischen zwei Kategorien, Menschen und Sachen. Menschen haben Würde, Sachen haben keine.

»Die Menschheit selbst ist eine Würde; denn der Mensch kann von keinem Menschen (weder von anderen noch so gar von sich selbst) bloß als Mittel, sondern muss jederzeit zugleich als Zweck gebraucht werden und darin besteht eben seine Würde (die Persönlichkeit), dadurch er sich über alle anderen Weltwesen, die nicht Menschen sind, und doch gebraucht werden können, mithin über alle Sachen erhebt.«[9]

»Sachen« sind an dieser Stelle definiert als »Weltwesen, die nicht Menschen sind, und doch gebraucht werden können«. Dies lässt die Möglichkeit offen, dass nichtmenschliche Lebewesen nicht unter den Begriff der Sachen fallen – bei ihnen könnte es sich um Wesen handelt, die nicht Menschen sind, aber *nicht* gebraucht werden können. Doch lassen andere Stellen bei Kant erkennen, dass er nichtmenschliche Lebewesen tatsächlich zu den Sachen zählt. So schreibt er am Beginn der »Anthropologie«:

»Dass der Mensch in seiner Vorstellung das Ich haben kann, erhebt ihn unendlich über alle anderen auf Erden lebende Wesen. Dadurch ist er eine *Person* und vermöge der Einheit des Bewusstseins bei allen Veränderungen, die ihm zustoßen mögen, eine und dieselbe Person, d.i. ein von *Sachen*, dergleichen die vernunftlosen Thiere sind, mit denen man nach Belieben schalten und walten kann, durch Rang und Würde ganz unterschiedenes Wesen, selbst wenn er das Ich noch nicht sprechen kann, wenn er es doch in Gedanken hat: wie es alle Sprachen, wenn sie in der ersten Person reden, doch denken müssen, ob sie zwar diese Ichheit nicht durch ein besonderes Wort ausdrücken.«[10]

Kants Konzeption basiert auf einer Dualität von Menschen/Personen und Sachen. Im Anschluss an Kant operiert auch Onora O'Neill mit dieser Zweiteilung:

»To treat something as a mere means is to treat it in ways that are appropriate to things. Things, unlike persons, are neither free nor rational; they lack the capacity required for agency. They can only be props or implements, never sharers or collaboraters, in any project. Things cannot act, so can have no maxims, so cannot consent to or dissent from the ways in which they are used. Nothing we can do disables things from acting on the very maxims we ourselves adopt – for that is something from which they are in any case wholly disabled. When we impose our wills on things we do not prevent, restrict or damage their agency – for they have none.«[11]

Was damit über *Sachen* gesagt wird, deckt sich mit dem, was in dieser Arbeit in Bezug auf Artefakte festgestellt wurde, und was den kategorischen Unterschied zu Menschen begründet: Sachen haben niemals einen

9   Kant, MdS, 600 f.
10   Kant, Anthropologie, 127.
11   O'Neill 1989, 138.

eigenen Lebensvollzug; sie sind die Dinge, die wir als Mittel benutzen dürfen. Dieser Gebrauch ist adäquat, da es in ihrem Fall keine eigenständige Lebensgestaltung zu respektieren gilt. Menschen dagegen können wir nicht so behandeln. Die vorliegende Konzeption deckt sich also insofern mit den Perspektiven bei Kant und O'Neill, als Sachen vom Würdeschutz ausgeschlossen sind und die Würde des Menschen gerade in dessen Unterschiedlichkeit zu verfügbaren Sachen begründet liegt.

Über Menschen und Sachen hinaus gibt es in der vorliegenden Konzeption eine dritte Kategorie: die nichtmenschlichen Lebewesen. Sie sind ebenfalls unverfügbar, jedoch keine Trägerinnen oder Träger von Würde. Kant kennt dagegen nur zwei Kategorien: Personen und Sachen. In dieser Dichotomie lassen sich besonders Tiere nicht befriedigend einordnen. Tiere können nicht als Sachen betrachtet werden – das dürfte heute weitgehend Konsens sein und bildet sich unterdessen auch im positiven Recht ab. Wir erkennen die Unangemessenheit dieser Begrifflichkeit sofort, wenn wir die Verletzung eines Tieres etwa als »Sachbeschädigung« zu qualifizieren hätten.

Die Zweiteilung von Personen und Sachen stammt aus dem römischen Recht. Diese Kategorisierung prägte das Zivilrecht bis in die jüngste Zeit. Sie führte zum Beispiel zur Konstruktion juristischer Personen – Kollektive wurden zu Personen gestaltet, um sie in den rechtlichen Dualismus einordnen zu können. Kant folgt der traditionellen Zweiteilung[12]. Im positiven Recht hat man sich unterdessen von ihr gelöst. Im deutschen Zivilrecht ist heute verankert, dass Tiere keine Sachen sind. § 90a BGB lautet: »Tiere sind keine Sachen. Sie werden durch besondere Gesetze geschützt. Auf sie sind die für Sachen geltenden Vorschriften entsprechend anzuwenden, soweit nicht etwas anderes bestimmt ist«.[13] Die ursprüngliche Konzeption wirkt allerdings im gegenwärtigen Recht noch nach, indem grundsätzlich die Regeln des Sachenrechts weiterhin auf Tiere Anwendung finden.

Das positive Recht ist somit (zumindest im Prinzip) zu einer Dreiteilung übergegangen, in der Tiere weder Personen noch Sachen sind, sondern eine eigene Kategorie zwischen Menschen und Sachen bilden[14]. Kant hat diese Dreiteilung in seinem System – wie die ganze damalige Zeit – nicht abgebildet. Ihm fehlt daher in gewisser Weise eine Kategorie, die der nicht-menschlichen Lebewesen. Er muss Tiere in die Kategorie der verfügbaren Sachen einordnen, was ihnen aber offensichtlich nicht gerecht wird.

Somit findet eine Aktualisierung statt, wenn ein Bereich der nichtverfügbaren, nichtmenschlichen Lebewesen eröffnet wird. Dabei ist

---

12 Vgl. seine Rechtslehre: MdS, 353 ff.
13 Vgl. Art. 641a ZGB (Schweiz); § 285a ABGB (Österreich).
14 Stucki 2016, 88.

der Unterschied zwischen Menschen und nicht-menschlichen Lebewesen weiterhin zu beachten. Sowohl die Argumentationslinie »Menschen sind auch nur Tiere« als auch die Position, dass Menschen im Vergleich zu Tieren etwas vollkommen Anderes sind, sind nicht ausreichend präzise[15]. Menschen sind einerseits in der Tierwelt verankert – ihrer biologischen Natur nach –, aber sie sind gleichzeitig auch unabhängig von ihr, in einer bewussten Selbstgestaltung, die – wie gezeigt wurde – den ganzen Lebensvollzug prägt und ein anderes Leben als das von Tieren bedeutet. Diese tierlich-nichttierliche Natur des Menschen ist adäquat zu berücksichtigen.

15   Dazu auch vorn Ziff. 6.3.

Teil 2:
Würde und Rechte

8. Kritik von Instrumentalisierungsverbot und Objektformel

8.1 Vorbemerkungen zum zweiten Teil

Die Menschenwürde wurde im ersten Teil dieser Arbeit in einer allgemeinen Weise bestimmt. Sie bedeutet eine normative Unverfügbarkeit, die ihren Grund in einem Selbststand des Menschen hat. Menschen werden natürlich geboren, nicht produziert, und leben auf eine eigenständige Weise. Zudem sind sie in besonderer Weise auf andere Menschen angewiesen und verletzlich. Diese besondere Form der Lebendigkeit vor verfügenden Zugriffen zu schützen, ist das leitende Motiv des Würdeschutzes.

Dies besagt noch wenig hinsichtlich der Anwendbarkeit der Würde als moralische und rechtliche Norm auf konkrete Fälle. Wir haben zwar bereits festgestellt, dass die Unverfügbarkeit mit einem Begründungserfordernis und mit inhaltlichen Aspekten zusammenhängt, doch blieben diese Feststellungen noch grob und vorläufig[1]. Im Folgenden soll versucht werden, Wege zu einer Operationalisierung des Unverfügbarkeitsgebots zu weisen. Diesem Thema sind dieses und das folgende Kapitel gewidmet. Zunächst möchte ich zwei bestehende Versuche der Operationalisierung kritisch beleuchten, das Instrumentalisierungsverbot und die sogenannte Objektformel. Anschließend soll das eigene Modell erläutert werden (Kap. 9). Im darauf folgenden Kapitel möchte ich dann zeigen, wie die Menschenwürde mit den Menschenrechten zusammenhängt (Kap. 10).

Im weiteren Verlauf des zweiten Teils sollen einige Einzelfragen erörtert werden. Zunächst möchte ich untersuchen, welcher moralische und rechtliche Schutz nichtmenschlichen Lebewesen zukommt (Kap. 11). Anschließend ist die Frage zu vertiefen, ob und inwiefern die *moralischen* Menschenrechte nach einer *juristischen* Umsetzung verlangen (Kap. 12). Die damit entwickelten Positionen sollen sodann geprüft werden, indem sie mit einer anderen Weise verglichen werden, die Menschenrechte zu begründen: der Fundierung in menschlichen Interessen. Dieser Ansatz erscheint ebenfalls aussichtsreich und ist im moralphilosophischen Diskurs von erheblicher Bedeutung, weshalb sich eine vergleichende Betrachtung aufdrängt (Kap. 13). Anschließend möchte ich eine Einordnung der hier entwickelten Positionen im Spektrum zwischen naturrechtlichen und positivistischen Ansätzen vornehmen (Kap. 14). Am Ende des zweiten Teils wird eine Betrachtung stehen, die sich, ausgehend von der Kategorie der

1   Vorn Kap. 4.

»angeborenen Rechte«, nochmals einige grundlegende Inhalte vergegenwärtigt (Kap. 15).

8.2 Beispiele von Würde-Verletzungen

Im Folgenden werden zwei Möglichkeiten der Operationalisierung der Menschenwürde-Norm näher geprüft, die verschiedentlich schon berührt wurden: das Instrumentalisierungsverbot und die Objektformel. Beide Formeln werden oft herangezogen, wenn es darum geht, die Würde in konkreten Konstellationen anzuwenden. Sie sind nicht auf der Ebene einer umfassenden philosophischen Interpretation des Würde-Begriffs anzusiedeln, sondern betreffen eher die praktische Umsetzung der Norm[2].

Als Leitschnur durch dieses und das folgende Kapitel sollen einige Fälle dienen, in denen von Würde-Verletzungen ausgegangen werden kann, oder in denen umgekehrt nach allgemeiner Auffassung keine solchen Verletzungen vorliegen. Anhand dieser Fälle kann geprüft werden, ob die jeweiligen Anwendungsvorschläge sinnvoll sind oder nicht. Zunächst nenne ich zwei Konstellationen, in denen Würdeverletzungen nach kaum bestreitbarer Auffassung gegeben sind:

– Die neuere Diskussion um die Menschenwürde ist stark von der Judenverfolgung durch die Nationalsozialisten geprägt. Die Würde-Normen des Grundgesetzes und der Allgemeinen Menschenrechtserklärung reagierten unter anderem auf diese historischen Tatsachen. Die Shoa als solche stellt eine Würdeverletzung dar (der Abtransport, die Behandlung in den Lagern, die Tötung von Jüdinnen und Juden). Zwar wurden dadurch auch individuelle Rechte verletzt (im Fall der Tötungen insbesondere das Recht auf Leben). Aber darüber hinaus verletzten diese Handlungen zweifellos die Würde der betroffenen Menschen.

– Das zweite Beispiel für eine Würde-Verletzung, an dem die folgenden Ausführungen sich orientieren können, besteht in folgender Konstellation: Eine Person wird von der Polizei angehalten und muss sich vor einer größeren Menschenmenge nackt ausziehen, ohne dass es dafür einen triftigen Grund gibt. Auch dies wäre in relativ eindeutiger Weise eine Verletzung menschlicher Würde[3].

---

2 So kennt Kant das Instrumentalisierungsverbot (der Mensch soll Zweck an sich selbst sein), begründet dieses aber mit der Moralfähigkeit des Menschen (vgl. vorn Kap. 1).

3 Vgl. BGer, Urteil 1B_176/2016 vom 11. April 2017.

Bei den nächsten beiden Fällen liegen nach den Urteilen verschiedener Gerichte ebenfalls Würde-Verletzungen vor. Diese Urteile stießen jedoch auch verbreitet auf Kritik. Es handelt sich also um Beispiele, bei denen nicht klar ist, ob tatsächlich Würde-Verletzungen vorliegen.

– Unter einer »Peep-Show« wird die Zurschaustellung einer nackten Frau auf einer sich drehenden Bühne verstanden, wobei die Betrachter in Einzelkabinen sitzen und durch Münzeinwurf für eine bestimmte Zeit freien Blick auf die Bühne erhalten. Das Bundesverwaltungsgericht hat sich 1981 in einem Urteil mit dieser Praxis befasst und darin einen Verstoß gegen die Menschenwürde gesehen[4].
– Beim »Zwergenweitwurf« wird eine kleinwüchsige Person zu Unterhaltungszwecken (zum Beispiel auf einem Jahrmarkt) wie ein Wurfgegenstand durch die Luft geworfen. Das Verwaltungsgericht Neustadt entschied im Jahr 1992, dass dies gegen die guten Sitten und gegen die Menschenwürde verstoße[5]. Zum gleichen Ergebnis kamen der französische Conseil d'Etat und der UN-Menschenrechtsausschuss[6].

Sodann sollen zwei Phänomene in den Blick genommen werden, die gegen moralische Normen verstoßen, ohne dass dabei nach allgemeiner Auffassung und juristischer Praxis jedoch ein Würdeverstoß vorläge:

– das Lügen ohne guten Grund sowie
– die Prostitution.

Diese Fälle, die nur beispielhaften Charakter haben, können als Anhaltspunkte dienen, um die Plausibilität verschiedener Interpretationen zu prüfen, und sollen zu diesem Zweck im Folgenden herangezogen werden. Zunächst möchte ich nun die Ausdeutung der Würde als Verbot, Menschen zu instrumentalisieren, näher betrachten.

8.3 Instrumentalisierungsverbot

Das Instrumentalisierungsverbot erfreut sich beim Versuch, die Würde anwendbar zu machen, großer Beliebtheit. Es kann auf Kant

---

4 BVerwGE 64, 274.
5 Verwaltungsgericht Neustadt, Beschluss vom 21. Mai 1992, 7 L 1271/92.
6 Conseil d'Etat, 27.10.1995, 136727 u. 143578; UNO-Menschenrechtsausschuss, Nr. 854/1999, Wackenheim/France, 26.7.2002. Zur Kritik an diesen Urteilen vgl. Dreier 2013a, Art. 1 Abs. 1 GG N 149; Hillgruber 1992, 104–110; Kunig 2012, Art. 1 GG 1 N 36.

zurückgeführt werden, dem zufolge der Mensch als Zweck an sich und deshalb »niemals bloß als Mittel« zu behandeln ist[7]. Die Ausdeutung der Würde als Instrumentalisierungsverbot weist Vorzüge der Klarheit und der Einfachheit auf. Mit der Figur gehen jedoch einige Schwierigkeiten einher, die ihre Anwendbarkeit im Einzelnen limitieren. So wird dagegen eingewandt, dass Menschen unter Umständen durchaus instrumentalisiert würden, ohne dass ihre Würde unbedingt verletzt würde. Instrumentalisiert würde zum Beispiel der Taxifahrer, zum Zweck, von A nach B zu gelangen, oder ein Bäcker, zum Zweck, Brötchen zu bekommen[8]. Diese Einwände erscheinen zutreffend. In der Tat sind Instrumentalisierungen durchaus häufig, ohne dass sie als rechtlich oder moralisch problematisch betrachtet würden[9]. Auch der häufige Hinweis, gemäß Kant sei es lediglich verboten, jemanden *bloß* als Mittel zu behandeln, dürfte wenig helfen. Denn auch reine Instrumentalisierungen kommen vor, ohne dass sie sozial unbedingt delegitimiert wären. Der Kellner oder die Taxifahrerin wird vom Gast unter Umständen durchaus als reines Mittel verwendet. In diesem Tun wird in der Regel aber kein rechtliches und kein moralisches Problem gesehen.

Blicken wir auf die eingangs genannten Beispiele, so werden die Defizite des Ansatzes noch deutlicher: Bei der Judenverfolgung und -vernichtung liegt wahrscheinlich keine Instrumentalisierung vor. Zu welchem Zweck waren die Juden beim Holocaust das Mittel? Dies ist schwer zu sehen. Analog verhält es sich beim Fall des Zwanges, sich nackt auszuziehen: Auch dabei ist die betroffene Person kaum als Mittel zu betrachten. Die Entwürdigung scheint teilweise eher darin zu liegen, dass das Handeln *keinem Zweck* dient, zweckfrei und sinnlos ist. Umgekehrt ist beispielsweise die Prostitution ein ziemlich eindeutiger Fall von Instrumentalisierung. Sie wird aber, soweit sie auf freiwilliger Basis erfolgt, überwiegend nicht als Verstoß gegen die Menschenwürde betrachtet.

Als Zwischenfazit lässt sich feststellen, dass das Instrumentalisierungsverbot zur Anwendung der Würde wenig hilfreich ist.

8.4 Objektformel

Ebenso häufig wie das Instrumentalisierungsverbot wird die sog. Objektformel verwendet, um die konkrete Bedeutung der Menschenwürde zu erfassen. Sie geht auf Günter Dürig zurück, dem zufolge die Würde

---

7 Siehe vorn Ziff. 1.2.

8 Vgl. Schaber 2010, passim; ders. 2012b, 51.

9 Man könnte die These wagen, dass im Grunde unser ganzes Wirtschaftssystem auf Instrumentalisierungen beruht.

– wie bereits erwähnt – getroffen ist, »wenn der konkrete Mensch zum Objekt, zu einem bloßen Mittel, zur vertretbaren Größe herabgewürdigt wird«[10]. Soweit die Objektformel gleichbedeutend mit dem Instrumentalisierungsverbot verstanden wird (vgl. Dürigs zweite Umschreibung: »zu einem bloßen Mittel«), wurde der Ansatz bereits behandelt. Es bleibt zu prüfen, ob die »Objektformel« unabhängig davon von Nutzen ist.

Betrachten wir von den vorn genannten Beispielen zunächst das dritte und vierte, bei dem nicht ganz eindeutig ist, ob es sich um Würdeverletzungen handelt. Der kleinwüchsige Mann, der im Fall des »Zwergenwurfs« durch die Luft geworfen wurde, ist jedenfalls nicht in eindeutiger Weise als Objekt zu bezeichnen, da er selbst dieser Praxis zugestimmt und sogar gerichtlich dafür gekämpft hat, diese Tätigkeit ausüben zu können. Vergleichbar verhält es sich bei den Frauen der »Peep-Show«, die – wie anzunehmen ist – diese Aktivität ebenfalls freiwillig ausübten. Das Grundproblem liegt darin, dass die Objektformel nicht klar macht, ob eine subjektive oder eine objektive Sichtweise ausschlaggebend sein soll. Betrachtet man die beiden Fälle aus der subjektiven Sicht der Betroffenen, so ist eine Objektivierung eher zu verneinen. Betrachtet man die in Frage stehenden Handlungen hingegen von einer Außenperspektive, so kann eine Erniedrigung der betreffenden Personen zum Objekt durchaus bejaht werden.

Die Gerichte, welche die erwähnten Fälle entschieden, nahmen einen objektiven Standpunkt ein. Dies wird aus ihren Begründungen deutlich. Bezüglich der »Peep-Show« führte das Bundesverwaltungsgericht aus, der auftretenden Frau werde dabei »eine entwürdigende objekthafte Rolle zugewiesen [...].«[11] Durch die »verdinglichende Isolierung der als Lustobjekt zur Schau gestellten Frau vor im Verborgenen bleibenden Voyeuren« entstehe der »Eindruck einer entpersonifizierenden Vermarktung der Frau«[12]. Die Verletzung der Menschenwürde werde nicht dadurch ausgeräumt oder gerechtfertigt, dass die auftretende Frau freiwillig handelt. Denn die Würde des Menschen sei ein objektiver, unverfügbarer Wert, auf dessen Beachtung der einzelne nicht wirksam verzichten könne[13]. Die Einwilligung des Betroffenen vermöge eine Verletzung der Menschenwürde nur auszuschließen, wenn die Menschenwürdeverletzung nur und gerade durch das Fehlen der Einwilligung des Betroffenen in die fragliche Handlung begründet werde[14].

---

10 Dürig 1956, 127; ders. 1958, Rz. 28 zu Art. 1 GG. Vgl. vorn Ziff. 1.6.
11 BVerwGE 64, 274 (278).
12 BVerwGE 64, 274 (279).
13 BVerwGE 64, 274 (279).
14 BVerwGE 64, 274 (279). Das Schweizer Bundesgericht urteilte im Ergebnis gleich, allerdings ohne Bezugnahme auf die Menschenwürde: BGE 106 Ia 267.

Ähnlich lautete die Begründung beim »Zwergenweitwurf«. Dem Geworfenen werde dadurch, dass er wie ein Sportgerät gehandhabt wird, eine entwürdigende, objekthafte Rolle zugewiesen, führte das Verwaltungsgericht Neustadt in seinem Urteil aus[15]. Dabei komme es nicht darauf an, dass sich die betroffene kleinwüchsige Person freiwillig werfen lasse (wie es der Fall war). Denn die Würde des Menschen sei ein unverfügbarer Wert, auf dessen Beachtung der einzelne nicht wirksam verzichten könne[16].

Die Objektformel gibt als solche bezüglich der Frage, ob ein objektiver Beobachter- oder ein subjektiver Betroffenenstandpunkt zu wählen sei, keine Antwort vor. Dies ist der Grund, warum sich die erwähnten Fälle allein mit ihr nicht eindeutig entscheiden lassen. Die Objektformel erweist sich damit in diesen Fällen als wenig geeignet, Entscheidungen herbeizuführen.

Bei den beiden Beispielen, in denen Verstöße gegen die Würde in relativ eindeutiger Weise gegeben sind (Shoa und Zwang, sich zu entblößen), ist die Vorstellung, dass niemand zum Objekt degradiert werden darf, eher hilfreich. Die Jüdinnen und Juden waren »Objekte« der Nationalsozialisten. Ebenso kann die Person, die ohne Grund dazu gezwungen wird, sich vor anderen auszuziehen, als ein solches betrachtet werden. Indes ist nicht ganz klar, was es heißt, »Objekt« zu sein. Der Begriff ist am ehesten über seinen Gegenbegriff, »Subjekt«, zu deuten. Subjekt zu sein bedeutet, in einer bestimmten Weise über sich und sein Tun selbst entscheiden zu können. Dies ist bei den Betroffenen in den beiden genannten Konstellationen nicht oder nur eingeschränkt der Fall: die Jüdinnen und Juden sowie die Person, die sich gegen ihren Willen nackt ausziehen muss, konnten nicht über sich bestimmen.

Allerdings gibt es solche Konstellationen, wie eine Kritik an der »Objektformel« einwendet, durchaus auch, ohne dass die Würde verletzt wäre. So ist beispielsweise ein Mann, der gezwungen wird, Militärdienst zu leisten, ebenfalls ein Objekt der staatlichen Macht. Auch das Bundesverfassungsgericht stellt daher fest, dass der Mensch nicht selten bloßes Objekt nicht nur der Verhältnisse, sondern auch des Rechts sei, insofern er ohne Rücksicht auf seine Interessen sich fügen müsse[17].

Bei den Fällen »Lügen« und »Prostitution«, bei denen überwiegend keine Menschenwürde-Verletzung angenommen wird, führt die Objektformel zu folgenden Ergebnissen: Bei einer Lüge wird die betroffene Person, die belogen wird, nicht zum Objekt erniedrigt. Eine solche Qualifizierung ginge zumindest in der Regel sicherlich zu weit. Dagegen kann bei der Prostitution durchaus angenommen werden, dass die betroffene

15 A.a.O., Ziff. 10.
16 A.a.O., Ziff. 11.
17 Vgl. ebenfalls vorn Ziff. 1.6.

Person zu einem Objekt degradiert wird; wiederum stellt sich dabei die Frage nach dem objektiven oder subjektiven Standpunkt. Übt eine Person die Tätigkeit als Prostituierte oder Prostituierter freiwillig aus, so ist sie aus einer objektiven Warte ein Objekt, aus einer subjektiven dagegen nicht. Die sog. Objektformel dürfte insgesamt weiterführen als das Instrumentalisierungsverbot, weist aber ebenfalls erhebliche Probleme auf. Näherhin sind es drei:

– Die Formel macht als solche nicht klar, ob ein objektiver oder ein subjektiver Standpunkt maßgebend sein soll. Wählt man einen objektiven Beobachterstandpunkt, so kann es Würde-Verletzungen geben, bei denen die betreffenden Personen aus ihrer subjektiven Warte keine Objekte sind, weil sie der betreffenden Praxis selbstbestimmt zustimmen (z.b. »Zwergenwurf«, »Peep-Show«).
– Es ist möglich, dass Menschen als Objekte behandelt werden, dies aber keine Würde-Verletzung darstellt (z.b. Militärdienst).
– Die Formel ist sehr vage und konkretisierungsbedürftig. Es ist unklar, was es heißt, jemanden als »Objekt« zu behandeln.

Die beiden verbreitetsten Ansätze, die Würde anwendbar zu machen, sind folglich mit erheblichen Defiziten verbunden. Im Fall des Instrumentalisierungsverbots sind diese Probleme so gravierend, dass diese Deutung im Grunde ausscheidet. Bezüglich der »Objektformel« bestehen immerhin Ansätze, die Idee fruchtbar zu machen. Jedoch ist es dazu insbesondere nötig, genauer zu bestimmen, was es heißt, jemanden zu einem Objekt zu degradieren.

9. Zur Bedeutung der Menschenwürde

9.1 Vorbemerkungen

Im Folgenden möchte ich versuchen, eine eigene Deutung der Menschenwürde zu entwickeln, die zur Anwendbarkeit der Norm beitragen kann. Wir hatten bereits gesehen, dass die Würde mit einem Begründungserfordernis zusammenhängt[1]. Über jemanden verfügen heißt, das betreffende Wesen als etwas zu behandeln, dem keine Gründe geschuldet sind. Die Würde impliziert, dass der handelnde Akteur sein Tun begründen kann, dem betreffenden Lebewesen und der Allgemeinheit gegenüber.

Das Begründungserfordernis allein macht die Würde aber nicht aus. Denn nichtmoralisches Handeln ist generell dadurch gekennzeichnet, dass es nicht adäquat zu begründen ist[2]. So ist etwa auch das Lügen in der Regel nicht gut zu begründen. Nicht alle Moralverstöße aber bezeichnen wir als Verletzungen der Menschenwürde. Es kann sein – und ist aus der Sicht der vorliegenden Konzeption der Fall –, dass alle Moralverstöße mit der Würde und deren Missachtung *zusammenhängen*; aber direkte Verstöße gegen die Würde nehmen wir nur bei einem kleinen Kreis von Handlungen an. Bei der Menschenwürde sind mithin ein direkt-anspruchsbegründender und ein programmatischer Gehalt zu unterscheiden. Die Überlegungen dieses Kapitels gelten dem Würdeschutz in der ersten Dimension; im folgenden Kapitel werde ich mich der zweiten, programmatischen Dimension zuwenden.

Neben der eher formalen Komponente der notwendigen Begründung muss folglich eine zweite, stärker inhaltliche Komponente hinzukommen. Die Deutung dieser Komponente kann durchaus beim Begriff des »Objekts« und bei der Interpretation der Würde als Verbot, jemanden zum Objekt zu erniedrigen, ansetzen. Jedoch muss genauer gezeigt werden, was dies bedeutet.

9.2 Missachtung der Verletzlichkeit

Gegen die Würde eines Menschen wird dann verstoßen, wenn er nicht als eigenständige Existenz respektiert wird. Der Mensch existiert in einer selbständigen Weise. Die tiefen Verletzungen, die wir mit dem Begriff der Menschenwürde-Verletzungen bezeichnen, missachten diesen Umstand. Sie behandeln den Menschen, als ob er eine produzierte Sache wäre, und

---

1 Vgl. vorn Kap. 4.
2 Auf diesen Punkt hat mich Peter Schaber aufmerksam gemacht.

verkennen damit die grundlegende Kategoriendifferenz zwischen Lebewesen und hergestellten Dingen.

Dieses Unverfügbarkeitsgebot gilt für alle Lebewesen. Menschen leben jedoch auf eine besondere Weise. Gegenüber anderen Lebewesen – Tieren und Pflanzen – zeichnen sie sich durch ein besonderes Kooperationsverhalten und eine damit verbundene Abhängigkeit und Verletzlichkeit aus. Die menschlichen Stärken sind, wie wir gesehen haben, intern mit einer besonderen Fragilität, etwa in psychischer Hinsicht, verknüpft, die bei Tieren so nicht gegeben ist[3]. Die Menschenwürde zu verletzen heißt, das menschliche Leben in dieser besonderen Charakteristik zu verkennen. Die Verletzung der Menschenwürde liegt also im Besonderen darin, dass die Vulnerabilität und Fragilität des Menschen ausgeblendet wird.

Himmler sagte am 4. Oktober 1943 vor SS-Leuten in Posen:

>»Ich will hier vor Ihnen in aller Offenheit auch ein ganz schweres Kapitel erwähnen. Unter uns soll es einmal ganz offen ausgesprochen sein, und trotzdem werden wir in der Öffentlichkeit nie darüber reden. [...] Ich meine jetzt die Judenevakuierung, die Ausrottung des jüdischen Volkes. Es gehört zu den Dingen, die man leicht ausspricht. ›Das jüdische Volk wird ausgerottet‹, sagt ein jeder Parteigenosse, ›ganz klar, steht in unserem Programm, Ausschaltung der Juden, Ausrottung, machen wir.‹ Und dann kommen sie alle an, die braven 80 Millionen Deutschen, und jeder hat einen anständigen Juden. Es ist ja klar, die anderen sind Schweine, aber dieser eine ist ein prima Jude. Von allen, die so reden, hat keiner zugesehen, keiner hat es durchgestanden. Von Euch werden die meisten wissen, was es heißt, wenn 100 Leichen beisammen liegen, wenn 500 daliegen oder wenn 1000 daliegen. Dies durchgehalten zu haben, und dabei – abgesehen von Ausnahmen menschlicher Schwächen – anständig geblieben zu sein, das hat uns hart gemacht. Dies ist ein niemals geschriebenes und niemals zu schreibendes Ruhmesblatt unserer Geschichte [...].«[4]

Der »Reichsführer SS« beschreibt die Judenvernichtung an dieser Stelle gewissermaßen als Kraftakt. Die Verletzlichkeit des anderen auszublenden, kostet Kraft – eine Art von Überwindung. Es bedingt nämlich, dass die menschliche Regung, die daher rührt, dass man mit dem Opfer mitfühlen kann, ausgeschaltet wird. Es setzt voraus, dass das einigende Band, das zwischen Menschen einfach insofern besteht, als sie Menschen sind, zerschnitten wird. Dies wurde dadurch möglich, dass die Juden aus der Gemeinschaft der Menschen gedanklich ausgeschlossen, also dehumanisiert wurden. Die Juden und andere »Untermenschen« wurden

---

3   Vgl. vorn Kap. 6.

4   Heinrich Himmler, Rede des Reichsführers SS bei der SS-Gruppenführertagung in Posen am 4. Oktober 1943, zit. nach Longerich 2008, 709 (Text enthält Auslassungen).

nicht mehr als Menschen, jedenfalls nicht mehr als Menschen gleicher und vollwertiger Art betrachtet. Nochmals Himmler:

> »Ein Grundsatz muss für den SS-Mann absolut gelten: ehrlich, anständig, treu und kameradschaftlich haben wir zu Angehörigen unseres eigenen Blutes zu sein und sonst zu niemandem. Wie es den Russen geht, wie es den Tschechen geht, ist mir total gleichgültig. Das, was in den Völkern an gutem Blut unserer Art vorhanden ist, werden wir uns holen, indem wir ihnen, wenn notwendig, die Kinder rauben und sie bei uns großziehen. Ob die anderen Völker in Wohlstand leben oder ob sie verrecken vor Hunger, das interessiert mich nur soweit, als wir sie als Sklaven unserer Kultur brauchen, anders interessiert mich das nicht. Ob bei dem Bau eines Panzergrabens 10.000 russische Weiber an Entkräftung umfallen oder nicht, interessiert mich nur insoweit, als der Panzergraben für Deutschland fertig wird.«[5]

Die anderen, denen der grundlegende Respekt verwehrt wird, werden aus dem menschlichen Zusammenhang hinausgestoßen. Sie werden nicht mehr als Menschen gesehen, die verletzlich und fragil sind, beziehungsweise dieser Zugang zu ihnen wird bewusst unterdrückt, indem sie als grundlegend anders, als von anderer Art betrachtet werden. Auf diesen gedanklichen Grundlagen wird die massenhafte Ermordung von Menschen zu einer gleichsam technischen Angelegenheit:

> »Wir haben die Blutsfrage als erste wirklich durch die Tat beantwortet, wobei wir unter Blutsfrage natürlich nicht den Antisemitismus verstehen. Mit dem Antisemitismus ist es wie mit der Entlausung. Es ist keine Weltanschauungsfrage, dass man die Läuse entfernt. Das ist eine Reinlichkeitsangelegenheit. Genauso ist der Antisemitismus für uns keine Weltanschauungsfrage gewesen, sondern eine Reinlichkeitsangelegenheit, die ja jetzt bald ausgestanden ist. Wir sind bald entlaust. Wir haben nur noch 20.000 Läuse, dann ist es vorbei damit in ganz Deutschland.«[6]

9.3 Würde als Rahmung

Die Missachtung der Menschenwürde liegt darin, dass Menschen als eigenständige Lebewesen negiert, und das heißt insbesondere: dass ihre Vulnerabilität und Fragilität ausgeblendet wird. Positiv gewendet, bedeutet dies: Die Menschenwürde zu achten bedeutet, die menschliche Verletzlichkeit anzuerkennen. Es geht bei der Menschenwürde um eine

---

5   Der Prozess gegen die Hauptkriegsverbrecher vor dem Internationalen Militärgerichtshof, Urkunden und Beweismaterial, München 1989, 122 f.
6   Himmler, Rede vor SS-Korpsführern am 24.4.1943, zit. nach Smith/Peterson 1974, S. 200 f.

basale Anerkennung in dem Sinne, dass der oder die Andere als verletzliches Wesen respektiert wird. Dazu hat Judith Butler wichtige Beiträge geliefert, die zur Vertiefung herangezogen werden sollen.

Butler geht von der Beobachtung aus, dass im Krieg einige Opfer betrauert werden, andere aber nicht. Der Tod bestimmter Menschen fällt stark ins Gewicht, der Tod anderer viel weniger oder gar nicht. Der Mensch als lebendiges Wesen und der Mensch als anerkanntes Subjekt fallen demnach zumindest potenziell auseinander. Es gibt »Subjekte«, die nicht wirklich als Subjekte (an)erkennbar sind, und es gibt »Leben«, das niemals als Leben (an)erkannt wird[7]. Ein lebendiges Wesen zu sein, heißt noch nicht, ein anerkennbares oder gar anerkanntes Wesen zu sein[8].

Die Anerkennbarkeit ist nach Butler nicht eine Eigenschaft oder ein Potenzial einzelner Menschen. Sie in der Weise individualistisch zu verstehen, bedeutete bereits, das Grundproblem zu verkennen[9]. Denn es geht darum zu klären, wie bestehende Normen Anerkennung zuweisen[10]. Butler führt dazu den Begriff der Intelligibilität ein, im Sinn eines allgemeinen historischen Schemas oder einer Reihe allgemeiner historischer Schemata, die das Erkennbare als solches konstituieren. Ein Leben muss als Leben intelligibel sein, es muss gewissen Normen entsprechen, um anerkennbar zu werden[11].

Von besonderer Bedeutung sind bei diesem Prozess die Rahmung *(framing)* beziehungsweise die Raster *(frames)*, durch die wir die Wirklichkeit erfassen. Es sind diese Rahmungen, die darüber entscheiden, welche Leben als solche anerkannt werden und welche nicht[12]. Welche Rahmung, fragt Butler, würde es ermöglichen, dass wir nicht nur die Kriegsopfer wahrnehmen, sondern diese Wahrnehmung zugleich mit einem Widerstand gegen die Verluste von Leben im Krieg verbänden? Es wäre ein Raster, das die Gefährdung des Lebens als integralen Aspekt dessen erkennen würde, was man im Lebendigen immer schon wahrnimmt[13]. Das Gefährdetsein verweist auf die Tatsache, dass wir existenziell von anderen abhängig und unser Leben daher in gewissem Sinn immer schon in der Hand des Anderen liegt[14].

Schlagen wir von dieser Theorie aus den Bogen zur Interpretation der Menschenwürde, so lässt sich Letztere als ein Raster oder einen Rahmen verstehen. Es ist ein Rahmen, in dem der Mensch als Verletzlicher erscheint, als Abhängiger. Solange wir die Menschenwürde respektieren,

---

7   Butler 2010, 12.
8   Butler 2010, 13.
9   Butler, ebd.
10   Butler 2010, 14.
11   Butler, ebd.
12   Butler 2010, 19.
13   Butler 2010, 20.
14   Butler 2010, 21.

betrachten wir den Menschen in einer Weise, die diese Aspekte integriert. Wenn wir die Menschenwürde missachten, betrachten wir ihn in einer Weise, die die Aspekte der Vulnerabilität von ihm abspaltet.

9.4 Zwei Komponenten

Die Menschenwürde ist nach dem Gesagten über zwei Komponenten zu operationalisieren. Eine Menschenwürdeverletzung liegt dann vor, wenn eine Person

(a) in dem Sinne zum Objekt degradiert wird, dass ihre Vulnerabilität und Fragilität ausgeblendet wird, und
(b) wenn das betreffende Handeln nicht zu begründen ist.

Die beiden Komponenten sind in einer Gesamtbetrachtung gemeinsam zu bewerten. Nur wenn beide gegeben sind, liegt eine Verletzung der Menschenwürde vor.

Komponente (a) lässt sich in den Begriffen der »Objektformel« erfassen; jedoch wird die Erniedrigung zum Objekt im genannten Sinn präzisiert. Auch diese Präzisierung – Missachtung von Vulnerabilität und Fragilität – behält indes eine gewisse Unschärfe. Daher muss das Begründungsgebot dazu kommen. Erst dieses erlaubt es mit genügender Sicherheit, Menschenwürde-Verletzungen zu identifizieren.

Verwendet man die »Objektformel« ohne die vorgeschlagene Präzisierung (Missachtung von Vulnerabilität und Fragilität), so wird besonders deutlich, dass eine zusätzliche Komponente in Form des Begründungserfordernisses vonnöten ist. Denn es gibt, wie bereits erwähnt, durchaus Objektivierungen (in diesem unspezifischen Sinn), die nicht als Würde-Verstöße betrachtet werden. So wird etwa ein Mensch, der gezwungen wird, Militärdienst zu leisten, in gewisser Weise als Objekt behandelt[15]. Die entscheidende Frage ist dann, ob diese Praxis zu begründen ist. Dies zeigt sich auch bei den Konstellationen »Peep-Show« und »Zwergenweitwurf«: Das Kriterium, ob jemand als Objekt behandelt wird, ergibt hier, ohne weitere Präzisierung, keine klare Antwort. Denn aus der Sicht der betreffenden Person ist diese kein Objekt, aus einer Außenperspektive möglicherweise schon[16]. Daher ist auch in diesem Fall die Frage entscheidend, ob das betreffende Tun begründbar ist.

Operationalisiert man die Menschenwürde über ein Instrumentalisierungsverbot – was hier nicht geschieht –, so wird die Notwendigkeit eines zusätzlichen Kriteriums, namentlich im Sinn des Begründungsgebots,

15 Vgl. vorn Kap. 8.4.
16 Vgl. vorn ebenfalls Kap. 8.4.

noch deutlicher. Denn es gibt, wie ebenfalls bereits erwähnt wurde, zahlreiche Instrumentalisierungen, die rechtlich und moralisch als zulässig betrachtet werden[17]. Die entscheidende Frage ist, ob die betreffende Instrumentalisierung zu begründen ist. Bei der Instrumentalisierung eines Taxifahrers beispielsweise dürfte dies der Fall sein, da (und soweit) er seinen Beruf freiwillig ausübt und für seine Tätigkeit angemessen entschädigt wird. Es ist daher auch hier im Kern der Gesichtspunkt moralischer Begründbarkeit, der die Qualifizierung der Praxis unter dem Aspekt des Würdeschutzes ausmacht.

Eine vergleichbare Sichtweise auf das Instrumentalisierungsverbot scheint mir bei der folgenden Deutung Peter Schabers vorzuliegen: Eine Person bloß als Mittel zu verwenden bedeute, so Schaber, sie in einer Weise zu behandeln, die moralisch unzulässig ist. »Jemanden bloß als Mittel zu behandeln, heißt, ihn *in einer unzulässigen Weise* zu instrumentalisieren.«[18] Es ist somit nicht die Instrumentalisierung als solche, sondern die moralisch nicht vertretbare, und ich würde dazu sagen: die nicht begründbare Instrumentalisierung, die den Würde-Verstoß ausmacht.

Die Notwendigkeit der beiden eingeführten Komponenten lässt sich verdeutlichen, wenn die bisherige Argumentation etwas formaler aufgearbeitet wird. Wir haben bisher im Wesentlichen die folgenden Argumentationsschritte entwickelt:

(1) Menschen sind natürlich geworden. Sie weisen einen Selbststand auf.

(2) Der Selbststand umfasst (a) das natürliche Gewordensein und (b) das eigenständige Existieren (Leben).

(3) Ad (a): Der Selbststand impliziert eine normative Unverfügbarkeit. Menschen dürfen nicht wie unbelebte Dinge (Sachen) behandelt werden.

(4) Einen Menschen nicht wie eine Sache zu behandeln heißt, ihn so zu behandeln, dass dieses Handeln zu begründen ist.

(5) Ad (b): Das menschliche Leben ist in besonderer Form auf soziale Kooperation ausgerichtet. Dies impliziert eine besondere Verwundbarkeit des Menschen.

(6) Die Würde als rechtliche und moralische Norm verbietet ein Verhalten, das diese Verwundbarkeit und Fragilität ausblendet.

Die Schritte (1) bis (4) ergeben das Begründungserfordernis. Die Schritte (2), (5) und (6) ergeben das Objektivierungsverbot im Sinne des Verbots, die Vulnerabilität und Fragilität des Menschen auszublenden. Daraus ergibt sich:

17 Vgl. vorn Kap. 8.3.
18 Schaber 2018, 169 (Hervorhebung nur hier).

(7) Die Würde lässt sich über zwei Komponenten operationalisieren:
- Erfordernis, in einer begründbaren Weise zu handeln (Begründungserfordernis);
- Objektivierungsverbot in dem Sinn, dass die Vulnerabilität und Fragilität des Menschen nicht ausgeblendet werden darf.

Zu betonen ist, dass auch diese Umschreibungen nur Annäherungen an den begrifflichen Gehalt der Menschenwürde darstellen. Die Menschenwürde lässt sich mit keiner »Formel« gleichsam erledigen. Es trifft zu, wenn das Bundesverfassungsgericht in Bezug auf die Objektformel schreibt: »Allgemeine Formeln wie die, der Mensch dürfe nicht zum bloßen Objekt der Staatsgewalt herabgewürdigt werden, können lediglich die Richtung andeuten, in der Fälle der Verletzung der Menschenwürde gefunden werden können.«[19] Keine »Formel« kann die Komplexität der Menschenwürde voll erfassen. Das gilt auch für die hier vorgeschlagene Deutung (die nicht als »Formel« zu verstehen ist).

9.5 Bloß als Mittel (Parfit)

Die vorgeschlagene Deutung weist Berührungspunkte zur Theorie von Parfit auf, der sich in *On What Matters* mit der kantischen Formulierung auseinandersetzt, dass man einen Menschen »niemals bloß als Mittel« brauchen dürfe. Seine Theorie sei daher zur Verdeutlichung herangezogen.

Parfit unterscheidet zwischen einem gewöhnlichen Gebrauch anderer Menschen als Mittel, der nicht unbedingt illegitim ist, und der Verwendung *bloß* als Mittel, die das Unerlaubte markiert, und fragt, was die beiden Fälle unterscheidet. Das Instrumentalisierungsverbot ist als solches, wie er zeigt, nicht geeignet, Würdeverstöße zu markieren. Denn es gibt Instrumentalisierungen, die nicht als unerlaubt gelten können. So nennt er das Beispiel eines Menschen, der ein Kind, das in einen Teich gefallen ist, allein deshalb rettet, um Anerkennung zu erlangen[20]. Dieses Verhalten kann nicht schlechthin als moralisch verwerflich gelten, denn die Tat – die Rettung des Kindes – bleibt ungeachtet der niedrigen Absicht richtig. Ein anderes Beispiel, das Parfit nennt, ist ein Erdbeben, bei dem jemand sein Kind nur schützen kann, indem er eine andere Person vor dieses schiebt, wobei die andere Person leichte Verletzungen erleidet[21]. Auch in diesem Fall wird die betroffene Person als Mittel verwendet, dennoch wird man das Handeln nicht verurteilen können.

19 BVerfGE 30,1 (25).
20 Parfit 2011, 216.
21 Parfit 2011, 222 f.

Umgekehrt gibt es Fälle, bei denen fraglos moralisch verwerfliches Handeln vorliegt, ohne dass aber eine Instrumentalisierung gegeben wäre. Wenn jemand einem Schwerverletzten, der am Straßenrand liegt, nicht hilft, obwohl er das könnte, instrumentalisiert er diesen Menschen nicht, handelt aber zweifellos falsch[22]. Wir haben Ähnliches schon in Bezug auf die Shoa festgestellt: Die Juden wurden von den Nazis nicht unbedingt instrumentalisiert, jedenfalls ist schwer zu sehen, welchem Zweck die massenhafte Tötung der Juden gedient hätte. Das tief Unmenschliche daran lag gerade darin, dass dieses Tun im Grunde zweck- und sinnlos war[23].

Um mit diesen Schwierigkeiten umzugehen, führt Parfit folgende Bestimmungen ein: Wir behandeln jemanden nicht bloß als Mittel, wenn unsere Behandlung dieser Person in hinreichend wichtiger Weise durch eine relevante moralische Überzeugung geleitet ist. Damit eine moralische Überzeugung relevant in diesem Sinn ist, muss sie eine direkte Berücksichtigung des Wohlergehens oder der moralischen Ansprüche der Person, die wir behandeln, verlangen.[24] Entscheidend ist mithin, dass das Wohlergehen der anderen Person in irgendeiner Weise in unsere Überlegungen einfließt. Nach einer anderen Formulierung Parfits behandeln wir jemanden nicht bloß als Mittel, wenn wir um dieser Person willen eine große Bürde tragen oder tragen würden[25].

Wir haben davon gesprochen, dass bei Würdeverletzungen die Vulnerabilität und Fragilität einer Person ausgeblendet werden. Parfits Überlegungen weisen eine Nähe zu diesen Bestimmungen auf: Wenn jemand das Wohlergehen einer anderen Person nicht berücksichtigt – sein Ansatz –, dann bedeutet das auch, dass er die Verletzlichkeit dieser Person ausblendet. Wenn ein Akteur umgekehrt die Vulnerabilität und Fragilität eines Gegenübers in seine Überlegungen einbezieht, kümmert er sich auch in einer minimalen Weise um dessen Wohl. An dieser Stelle wird im Übrigen deutlich, dass die beiden Komponenten der Würdeverletzung, die genannt wurden[26], inhaltlich zusammenhängen: Solange jemand sein Handeln (gedanklich oder real) begründen muss, kann er den anderen und sein Wohlergehen nicht völlig ausblenden. Und umgekehrt: Wenn jemand Vulnerabilität und Fragilität ganz ausblendet, entledigt er sich auch jeglicher Begründungspflichten.

Parfit spricht auch davon, dass wir jemanden als bloßes Mittel behandelten, wenn wir ihn oder sie als eine bloße Sache behandeln[27]. Auch

---

22 Parfit 2011, 226.
23 Vgl. vorn Kap. 8.3.
24 Parfit 2011, 214.
25 Ebd.
26 Vorn Kap. 9.4.
27 Parfit 2011, 227.

darin liegt eine Nähe zu Motiven dieser Studie: Als Kern einer Würdeverletzung hatten wir identifiziert, dass die andere Person als eigenständig existierendes Wesen missachtet wird[28]. Es geht bei einer Würdeverletzung darum, dass der andere als eigenständige Existenz negiert und in den Rang einer Sache gestoßen wird. Eine Sache lebt nicht, sie ist nicht verletzbar. Deshalb müssen wir uns um ihr Wohlergehen auch nicht kümmern, das wäre widersinnig. Bei Menschen jedoch ist genau dieses Wohlergehen und dessen Berücksichtigung entscheidend.

9.6 Anwendung

Versuchen wir nun, die entwickelten Deutungen auf die Fälle zu beziehen, die uns leiten, um die Plausibilität und Praktikabilität von Würde-Interpretationen zu beurteilen[29]: Als Beispiele klarer Würde-Verletzungen haben wir die Shoa sowie den Fall betrachtet, dass eine Person sich ohne weiteren Grund vor anderen ausziehen muss. Umstrittene Fälle stellen der »Zwergenweitwurf« und die Konstellation der »Peep-Show« dar. Nach allgemeiner Auffassung keine Würde-Verletzung bilden das Lügen und die Prostitution. Nach der Diskussion dieser Fälle möchte ich zusätzlich das Beispiel des Abschusses eines Verkehrsflugzeuges betrachten, das von Terroristen entführt wurde.

Nach dem Gesagten ist eine Würde-Verletzung dadurch charakterisiert, dass die Verletzlichkeit und Fragilität der Betroffenen ausgeblendet, und dass das betreffende Verhalten nicht zu begründen ist. Bei der Judenverfolgung und -vernichtung lag ein solches Geschehen klarerweise vor. Die Verletzlichkeit der Juden, ihr Menschsein im Grunde, wurde bei diesen Geschehnissen bewusst ausgeblendet. Außerdem ist die Judenverfolgung natürlich nicht vernünftig zu begründen. Beim Beispiel des erzwungenen Ausziehens vor anderen ist ebenfalls davon auszugehen, dass die Voraussetzungen erfüllt sind. In diesem Fall wird besonders die psychische Verletzlichkeit des Menschen missachtet.

Bei den Fällen »Peep-Show« und »Zwergenweitwurf« ist eher nicht anzunehmen, dass die menschliche Fragilität und Vulnerabilität bewusst ausgeblendet wird. Dagegen spricht insbesondere, dass die betroffenen Personen der in Frage stehenden Praxis, wie anzunehmen ist, zugestimmt haben. Tendenziell dürfte es auch begründbar sein, entsprechende Praktiken zuzulassen, solange sie strikt an die informierte Einwilligung der Betroffenen gebunden sind. Dies hängt aber letztlich vom moralischen Urteil der jeweiligen Gemeinschaft ab.

28 Vgl. vorn insb. Kap. 3.
29 Vgl. vorn Kap. 8.2.

Beim Lügen ohne guten Grund sowie bei der Prostitution kann nicht davon gesprochen werden, dass Vulnerabilität und Fragilität ausgeblendet würden. Die Lüge ist unmoralisch, geht aber nicht notwendig mit einer solchen Missachtung der belogenen Person einher. Im Fall der Prostitution spricht wiederum besonders der Umstand dagegen, dass die betreffende Person eingewilligt hat. In diesem Fall, aber selbstverständlich nur in diesem, ist daher nicht von einer Würde-Verletzung auszugehen.

Ein Fall möglicher Würdeverletzung, der in den letzten Jahren viel zu reden gegeben hat, ist der Abschuss eines entführten Passagierflugzeuges, das auf ein Hochhaus zusteuert. In einem bekannten Urteil hat das Bundesverfassungsgericht eine Regelung des Luftsicherheitsgesetzes, das eine entsprechende Möglichkeit vorsah, für verfassungswidrig erklärt. Es vertrat die Ansicht, dass die Passagiere des Flugzeuges im Fall eines Abschusses instrumentalisiert werden, um die anderen Menschen zu retten. Passagiere und Besatzung befänden sich in einer für sie ausweglosen Lage. Sie könnten ihre Lebensumstände nicht mehr unabhängig von anderen selbstbestimmt beeinflussen.

»Dies macht sie zum Objekt nicht nur der Täter. Auch der Staat, der in einer solchen Situation zur Abwehrmaßnahme des § 14 Abs. 3 LuftSiG greift, behandelt sie als bloße Objekte seiner Rettungsaktion zum Schutze anderer. Die Ausweglosigkeit und Unentrinnbarkeit, welche die Lage der als Opfer betroffenen Flugzeuginsassen kennzeichnen, bestehen auch gegenüber denen, die den Abschuss des Luftfahrzeugs anordnen und durchführen. Flugzeugbesatzung und -passagiere können diesem Handeln des Staates auf Grund der von ihnen in keiner Weise beherrschbaren Gegebenheiten nicht ausweichen, sondern sind ihm wehr- und hilflos ausgeliefert mit der Folge, dass sie zusammen mit dem Luftfahrzeug gezielt abgeschossen und infolgedessen mit an Sicherheit grenzender Wahrscheinlichkeit getötet werden. Eine solche Behandlung missachtet die Betroffenen als Subjekte mit Würde und unveräußerlichen Rechten. Sie werden dadurch, dass ihre Tötung als Mittel zur Rettung anderer benutzt wird, verdinglicht und zugleich entrechtlicht; indem über ihr Leben von Staats wegen einseitig verfügt wird, wird den als Opfern selbst schutzbedürftigen Flugzeuginsassen der Wert abgesprochen, der dem Menschen um seiner selbst willen zukommt.«[30]

Wenngleich in seiner deontologischen Konsequenz beeindruckend, ist das Urteil bis zu einem gewissen Grad kontraintuitiv. Das wird besonders dann deutlich, wenn man sich einen Fall vorstellt, in dem sich (neben den Entführern) nur eine Person im Flugzeug, aber beispielsweise 10.000 Personen im Hochhaus befänden. Wahrscheinlich würden die meisten Menschen, die in einer solchen Situation zu entscheiden hätten,

30 BVerfGE 115, 118 (154).

das Flugzeug abschießen (lassen), um die Vielzahl der Menschen im Hochhaus zu retten.

Die enge Auslegung des Objektivierungs- und Instrumentalisierungsverbots lässt in dieser Konstellation (und deshalb ist sie interessant) zu wenig Spielraum. Sie vermittelt den Eindruck, dass die Frage eindeutig zu entscheiden sei, was jedoch nicht der Fall ist. Im Grunde liegt im vorliegenden Fall ein Dilemma vor, ähnlich den bekannten Trolley-Problemen: Um einige Personen zu retten, müssen andere »geopfert« werden[31]. Diese Konstellationen sind ethisch nicht oder doch kaum befriedigend zu lösen.

Ziehen wir unsere Deutungen heran, so stellen sich folgende Fragen: (a) Können wir den Abschuss des Flugzeugs überzeugend begründen? (b) Blenden wir die Vulnerabilität und Fragilität der betroffenen Personen (Passagiere) aus, wenn wir so handeln? Die erste Frage dürfte positiv zu beantworten sein: Eine Person zu töten, um sehr viele zu retten, ist eine plausible, wenngleich im Hinblick auf das Tötungsverbot nicht unproblematische Begründung. Im Hinblick auf die zweite Frage ist die Situation komplizierter: Der Abschuss könnte durchaus einer Haltung entspringen, welche die Verletzlichkeit der betroffenen Passagiere ignoriert. Indes braucht dies nicht unbedingt der Fall zu sein. Auch wenn ein Akteur die Verwundbarkeit der betroffenen Leben berücksichtigt, kann er zum Schluss kommen, dass der Abschuss die bessere Vorgehensweise sei.

Im Vergleich zu einem quasi schematisch angewendeten Instrumentalisierungsverbot wird also besonders die Komplexität und die dilemmatische Struktur der Situation deutlich. Die Menschenwürde gebietet in einer solchen (seltenen) Situation nicht eindeutig ein bestimmtes Tun, sondern eröffnet einen Denk- und Diskussionsraum, in dem das richtige Handeln im Licht bestimmter Aspekte zu eruieren ist. Besonders darin, diesen Raum zu eröffnen und damit jedem einzelnen Leben ein Gewicht zu geben, liegt ihre Funktion und ihre Leistung.

9.7 Eng und weit zugleich

Zum Schluss des Kapitels sei noch einmal vergegenwärtigt, wie sich diese Bestimmungen zum direkt-anspruchsbegründenden und zum programmatischen Gehalt der Menschenwürde verhalten. Wir hatten festgestellt, dass die Menschenwürde beide Dimensionen aufweist[32]. Sie ist eine Norm, aus der sich unmittelbar Rechte und Pflichten ergeben. Sie ist zugleich aber eine Grundlage des Rechts- und des Moralsystems, das

---

31 Vgl. z.B. Parfit 2011, 218–220.
32 Vgl. vorn Kap. 4.2.

viele weitere Normen enthält, die mit der Menschenwürde lediglich in einem Zusammenhang stehen.

Die beiden genannten Komponenten (Begründungsgebot, Beachtung von Vulnerabilität und Fragilität) beschreiben die Menschenwürde in ihrem direkt-anspruchsbegründenden Gehalt. Sind die damit verbundenen Forderungen verletzt, liegt eine Menschenwürdeverletzung vor. In ihrem programmatischen Gehalt weist die Würde darüber hinaus und untersagt alles Handeln, das nicht gut zu begründen ist. In programmatischer Hinsicht ist also die zweite Komponente, das Begründungsgebot, ausschlaggebend. Wir sprechen in diesen Fällen jedoch in der Regel nicht von einer Menschenwürdeverletzung.

Die Menschenwürde ist damit zugleich die Grundlage der gesamten Moral und nur ein enger Ausschnitt der Moral. Als spezifische Norm betrifft sie nur die Fälle, in denen eine Person als unverfügbare und verletzliche Existenz missachtet und diese Missachtung nicht adäquat zu begründen ist. Die Würde fundiert in einem programmatischen Sinn zugleich die ganze Moral. Es gibt keine Moralverstöße, die nicht mit der Menschenwürde in Zusammenhang stünden. Die moralische Normativität ist jedoch vielfältig differenziert und hat nicht in allen Teilen direkt mit der Würde zu tun. Diese Normen bilden auch nicht lediglich »Ableitungen« der Menschenwürde, sondern basieren auf moralischen und rechtlichen Setzungen, auf die ich später noch eingehen werde[33].

In den folgenden Kapiteln möchte ich zunächst auf den Zusammenhang von Menschenwürde und Menschenrechten näher eingehen. Anschließend gilt es zu erörtern, was die bisherigen Ausführungen für nichtmenschliche Lebewesen bedeuten. Auch ihnen kommt, nach dem bisher Gesagten, eine normative Unverfügbarkeit zu. Jedoch hat diese erheblich andere Implikationen als bei Menschen.

33 Hinten Teil 3, insb. Kap. 20.

10. Menschenwürde und Menschenrechte

10.1 Vorbemerkungen

Die Menschenwürde bedeutet eine normative Unverfügbarkeit des Individuums. In einem engen, direkt-anspruchsbegründenden Sinn ist die Würde verletzt, wenn der Mensch in der Weise als Objekt behandelt wird, dass seine Vulnerabilität und Fragilität missachtet werden, und wenn das entsprechende Handeln nicht gut zu begründen ist. Die Menschenwürde hat darüber hinaus eine programmatische Dimension. Dieser programmatischen Dimension gelten die folgenden Überlegungen.

Die Menschenwürde drängt über sich selbst hinaus. Besonders das Gebot angemessener Begründung weist über den engen Gehalt der Menschenwürde hinaus. Es führt zu weiteren Normen, insbesondere den Menschen*rechten*. Die Menschenwürde begründet nach hier vertretener Auffassung die Menschenrechte.

Der Zusammenhang zwischen Menschenrechten und Menschenwürde lässt sich, in Entsprechung zu den zwei Aspekten der Menschenwürde selbst, auf eine stärker formale oder stärker materiale Weise beschreiben. Im Folgenden soll zunächst der inhaltliche, dann der formale Zusammenhang beleuchtet werden.

10.2 Inhaltlicher Zusammenhang

Die Menschenwürde bedeutet, dass ein Mensch nicht als verfügbares Objekt, nicht wie eine hergestellte Sache behandelt werden darf. Das ist besonders dann der Fall, wenn die menschliche Vulnerabilität und Fragilität ausgeblendet werden. Diese Norm erfasst als solche nur einen sehr engen Kreis von Sachverhalten.

Es gibt jedoch zahlreiche Sachverhalte, bei denen eine Person nicht gänzlich zum verfügbaren Objekt degradiert, aber in einzelnen Aspekten ihres Daseins einem verfügenden Zugriff ausgesetzt ist. Eben diese Phänomene erfassen die Menschenrechte. Wird jemandem beispielsweise verboten, die Meinung zu äußern, so ist nicht die Person als solche einer schrankenlosen Disponibilität ausgesetzt und daher ihre Menschenwürde in der Regel nicht verletzt. Hinsichtlich der Meinungsäußerung jedoch unterliegt sie einem verfügenden Zugriff. *Indirekt* ist damit auch die Menschenwürde tangiert.

Alle Menschenrechte betreffen einen bestimmten Aspekt des Menschseins, der gegen Zugriffe geschützt wird. Die Religionsfreiheit beispielsweise gewährleistet das Recht, einen Glauben wählen und be-kunden zu können. Damit wird in religiösen Belangen gesichert, dass der Mensch keinem verfügenden Eingriff unterliegt und eine basale Selbstän-digkeit bewahrt. Die Versammlungsfreiheit garantiert das in Bezug auf den Willen, sich frei zu versammeln etc. Im Grunde geht es bei all die-sen Dingen um das gleiche, nämlich darum, das Individuum gegen ver-fügende Zugriffe zu schützen. Die Menschenrechte *in ihrer Gesamtheit* und in ihrem Zusammenspiel garantieren eine basale Eigenständigkeit, die das Thema der Menschenwürde ist.

Die Menschenrechte bringen somit das, was in der Menschenwürde angelegt ist, in Bezug auf bestimmte Konstellationen zum Ausdruck. Die normative Substanz der Menschenwürde wird durch die Menschenrech-te gewissermaßen ausbuchstabiert[1]. Dies lässt sich mit einem Blick auf Kant zusätzlich verdeutlichen:

Das angeborene Recht sei nur ein einziges, sagt Kant in der Rechts-lehre der *Metaphysik der Sitten*: »Freiheit (Unabhängigkeit von eines anderen nötigender Willkür), sofern sie mit jedes anderen Freiheit nach einem allgemeinen Gesetz zusammen bestehen kann, ist dieses einzige, ursprüngliche, jedem Menschen, kraft seiner Menschheit, zustehende Recht.«[2] Kant führt damit ein genuin menschliches Vermögen mit dem grundlegendsten menschlichen Anspruch zusammen. Der Mensch hat nach Kant als einziges aller Wesen die Fähigkeit, frei zu sein, das heißt sein Handeln frei zu bestimmen. Dieses Freiheitsvermögen ist ihm zufol-ge »ganz übersinnlich«[3]. Es kommt dem Menschen als intelligiblem We-sen zu *(homo noumenon)*, als Subjekt, das von physischen Bestimmun-gen unabhängig ist[4]. »Die Menschheit« in jedem einzelnen Menschen ist das, was Freiheit hat und daher unbedingt zu achten ist. Vom menschli-chen Freiheitsvermögen schlägt Kant die Brücke zum Recht. Dass dieses spezifisch menschliche Vermögen geachtet wird, ist das grundlegendste Recht des Menschen.

Kant verwendet an dieser Stelle den Begriff der Würde nicht, doch der Bezug ist deutlich: Der Mensch als freies (oder autonomes) Wesen hat Würde, und diese Würde verlangt, dass er als freies Wesen zu respektie-ren ist. »Freiheit« als »Unabhängigkeit von eines anderen nötigender Willkür« ist inhaltlich somit eng verwandt mit der normativen Idee der Menschenwürde. Nach Kant muss das angeborene Recht der Freiheit dann »nach seinen verschiedenen Verhältnissen spezifiziert« werden[5], das heißt für besondere Kontexte ausformuliert werden. Damit ist eine

1 Habermas 2011, 17.
2 Kant, MdS, 345 (Herv. im Original).
3 Kant, MdS, 347.
4 Vgl. auch vorn Kap. 5.6.
5 Kant, MdS, 346.

Fundierung menschlicher Rechte und ein inhaltlicher Zusammenhang zwischen einem einzigen, grundlegenden Recht und konkreten Ansprüchen formuliert, die in den Kategorien der *Würde als Unverfügbarkeit* ebenso gegeben sind.

Rainer Forst hat Kants Gedanken des einzigen angeborenen Rechts aufgegriffen und im Rahmen seiner Theorie reformuliert. Nach Forst besteht das grundlegendste Recht des Menschen, das Kant als Freiheit auffasst, darin, eine normative Autorität zu sein. Das bedeutet vor allem, dass jeder Mensch Mitautorin bzw. Mitautor der Normen ist, die sie oder ihn betreffen, und dass diese Normen ihr oder ihm gegenüber gerechtfertigt werden können müssen. Dieses Recht auf Rechtfertigung bildet nach Forst wiederum den Inhalt der Menschenwürdegarantie[6]. Auch Peter Schaber verwendet den Begriff der normativen Autorität, um den Inhalt der Menschenwürde zu beschreiben[7]. Dies trifft sich mit der normativen Unverfügbarkeit im hier vertretenen Sinn. Alle Umschreibungen – Freiheit, Unverfügbarkeit, normative Autorität – zielen auf die grundlegende Achtung vor dem menschlichen Individuum als selbständiger Existenz, die mit dem Begriff der Menschenwürde zum Ausdruck gebracht wird.

10.3 Formaler Zusammenhang

Der Zusammenhang zwischen Menschenwürde und Menschenrechten kann auch in einer anderen, stärker formalen Weise erläutert werden. Die Menschenwürde impliziert, wie im ersten Teil dieser Studie dargelegt wurde, ein Prinzip der Unverfügbarkeit, dem zufolge Menschen gegenüber in einer Weise zu handeln ist, die gut zu begründen ist[8]. Zusätzlich ist bezüglich der Menschenwürde in ihrem direkt-anspruchsbegründenden Gehalt zu beachten, dass eine gewisse Intensität der Verletzung gegeben sein muss. Diese Intensität kann darin zum Ausdruck gebracht werden, dass das Individuum nicht zum Objekt erniedrigt bzw. in seiner Fragilität und Vulnerabilität nicht missachtet werden darf.

Besonders die Komponente des Begründungsgebots zeigt einen Zusammenhang zu den Menschenrechten an. Denn Menschenrechte verbieten Dinge, die in einer generell-abstrakten Weise nicht gut zu begründen sind. Die Menschenrechte bilden daher Umsetzungen des Begründungsanspruchs. Der Aspekt der ausgeblendeten Fragilität und Vulnerabilität ist bei ihnen dagegen eher im Hintergrund präsent. Teilweise ist er auch sichtbar, etwa beim Recht auf Leben und physische Integrität; teilweise

---

6   Forst 2011, 119–133.
7   Schaber 2012a, 70; Schaber 2013, 60–62.
8   Vorn Kap. 4.

ist er aber weniger deutlich (z.B. beim Recht auf Versammlungs- und Vereinigungsfreiheit).

Die Forderung, in gut zu begründender Weise zu handeln, wird in konkreten Situationen aktuell und lässt sich nicht vollständig in einen allgemeinen Katalog adäquaten Handelns umsetzen. Jedoch können auf einer generell-abstrakten Ebene gewisse Handlungsformen bezeichnet werden, die *in aller Regel* nicht gut zu begründen sind, von denen wir also annehmen können, dass sie den Forderungen normativer Unverfügbarkeit prinzipiell nicht genügen. Die Menschenrechte bezeichnen Praktiken dieser Art. Sie formulieren Handlungsformen, für die typischerweise keine guten Gründe bestehen. So gibt es beispielsweise in aller Regel keine guten Gründe, einen Menschen zu verletzen oder gar zu töten. Ebenso kann einer Person im Normalfall nicht mit guten Gründen die Ausübung religiöser Praktiken oder die Äußerung ihrer Gedanken verboten werden. In Bezug auf Handlungen solcher Art besteht die Vermutung, dass sie nicht adäquat begründet sind[9].

Auch bei Grundrechten wie der Rechtsgleichheit oder dem Diskriminierungsverbot, die keinen so klar erkennbaren Schutzbereich besitzen wie die erwähnten Rechte, ist der Zusammenhang zwischen der Verletzung dieser Rechte und der Verletzung der Würde im Sinn des Unverfügbarkeitsgebots gegeben. Die Rechtsgleichheit verbietet nach herrschender juristischer Deutung, dass Unterscheidungen getroffen werden, ohne dass es dafür überzeugende sachliche Gründe gibt[10]. In Form des Diskriminierungsverbots konkretisiert die Rechtsgleichheitsgarantie diesen Anspruch, indem von Gründen wie Geschlecht, Alter oder »Rasse« angenommen wird, dass sie in aller Regel keine guten Gründe für Ungleichbehandlungen sein können. Das Rechtsgleichheitsgebot schützt damit vor einer Machtausübung, die sich nicht hinreichend zu rechtfertigen vermag[11]. Es bestimmt in Bezug auf Ungleichbehandlungen, dass überzeugende Gründe vorliegen müssen. Damit steht es mit dem Gebot der Unverfügbarkeit und der Pflicht, Handlungen angemessen zu begründen, sogar in einem besonders engen Zusammenhang.

Hinsichtlich der Frage, welches Handeln in einer generell-abstrakten Weise in Bezug auf Menschen gut zu begründen ist, spielen menschliche Eigenschaften wie Vernunft, Sprachfähigkeit oder Autonomie eine wesentliche Rolle. Die Freiheit der Meinungsäußerung etwa ist zu achten, weil Menschen rationale, meinungsbildende Wesen sind, die ihre

---

9 Vgl. Forst 2011, 85: »Auf der moralischen Ebene führt die Konstruktion zu einer Liste grundlegender Rechte, die Personen, die einander als Gleiche in Bezug auf ihre Rechte auf Rechtfertigung respektieren, nicht mit guten Gründen verweigern können.« Zum Zusammenhang zwischen einem Recht auf Rechtfertigung mit den Menschenrechten a.a.O. auch 54, 83 f.

10 Vgl. zur Interpretation etwa Kingreen/Poscher 2021, § 11.

11 Vgl. Engi 2016b, 355 f.

Ansichten in sprachlicher Form auszudrücken vermögen. Die persönliche Freiheit achten wir, weil Menschen ihr Leben selbstbestimmt gestalten können usw. Die Eigenschaften, an die bezüglich der Würde oft angeknüpft wird (wie Autonomie, Vernunft, Sprache etc.), haben beim Schritt von der Würde zu den Menschenrechten also ihre Bedeutung. Doch lässt sich die allen Menschen unter allen Umständen zukommende Würde nicht exklusiv an sie binden, da alle diese Eigenschaften und Fähigkeiten verloren gehen können und bei einzelnen Menschen nicht vorliegen[12].

Neben den genannten Eigenschaften muss beim Schritt von der Menschenwürde zu den Menschenrechten ebenso die menschliche Vulnerabilität berücksichtigt werden. Aus der Menschenwürde fließen aus diesem Grund auch Garantien körperlicher Unversehrtheit, minimaler Existenzsicherung etc. Es ist in generell-abstrakter Weise nicht gut zu begründen, dass ein Mensch körperlich verletzt werden oder die nötigen Mittel für sein physisches Existieren nicht besitzen soll. Diese Gebote fließen nun nicht aus menschlichen »Stärken«, sondern aus »Schwächen« im Sinne von Abhängigkeiten und Verletzlichkeiten. Insoweit kommen bei der Bestimmung der Menschenrechte auch elementare Bedürfnisse und physiologische Notwendigkeiten ins Spiel. Jedoch sind es nicht faktische Gegebenheiten direkt, welche die Menschenrechte begründen[13]. Vielmehr ist diesen Umständen aufgrund der menschlichen Würde und Unverfügbarkeit Beachtung zu schenken.

In diesem Zusammenhang kann auch bereits ein Blick auf die nichtmenschlichen Lebewesen geworfen werden, denen sich das nächste Kapitel intensiver widmen wird. Auch sie sind als unverfügbar zu achten, das heißt, auch ihnen gegenüber ist ein Handeln geboten, das gut zu begründen ist. Im Hinblick auf die Frage, welche Handlungen diesem Postulat entsprechen, sind auch in Bezug auf nichtmenschliche Lebewesen Fähigkeiten und Verletzlichkeiten zu berücksichtigen. Dabei wird sofort deutlich, dass diese Fähigkeiten und Verletzlichkeiten bei ihnen auf einer generell-abstrakten Ebene eine ganz andere Form haben als bei Menschen. Tiere bilden und artikulieren zum Beispiel keine Meinungen, weshalb bei ihnen keine Meinungsfreiheit zu garantieren ist. Sie haben und praktizieren auch keinen religiösen Glauben, weshalb auch ein Recht wie die Religionsfreiheit bei ihnen von vornherein sinnlos ist. Dagegen kennen wir zum Beispiel die Leidensfähigkeit und die physischen Bedürfnisse von Tieren. Gegen physische Leiden, Schmerzen usw. sind deshalb auch sie zu schützen. So führt der Anspruch auf Unverfügbarkeit im Einzelnen zu unterschiedlichen Ordnungen von Rechten.

12 Vgl. vorn Kap. 2.
13 Zu Ansätzen, welche die Menschenrechte etwa direkt auf Bedürfnisse stützen wollen, hinten Kap. 13.2.

Somit besteht zwischen Menschenwürde und Menschenrechten kein einfacher logisch-deduktiver Zusammenhang. Vielmehr ist immer wieder neu zu fragen, welches Verhalten zu rechtfertigen ist und welches nicht. Viele Aspekte fließen beim Schritt von der Würde zu den Rechten mit ein. Dabei ist nicht nur an unterschiedliche Meinungen und Standpunkte zu denken, sondern auch an empirische Erkenntnisse und faktische Veränderungen. Mit dem Wandel der Gesellschaft können neue Menschenrechte nötig werden, an die früher nicht gedacht wurde und für die es keinen Bedarf gab. Somit gibt es keinen ein für allemal feststehenden Katalog von Menschenrechten, und erst recht muss sich die legitime Einschränkung dieser Rechte immer wieder neu rechtfertigen.

Die Würde enthebt nicht der Schwierigkeiten und des Reflexionsbedarfs hinsichtlich der Ausgestaltung einer konkreten Rechtsordnung. Sie impliziert indes einen Katalog grundlegender Ansprüche, die in ihrer Gesamtheit einen schrankenlosen Zugriff auf Individuen unterbinden. Zwischen Würde und Rechten besteht kein logisch-deduktiver, aber ein enger inhaltlich-ideeller Zusammenhang.

10.4 Begründete Einschränkungen

In der Regel kann ein Verhalten, das gegen die Menschenrechte verstößt, nicht als gut begründet gelten. Es gibt jedoch Konstellationen, in denen die Beschränkung von Menschen- und Grundrechten dem Erfordernis überzeugender Begründung ausnahmsweise genügt. Im Einzelfall kann es zum Beispiel nötig sein, Meinungsäußerungen einzuschränken oder gar, eine Person (z.B. einen Amokschützen) zu töten. Die Menschenwürde verlangt in dieser Hinsicht wiederum, dass das Handeln durch gute Gründe gerechtfertigt werden kann, in diesem Fall also besonders der Eingriff in die Menschenrechte.

Dies ist der Hintergrund der Voraussetzungen für Grundrechtseingriffe, die sich in der rechtswissenschaftlichen Dogmatik herausgebildet haben. Erfordernisse wie die Verhältnismäßigkeit (Erforderlichkeit, Eignung, adäquate Zweck-Mittel-Relation) oder das Bestehen gewichtiger öffentlicher Interessen[14] explizieren in Bezug auf die Einschränkung von Menschenrechten das generelle Postulat, dass gute Gründe für konkretes Handeln vorliegen müssen. Diese Einschränkungsvoraussetzungen können rechtlich – namentlich in Verfassungen – wiederum nur allgemein formuliert werden. Konkret kann nur im Einzelfall und unter Berücksichtigung spezifischer Umstände bestimmt werden, welches Handeln

---

14 Generell zu den Voraussetzungen der Grundrechtseingriffe etwa Kingreen/ Poscher 2021, 101–123.

den Anforderungen überzeugender Rechtfertigung bei Grundrechtseinschränkungen genügt.

Darüber hinaus ist zu berücksichtigen, dass die Forderung, gut begründet zu handeln, in unzähligen alltagspraktischen Situationen aktuell wird. In der Form abstrakter Rechte lassen sich die entsprechenden Normen zwar weitgehend, aber nicht vollständig erfassen. So gibt es etwa hinsichtlich des moralischen Verbots zu lügen ein riesiges Spektrum von mehr oder weniger belanglosen bis zu gravierenden Lügen. Nur im konkreten Einzelfall kann bestimmt werden, welches Handeln adäquat zu begründen ist; wann also zum Beispiel eine Lüge zu rechtfertigen ist und wann nicht. Ein Menschenrecht darauf, nicht belogen zu werden, ginge zu weit und würde dieser Varianz nicht gerecht werden.

11. Schutz nichtmenschlicher Lebewesen

11.1 Unverfügbarkeit von Tieren

Wir haben bisher die Menschenwürde und die auf ihr beruhenden Menschenrechte näher betrachtet. Die Würde des Menschen basiert darauf, dass der Mensch ein natürlich gewordenes und selbständig existierendes Lebewesen ist. Daher ist er als unverfügbar zu achten. Das gilt ganz grundsätzlich auch für nichtmenschliche Lebewesen: Auch sie sind keine Artefakte und haben daher in einem normativen Sinn als unverfügbar zu gelten.

Indessen hat das Leben bei Menschen eine etwas andere Form als bei Tieren (und erst recht als bei Pflanzen). Wie sich empirisch feststellen lässt, ist menschliches Leben in besonderer Weise auf Kooperationsfähigkeiten und ein Beziehungsgeschehen ausgerichtet. Damit ist intern eine besondere Fragilität des menschlichen Lebensvollzugs verknüpft[1]. Auf dieser Grundlage gestalten sich auch die normativen Forderungen in Bezug auf Menschen und andere Lebewesen etwas anders.

Dies rechtfertigt es, den Begriff der Würde nur auf Menschen zu beziehen. Unverfügbar in einem normativen Sinn sind jedoch auch andere Lebewesen – alle Entitäten, die natürlich geworden sind und selbständig leben. Dies betrifft im Besonderen Pflanzen und Tiere. In diesem Kapitel ist genauer zu untersuchen, was die normative Unverfügbarkeit in Bezug auf sie bedeutet.

Besonders um den moralischen und rechtlichen Status von Tieren gibt es seit einigen Jahrzehnten eine lebhafte Diskussion. Die offensichtlichen Missstände im menschlichen Umgang mit Tieren veranlassen in Philosophie, Ethik und Recht dazu, über unser Verhältnis zu Tieren nachzudenken. In der angelsächsischen Diskussion dominiert dabei die Frage nach Rechten von Tieren[2]. Teilweise wird auch über die Frage der Würde von Tieren debattiert, vor allem im deutschsprachigen Raum. Im Folgenden kann diese weitverzweigte Diskussion nicht in allen Details aufgenommen werden. Es ist aber unerlässlich, die wichtigsten Positionen zu betrachten, um nachfolgend die eigene Argumentation in diesem Spektrum einordnen und präzisieren zu können.

---

1 Vorn Teil 1, Kap. 5.
2 Kunzmann 2007, 15.

11.2 Diskussion um Tierrechte

Grundlegend für die neuere tierethische und tierrechtliche Debatte waren Arbeiten von Peter Singer und Tom Regan. Singer hat den Begriff des »Speziesismus« geprägt[3]. Seine praktische Ethik basiert auf dem Prinzip gleicher Interessenberücksichtigung. Über Speziesgrenzen hinweg sind die Interessen und Präferenzen der Lebewesen zu beachten und abzuwägen[4]. Im Zusammenhang mit der Zufügung von Leiden ist dabei die Empfindungsfähigkeit entscheidend[5]. Geht es um die Frage des Tötens, ist die Frage wesentlich, welche Wünsche ein Lebewesen für die Zukunft hat[6]. Unter diesen Aspekten kann aus der Sicht Singers keine scharfe Speziesgrenze gezogen werden, denn auch Tiere haben Präferenzen, die zu berücksichtigen sind. Die Unterschiede zwischen Menschen und Tieren sind nach Singer graduell, es gibt keine scharfe Trennlinie zwischen ihnen[7].

Tom Regan hat eine Argumentation für die Rechte von Tieren entwickelt. Rechte soll ihm zufolge haben, wer »Subjekt-eines-Lebens« ist[8]. Subjekt-eines-Lebens sein heißt, dass ein Wesen der Welt gewahr ist und merkt, was mit ihm geschieht. Zudem muss das, was mit ihm geschieht, für dieses Wesen von Bedeutung sein, unabhängig davon, ob sich jemand anders dafür interessiert[9]. Auch viele nichtmenschliche Tiere sind Subjekte-eines-Lebens[10]. Auch sie haben nach Regan einen inhärenten Wert[11] und sollen durch Rechte geschützt sein.

Auf die Arbeiten von Singer und Regan folgten viele weitere Studien, die auf weitere Aspekte des Themas aufmerksam machten. Ich greife lediglich einige davon heraus. Francione setzte sich aus einer juristischen Warte mit dem Thema auseinander und stellte die Empfindungsfähigkeit von Tieren ins Zentrum seiner Argumentation. Außer der Empfindungsfähigkeit braucht es seiner Ansicht nach keine anderen Eigenschaften, um in die moralische Gemeinschaft aufgenommen zu werden[12]. Als Hauptproblem im Umgang mit Tieren betrachtet Francione den Eigentumsstatus von Tieren, also den Umstand, dass Tiere als Eigentum von

---

3   Dieser wurde vor ihm schon von Richard Ryder verwendet: Gruen 2011, 53; Stucki 2016, 51 f.
4   Singer 2013, 98.
5   Singer 2013, 101 f.
6   Singer 2013, 146.
7   Singer 2013, 191.
8   Regan 2017, 101; ders. 2008, 37.
9   Regan 2017, 103. In früheren Werken setzte Regan noch höhere Anforderungen; dazu Schmitz 2017, 54.
10 Regan 2017, 103.
11 Regan 2008, 37.
12 Francione 2017, 153–175.

Menschen betrachtet werden. Dies führe dazu, dass Tiere nur als Dinge ohne inhärenten oder intrinsischen Wert betrachtet werden[13].

Rowlands versuchte, Rawls' Vertragstheorie für Tiere und Tierrechte nutzbar zu machen. In der Theorie von Rawls gehören Tiere nicht zur moralischen Gemeinschaft, die in der *original position* Regeln festlegt. Im Urzustand, wie ihn Rawls konzipiert, kennen die Akteure zwar ihre spezifischen Eigenschaften und ihre Stellung in der Gesellschaft nicht, aber die Gattungszugehörigkeit steht dabei außer Frage. Rowlands schlägt dagegen eine Interpretation vor, der zufolge wir im Urzustand auch nicht wüssten, ob wir rationale Wesen sind, und welcher Spezies wir angehören[14]. Denn dies seien unverdiente Eigenschaften – Eigenschaften, über die wir keine Kontrolle hätten[15]. Deshalb sollten sie hinter dem Schleier des Nichtwissens ausgeschlossen werden.

Alasdair Cochrane hat eine Theorie entwickelt, die von den Interessen von Tieren ausgeht. Die Tiere hätten – wie alle empfindenden Wesen – insbesondere ein Interesse daran, nicht zu leiden und nicht getötet zu werden[16]. Daraus folgen entsprechende moralische Rechte, wobei die Interessen, wie Cochrane betont, gewichtet und gegen andere Interessen abgewogen werden müssen[17]. Da sie nicht-autonome Wesen sind, haben Tiere nach Cochrane jedoch kein Interesse an Freiheit[18]. Deshalb sei moralisch keine Befreiung aller Tiere verlangt.

Natürlich haben die Plädoyers für Tierrechte auch Widerspruch hervorgerufen. So vertritt etwa Carruthers einen Kontraktualismus (nach Rawls), der die moralische Gemeinschaft auf rationale Akteure, das heißt auf Menschen beschränkt. Tiere hätten keinen moralischen Status. Das Problem, dass auch nichtrationale Menschen zur moralischen Gemeinschaft gehören (sollen), beantwortet Carruthers mit der tiefen Bindung, die andere Menschen zu ihnen haben[19]. Es sei hinsichtlich der sozialen Stabilität sinnvoll und geboten, allen Menschen einen moralischen Status zuzusprechen. Zu Tieren gebe es keine so intensiven Bindungen wie zu Menschen, deshalb gelte Gleiches für Tiere nicht[20].

Die Frage der Tier*würde* ist in der philosophischen Literatur weniger intensiv behandelt worden als diejenige von Tierrechten. Eine Autorin, die sich für die Würde von Tieren ausspricht, ist etwa Martha Nussbaum. Ausgehend von ihrem Fähigkeitenansatz spricht sie auch Tieren

---

13 Francione 2017, 159–161.
14 Rowlands 2009, 149, 151.
15 Rowlands 2009, 152.
16 Cochrane 2012, 19.
17 Cochrane 2012, 43.
18 Cochrane 2012, 10 f.
19 Carruthers 2017, 225.
20 Carruthers 2017, 229.

zahlreiche Fähigkeiten zu[21]. Gemäss ihrem Ansatz müssen auch Tiere in die Lage gebracht werden, diese Fähigkeiten auszuüben. »Der Fähigkeitenansatz [...] gesteht Tieren auch einen Anspruch auf globale politische Regelungen zu, die ihnen politische Rechte und den rechtlichen Status von Wesen mit Würde zuerkennen.«[22] Nussbaum lässt allerdings die Frage offen, ob es sich bei der Würde nichtmenschlicher Tiere um die gleiche Würde wie bei Menschen handle. Diese Frage möchte sie als metaphysische Frage betrachten[23]. Die Spezieszugehörigkeit ist ihrer Auffassung nach nicht ohne jede Relevanz. Denn auch ein Mensch mit beispielsweise schweren geistigen Beeinträchtigungen lebe sein Leben als Teil der menschlichen Gemeinschaft, die versucht, die Hindernisse so gut es geht zu beheben[24].

Christine Korsgaard spricht nicht von der Würde der Tiere, bezieht aber die kantische Idee der »Zwecke an sich« (die bei Kant eng mit der Würde zusammenhängt) auf sie. Als Zwecke an sich haben ihrer Ansicht nach Wesen zu gelten, für die etwas natürlich gut oder schlecht sein kann. Wenn wir beanspruchen, als Zwecke an sich behandelt zu werden, verleihen wir dieser Tatsache normative Bedeutung. Wir legen fest, dass diejenigen Dinge, die gut oder schlecht sind, als objektiv und normativ gut oder schlecht behandelt werden sollen.[25] Auch für Tiere können Dinge gut oder schlecht sein. Denn es geht bei dieser Bewertung nicht nur um ein vernünftiges Selbst, sondern auch um das tierliche Selbst[26]. Also gehören auch Tiere, so Korsgaard, zum Reich der Zwecke. Dies bedeutet nach Korsgaard jedoch nicht, dass unsere moralischen Beziehungen zu Tieren gleicher Art wären wie jene zu Menschen. Besonders die Vernünftigkeit der Menschen macht es notwendig, sie in besonderer Weise zu behandeln und insbesondere ihre Autonomie zu achten[27].

11.3 Gerechtfertigtes Handeln

Die Unverfügbarkeit von Tieren impliziert, dass das Handeln, das sie betrifft, adäquat begründet werden können muss. Insoweit deckt sich der Unverfügbarkeitsanspruch bei Menschen und Tieren. Er bedeutet in

21 Nussbaum 2014, 529 ff.; dies. 2017, 207–212.
22 Nussbaum 2014, 536; dies. 2017, 211. Zur Würde der Tiere auch Nussbaum 2017, 214; dies. 2014, 444, 445, 453, 477, 484.
23 Nussbaum 2014, 516–518.
24 Nussbaum 2014, 493; dies. 2017, 197.
25 Korsgaard 2017, 282. Vgl. auch dies. 2021, insb. Kap. 8.
26 Korsgaard 2017, 280.
27 Korsgaard 2021, 195 f. Zur Unterschiedlichkeit von Menschen und Tieren ebd., Kap. 3.

beiden Fällen ein Gebot adäquater Begründung. Jedoch ergeben sich daraus unterschiedliche Forderungen im Einzelnen[28].

Bei Menschen sind hinsichtlich des begründbaren Handelns Fähigkeiten des (insbesondere begrifflichen) Denkens, der Sprache und des Selbstbewusstseins zu berücksichtigen, die bei Tieren zumindest in gleicher Weise nicht vorliegen. Bei Tieren wiederum bestehen eine Empfindungsfähigkeit und eine Form der Lebensäußerung, die bei Pflanzen – etwa aufgrund des fehlenden Nervensystems und Gehirns – nicht in gleicher Weise gegeben sind. Dies bedeutet etwa, dass bei Menschen Möglichkeiten der religiösen Glaubenswahl, der Meinungsäußerung oder künstlerischer Aktivität zu schützen sind, die bei Tieren nicht in Betracht kommen. Bei letzteren wiederum ist eine Vermeidung von Leiden anzustreben und ein freier Lebensvollzug mit möglichst weitgehender Bewegungsfreiheit sicherzustellen, dessen Schutz in dieser Form bei Pflanzen nicht erforderlich ist.

Auch wenn den Tieren und Pflanzen – wie Menschen – eine prinzipielle Unverfügbarkeit zugesprochen wird, folgen daher keine identischen Ansprüche und kein identischer Rechtsschutz für diese Gruppen. Tiere benötigen einen anderen, umfangmäßig geringeren Rechtsschutz als Menschen. Sie benötigen aber ebenfalls einen Schutz gegen schrankenlose Verfügung, insbesondere gegen Misshandlung und Ausbeutung. Die Frage, welche Form dieser Schutz annehmen soll, ob also insbesondere individuelle Rechte von Tieren (moralischer oder rechtlicher Art) vorzusehen sind, ist komplex und wohl nicht eindeutig zu beantworten.

Die Würde von Menschen impliziert die Verankerung von Menschenrechten[29]. An sich erscheint es plausibel, auch die Unverfügbarkeit von Tieren in individuelle Rechte einzelner Subjekte zu transformieren. Viele Argumente, die auf den ersten Blick gegen insbesondere juristisch verankerte Tierrechte sprechen, sind bei näherer Betrachtung nicht durchschlagend. So kann das Innehaben solcher Rechte nicht an die Vernunft gebunden werden (die bei Tieren nicht vorliegt), da auch Kleinkinder oder juristische Personen, die als solche keine Vernunft haben, individuelle Rechte besitzen können. Auch das Argument, dass der Besitz von Rechten voraussetze, dass das betreffende Subjekt Trägerin oder Träger von Pflichten sein kann, kann nicht ausschlaggebend sein. Denn wiederum gibt es im positiven Recht Fälle, bei denen Rechtssubjekte Rechte, aber keine korrespondierenden Pflichten haben (zum Beispiel kleine Kinder)[30]. Es wäre daher theoretisch denkbar, Tieren Rechte einzuräumen – auch in Form individueller Rechte –, ohne ihnen gleichzeitig Pflichten aufzuerlegen.

28 Vgl. vorn Kap. 10.3.
29 Vorn Kap. 10.
30 Vgl. Caspar 1999, 135–141; Raspé 2013, 73–78; Stucki 2016, 273–279.

Dennoch ist die Idee von Tierrechten bis zu einem gewissen Grade kontraintuitiv. Dies dürfte vor allem mit dem Umstand zusammenhängen, dass Tiere solche Rechte nicht selbständig durchsetzen könnten. Zwar ist das auch bei juristischen Personen der Fall – auch bei diesen müssen andere, natürliche Personen die Rechte der juristischen Person durchsetzen. Im Fall der juristischen Person sind es aber die natürlichen Personen, die hinter der juristischen Person stehen und mit dieser eng verbunden sind, die das tun. Ihre Interessen sind berührt, wenn die Rechtsansprüche der juristischen Person verletzt werden. Bei Tieren gibt es einen so engen Zusammenhang zu Dritten zumindest häufig nicht (man denke vor allem an Wildtiere). Die Rechte von Tieren müssten durch Dritte durchgesetzt werden, die oft keinen besonderen Bezug zu diesen Tieren haben. Findet sich keine Person, die diese Rechte einklagt, gäbe es keine Möglichkeit der Realisation. Die Rechte wären dann gleichsam eine Fiktion, sie würden nur auf dem Papier existieren.

Auch wenn Individualrechte für Tiere verankert würden, hätte das System der Durchsetzung daher notwendig in hohem Maße einen objektiven Charakter. Es müssen in diesem Fall beispielsweise Formen der Verbandsklage (Klagebefugnisse für Tierschutzorganisationen) oder Beauftragte geschaffen werden, welche Tierrechte einklagen und durchsetzen[31]. Auch bei Schaffung subjektiver Tierrechte bliebe deren Umsetzung somit menschliche Aufgabe und wäre sie mit der Realisation von Rechten bei Menschen nicht gleichzusetzen. Die menschlichen Rechts*pflichten* gegenüber nichtmenschlichen Lebewesen stehen in jedem Fall im Vordergrund. Die Menschen sind im Verhältnis zu Tieren die primären Akteure in verschiedener Hinsicht: Sie haben die Macht, über Tiere zu bestimmen, und sie haben die Fähigkeit, ihr Verhalten bewusst zu steuern. Deshalb ist die menschliche Verpflichtung (gegenüber der Berechtigung nichtmenschlicher Lebewesen) praktisch gesehen von vorrangiger Bedeutung.

Der rechtliche Schutz von Tieren braucht denn auch nicht unbedingt die Form individueller Rechte – analog zu Menschenrechten – anzunehmen (auch wenn Rechte dieser Art wahrscheinlich ein effektives Mittel wären). Die Ansprüche können auch in Form verbindlicher Rechtspflichten im Umgang mit Tieren verankert werden. Der juristische Tier- und Naturschutz kann in einer objektiven Weise garantiert werden, die von Individualrechten absieht. Aufgrund des unvermeidlichen Ungleichgewichts in der Mensch-Tier- und Mensch-Pflanzen-Beziehung liegt der Akzent auf diesen objektiven Normen und den Pflichten, die sich für Menschen ergeben[32].

31 Zu den verschiedenen Möglichkeiten prozessualer Umsetzung Caspar 1999, 494–522; Raspé 2013, 323–331.
32 Auf die Bedeutung positiver Pflichten gegenüber Tieren – gegenüber negativen Rechten – weisen auch Donaldson/Kymlicka 2011, insb. S. 6, hin.

11.4 Zur Umsetzung im positiven Recht

Wie bei Menschen, müssen die moralischen Forderungen auch bei Tieren juristisch umgesetzt werden[33]. Es interessiert, wie das praktisch erfolgt, und wie die hier entwickelten Positionen sich dazu verhalten. Dazu soll an dieser Stelle ein Blick in das deutsche und schweizerische Recht geworfen werden.

Im deutschen Tierschutzgesetz schreibt eine zentrale Norm vor, dass Tieren nicht ohne vernünftigen Grund Schmerzen oder Leiden zugefügt werden dürfen. § 1 Satz 2 TierSchG lautet: »Niemand darf einem Tier ohne vernünftigen Grund Schmerzen, Leiden oder Schäden zufügen.«[34] Dies entspricht der hier vertretenen Sichtweise, dass Tieren ein Status der Unverfügbarkeit zukommt, dem eine Pflicht inhärent ist, Handeln gut zu begründen. Eine Rechtsnorm, die (zumindest) schwere Eingriffe von solchen Begründungen abhängig macht, entspricht prinzipiell dieser Position. Im Einzelnen wirft die Bestimmung des Tierschutzgesetzes viele Fragen und Probleme auf. Das Erfordernis des vernünftigen Grundes wird in der Praxis über Interessenabwägungen operationalisiert, die im konkreten Fall vieles zulassen[35]. So setzt die Norm insbesondere der Massen- und Intensivtierhaltung kaum Grenzen[36]. Dennoch ist festzuhalten, dass die positivrechtliche Norm ihrem Ansatz nach der vorliegend entwickelten Argumentation entspricht.

Das Schweizer Recht kennt Normen, welche die Würde der Kreatur und der Tiere verankern. Nach Art. 120 Abs. 2 der schweizerischen Bundesverfassung trägt der Bund der Würde der Kreatur Rechnung. Die Norm steht im Kontext der Gentechnologie im Außerhumanbereich, hat aber eine allgemeine, über diesen Sachbereich hinausgehende Geltung[37]. Die Würde von Tieren ist auch in zahlreichen Gesetzen verankert, besonders im Tierschutzgesetz (TSchG)[38]. Dieses hat nach Art. 1 TSchG den Zweck, die Würde und das Wohlergehen der Tiere zu schützen. In Art. 3 lit. a definiert es die Würde als »Eigenwert des Tieres, der im Umgang mit ihm geachtet werden muss«. Weiter bestimmt es dort: »Die Würde des Tieres wird missachtet, wenn eine Belastung des Tieres nicht durch

---

33 Mit dieser Frage werden wir uns in Bezug auf Menschenrechte im nächsten Kapitel näher auseinandersetzen.

34 Dazu eingehend Maisack 2007; vgl. auch Caspar 1999, 355–372; Raspé 2013, 241–245.

35 Vgl. Maisack 2015, 191–196.

36 Vgl. Maisack 2015, 212–214.

37 Krepper 1998, 364 f.; Saladin 1995, 368 f.; Praetorius/Saladin 1996, 91 f.; Waldmann 2015, Rz. 17. Zu beachten ist in diesem Zusammenhang auch die Verfassung Ecuadors von 2008, die der Natur Rechte einräumt (Art. 71 ff. der Verfassung Ecuadors).

38 Tierschutzgesetz vom 16. Dezember 2005; SR 455.

überwiegende Interessen gerechtfertigt werden kann. Eine Belastung liegt vor, wenn dem Tier insbesondere Schmerzen, Leiden oder Schäden zugefügt werden, es in Angst versetzt oder erniedrigt wird, wenn tief greifend in sein Erscheinungsbild oder seine Fähigkeiten eingegriffen oder es übermäßig instrumentalisiert wird.«[39]

Für eine eingehende Diskussion dieser rechtlichen Regelungen ist hier nicht der Ort. Hingewiesen sei jedoch darauf, dass der Würdeschutz, der damit in Bezug auf Pflanzen und Tiere im Schweizer Recht positivrechtlich verankert ist, inhaltlich vom Schutz der menschlichen Würde signifikant abweicht. In Bezug auf Pflanzen und Tiere bedeutet der Würdeschutz nach schweizerischem Recht nur, dass eine Güterabwägung zwingend ist. Auch die Verfassungsbestimmung von Art. 120 Abs. 2 wird so ausgelegt[40]. Dieses Gebot der Interessen- und Güterabwägung unterscheidet sich vom Inhalt der Würdegarantie in Bezug auf den Menschen – werden dort solche Abwägungen doch gemeinhin ausgeschlossen[41]. Eine besondere Problematik besteht darin, dass beliebige Interessen in der Güterabwägung berücksichtigt werden können, namentlich auch ökonomische. Dadurch können die moralisch relevanten Interessen von Tieren vergleichsweise leicht überspielt werden. Sinnvoll wäre es, in der Güterabwägung nur moralisch relevante Interessen zu berücksichtigen.

In der konkreten Umsetzung bestehen demnach Defizite. Das Tierschutzrecht befindet sich in einer unklaren Mittellage zwischen dem Leitbild des »Nutztiers« (und den damit verbundenen Interessen) und der moralischen Achtung von Tieren um ihrer selbst willen. Von einer konsequenten rechtlichen Realisation der Unverfügbarkeit von Tieren kann daher noch nicht gesprochen werden. In Ansätzen ist jedoch eine solche erkennbar, insbesondere im Erfordernis, dass Tieren nicht ohne vernünftigen Grund Leiden zugefügt werden dürfen.

---

39 Bezug auf die Würde auch in Art. 4 Abs. 2, 3; Art. 10 Abs. 2; Art. 11 Abs. 4; Art. 12 Abs. 1; Art. 17 TSchG. Bestimmungen zur Würde der Kreatur enthält ferner das Schweizer Gentechnikgesetz (SR 814.91), dort Art. 8. Vgl. ferner Art. 2 Abs. 1 des Patentgesetzes (SR 232.14).

40 Vgl. Schweizer/Errass 2014, Rz. 18; bezüglich der Gentechnologie im Außerhumanbereich Schott 2004, 454 f.; Errass 2006, 150–153.

41 Vgl. Mastronardi 2014, Rz. 56; in Deutschland in Bezug auf das Grundgesetz z. B. H. Dreier 2013a, Rz. 46, 130; Herdegen 2009, Rz. 73. Freilich gibt es zur Abwägbarkeit der Menschenwürde eine Diskussion: dazu Baldus 2011 sowie hinten Kap. 21.5.

12. Pflicht der Verrechtlichung

12.1 Zwei normative Ordnungen

Die Unverfügbarkeit des Individuums übersetzt sich in einen Katalog von moralischen Rechten. Mit diesen Rechten sind Handlungen untersagt, die generell nicht angemessen gerechtfertigt werden können, die nicht gut zu begründen sind. Diese normativen Forderungen bewegen sich in einem moralischen Bereich. Die Menschenrechtsforderung weist jedoch darüber hinaus, faktisch ebenso wie normativ. Wenn wir an Menschenrechte – innerstaatlich spricht man in der Regel von Grundrechten – denken, so denken wir (auch) an juridische Normen. Wie in diesem Kapitel aufgezeigt werden soll, verlangt der moralische Impuls aus Menschenwürde und Menschenrechten selbst nach einer solchen Umsetzung[1].

Um das genauer untersuchen zu können, bedarf es zunächst einer Verständigung über die Kategorien von Recht und Moral und die Unterschiede zwischen ihnen. Diese begriffliche Differenzierung kann an dieser Stelle nicht in ihrer ganzen Tiefe vorgenommen werden[2]. Eine knappe Verständigung über die Begriffe von Recht und Moral ist aber unabdingbar, um die aufgeworfenen Fragen klären zu können.

Nach der bekannten Begriffsbestimmung von Kant unterscheiden sich Recht und Moral entlang der Differenz von äußerlich erkennbarem Verhalten und innerer Motivation. Die Rechtslehre ist nach Kant der Inbegriff der Gesetze, für die eine äußere Gesetzgebung möglich ist[3]. »Die Pflichten nach der rechtlichen Gesetzgebung können nur äußere Pflichten sein.«[4] Alles Recht fußt auf der Möglichkeit, mit den Mitteln des äußeren Zwanges durchgesetzt werden zu können[5]. Dagegen ist die ethische Gesetzgebung nach Kant jene, die nicht äußerlich sein kann[6]. Die Ethik befasst sich mit den inneren Beweggründen des Handelns und damit mit dem Bereich, in dem physischer Zwang erfolglos bleibt[7]. Mora-

---

1   Ich stütze mich in diesem Kapitel teilweise auf Engi 2012b.
2   Vgl. für eingehende neuere Diskussionen z.B. Mahlmann 2008, 27–72; Vöneky 2010, 24–129; von der Pfordten 2011, 63–105.
3   Kant, MdS, 336.
4   Kant, MdS, 324.
5   Vgl. Kant, MdS, 339.
6   Kant, MdS, 326.
7   Vgl. schon Spinoza 1994, 41, 43: »Daraus folgt, dass all die Handlungen, zu denen niemand durch Belohnungen oder Drohungen gebracht werden kann, nicht Gegenstand der Rechtsgesetze eines Gemeinwesens sind. Beispielsweise kann niemand seine Urteilsfähigkeit aufgeben; denn welche Belohnungen

lität kann nur auf freiem Selbstzwang beruhen[8]. Die Ethik legt ihr Augenmerk daher auf die Motivation, auf die »Triebfeder« des Handelns, für die sich das Recht nicht interessiert: »Diejenige [Gesetzgebung], welche eine Handlung zur Pflicht, und diese Pflicht zugleich zur Triebfeder macht, ist *ethisch*. Diejenige aber, welche das letztere nicht im Gesetze mit einschließt, mithin auch eine andere Triebfeder, als die Idee der Pflicht selbst, zulässt, ist *juridisch*.«[9]

Die kantische Begriffsbestimmung ist in der rechtsphilosophischen Diskussion in vielfacher Hinsicht in Frage gestellt worden. Ein Problem dieses Rechtsverständnisses wird etwa darin gesehen, dass es sich allein an formelle Gesichtspunkte hält und inhaltliche Momente außer Acht lässt. Inhaltlich kann unter diesen Voraussetzungen eigentlich alles Recht sein, solange es sich nur auf äußerliches Handeln bezieht und mit hoheitlichem Zwang durchsetzbar ist[10]. Dagegen wenden sich Interpretationen, die dem Recht auch begrifflich einen minimalen materialen Gehalt zuschreiben. So argumentiert Robert Alexy, dass ein Anspruch auf Richtigkeit notwendiges Element des Begriffs des Rechts sei. Ein Verfassungsgeber etwa, der den Satz aufstellte »X ist eine souveräne, föderale und ungerechte Republik«, beginge seiner Ansicht nach einen performativen Widerspruch. Analog verhielte es sich bei einem Richter, der äußerte: »Der Angeklagte wird, was eine falsche Interpretation des geltenden Rechts ist, zu lebenslanger Freiheitsstrafe verurteilt.«[11] Es gibt nach Alexy daher begrifflich notwendige Zusammenhänge zwischen Recht und Moral[12].

Neben einer elementaren inhaltlichen Richtigkeit sind nach Alexy zwei weitere Elemente wesentlich für Begriff und Geltung des Rechts: eine minimale soziale Wirksamkeit und eine ordnungsgemäße Gesetztheit der Normen[13]. Vor allem in der Art der Setzung unterscheiden sich Recht und Moral: Moral wird nur informell gesetzt, Recht dagegen wird in der Regel in formellen Verfahren erlassen und in Kraft gesetzt.

> oder Drohungen können einen Menschen zu dem Glauben bringen, dass das Ganze nicht größer sei als einer seiner Teile, oder dass Gott nicht existierte oder dass ein Körper, dessen Begrenztheit sichtbar ist, ein unbegrenztes Seiendes sei, allgemein gesprochen, dazu bringen, dass er das Gegenteil von dem, was er fühlt und denkt, glaubte?«.

8 Vgl. Kant, MdS, 508 ff.

9 Kant, MdS, 324.

10 Kants Deutung lässt damit die Möglichkeit eines »positivistischen« Rechtsverständnisses offen, das aber nicht dasjenige von Kant war; zur *inhaltlichen* Verbundenheit von Rechts- und Moralphilosophie bei Kant zum Beispiel R. Dreier 1981.

11 Alexy 1992, 62, 64–70.

12 Kritische Diskussion dieser Position bei von der Pfordten 2011, 189–191, 206–210.

13 Alexy 1992, insb. 139, 201.

Ein weiterer Diskussionspunkt bezüglich des kantischen Rechtsbegriffs ist das Zwangsmoment, das nach Kant dem Recht eigen ist. Insbesondere die Rechtstheorie H. L. A. Harts stellt den Zwang als begrifflich notwendiges Element des Rechts in Frage. Hart legt in der Auseinandersetzung mit Theorien, die dem Recht den Charakter eines Befehls zuschreiben (Imperativtheorien), dar, dass gewisse rechtliche Normen diesen Anforderungen nicht entsprechen. Das gilt insbesondere für Regeln, die Befugnisse zusprechen, oder für Regeln, die für jene gelten, die Recht erlassen[14]. Um dem gerecht zu werden, führt Hart die Unterscheidung von primären und sekundären Regeln ein: Während die primären Regeln zu einem Verhalten verpflichten, sind die sekundären Regeln »Regeln über Regeln«[15]. Sie legen insbesondere fest, was als primäre Regel gilt, wer über die primären Regeln entscheidet, wie sie geändert werden etc.[16]

Eine weitere Frage an Kants Begriffsbestimmung lautet, ob die Moral wirklich in der Weise innerlich und von äußerlicher Sanktionierung unterschieden ist, wie das diese Theorie nahelegt. Sozialempirisch betrachtet, bezieht sich Moral nicht nur auf mentale Prozesse, sondern durchaus auf das äußerlich erkennbare Verhalten selbst. Wenn von jemandem gesagt wird, er habe sich unmoralisch verhalten, weil er zum Beispiel gelogen oder ein Versprechen nicht gehalten hat, bezieht sich diese Aussage in erster Linie auf äußerliche Manifestationen[17]. Auch hat die Moral durchaus eine gewisse Durchsetzungsmacht hinter sich: Es gibt einen – mehr oder weniger starken – sozialen Druck, die moralischen Normen zu befolgen. Auch die Moral bildet ein Sanktionssystem[18]. Allerdings sind dennoch Unterschiede zwischen rechtlicher und moralischer Durchsetzung zu erkennen. Die jeweilige Normdurchsetzung ist anders organisiert. Im Fall des Rechts erfolgt sie durch ein institutionelles System, im Fall der Moral nur informell. Die institutionalisierte Durchsetzung des Rechts impliziert dabei eine erhöhte Verbindlichkeit. Rechtliche Normen werden mit anderer Zuverlässigkeit und Intensität vollstreckt als moralische Normen. Ein Abgrenzungsmerkmal im Verhältnis zwischen Recht und Moral besteht somit darin, dass im Fall des Rechts ein institutionelles System bereitsteht, an das die betroffene Person (die in

14 Vgl. Hart 1973, 45–54.
15 Hart 1973, 135.
16 Vgl. Hart 1973, 115–141.
17 Klaus F. Röhl und Hans Christian Röhl unterscheiden Sozialmoral (Sitte) und Moral im engeren Sinne (Sittlichkeit). Erstere ist erzwingbar und bezieht sich auf äußeres Verhalten; die zweite ist nicht erzwingbar und betrifft Verstöße gegen Glauben, Gesinnung oder guten Willen (Röhl/Röhl 2008, 303 f.). Vgl. auch die Diskussion der verschiedenen Verständnisse von Moral bei Ellscheid 2011, 216–221.
18 Stemmer 2000.

ihrem Recht Verletzte) sich wenden kann und das ihr eine gewisse Wahrscheinlichkeit erfolgreicher Rechtsrealisation vermittelt. Im Fall des moralisch Verletzten bleibt nur der Appell an die Mitbürger und allenfalls öffentlich aufgebauter Druck; es stehen aber keine formellen Verfahren der Durchsetzung zur Verfügung. Moralische Ansprüche, beispielsweise aus einem Versprechen, können eingefordert, aber nicht – wie die juridischen – eingeklagt werden[19].

Es schälen sich demnach vor allem zwei Kriterien heraus, die hinsichtlich der Unterscheidung von Recht und Moral wichtig sind:

– Das Recht ist in formalisierter Weise erlassen und gesetzt. Es wird in der Regel durch offizielle Organe in formellen Verfahren erlassen[20]. Es ist in Rechtssammlungen vorzufinden. Dagegen ist die Moral nirgends kodifiziert, sie wirkt informell.
– Das Recht kennt eine besondere Form der Durchsetzung. Es ist durch ein institutionelles System gedeckt, das regelmäßig die Möglichkeit legitimer physischer Gewaltanwendung erfolgreich für sich beansprucht und so eine hinreichende Verlässlichkeit der Rechtsdurchsetzung sicherstellt. Die Moral ist durch keinen solchen Apparat gedeckt und wird durch spontane soziale Prozesse wirksam.

12.2 Würde als Verbindungsglied zwischen Recht und Moral

Auf der Grundlage der vorangegangenen kurzen Begriffsbestimmung soll nun die Menschenwürde und deren Schutz zwischen Recht und Moral eingeordnet werden. Anschließend sind die Menschenrechte unter diesem Aspekt zu betrachten.

Die Achtung der menschlichen Würde ist zunächst ein Thema der Moral. Die Postulate, die in den bisherigen Teilen dieser Arbeit aufgrund der Interpretation des Würde-Begriffs entwickelt wurden, sind zunächst moralische Postulate. Sie haben nicht direkt einen juristischen Sinn. Die besondere Leistung einer Würdegarantie – die sich im positiven Recht verankern lässt – liegt nun aber darin, dass sie die außerrechtliche Normativität mit dem Recht verkoppelt. Die Würde ist ein Scharnierbegriff

19 Vgl. auch Schaber 2012b, 123: »Unter ›moralischen Rechten‹ werden Forderungen verstanden, die Menschen geltend machen können, die aber – anders als juridische Rechte – nicht durch staatliche Gewalt erzwungen werden können.«

20 Dazu ist ein Vorbehalt hinsichtlich des Gewohnheitsrechts zu machen. Es spielt insb. im völkerrechtlichen Bereich eine große Rolle und ist als Völkerrechtsquelle anerkannt (vgl. insb. Art. 38 Abs. 1 lit. b IGH-Statut).

zwischen Recht und Moral. Sie bildet gleichsam das Portal, durch das moralische Forderungen in einen juristischen Modus transformiert werden[21].

Die Würde kann als solche verrechtlicht werden. Die meisten Verfassungen der Gegenwart kennen eine Garantie der Menschenwürde. Indes hat die Würde als Norm, die direkt rechtliche Ansprüche begründet, eine nur geringe Bedeutung. Bis heute ist in der deutschen Rechtswissenschaft strittig, ob die Menschenwürde von Art. 1 Abs. 1 GG ein direkt anspruchsbegründendes Grundrecht oder lediglich ein Verfassungsprinzip darstellt[22]. Der konkrete Rechtsschutz des Individuums bedarf der Würde in aller Regel nicht; es genügen die Grundrechte, um Rechtsverletzungen juristisch zu ahnden. Es sind kaum Konstellationen denkbar, in denen kein Grundrecht zur Verfügung stünde, um einer Verletzung gerecht zu werden, und allein auf die Menschenwürde zurückgegriffen werden müsste.

Dennoch hat die Würde einen eminenten auch juristischen Sinn und eine zentrale Funktion in rechtlicher Hinsicht: Sie stellt die Verbindung von moralischen Forderungen und rechtlichen Normen her. Durch die juristische Verankerung der Würde wird eine moralische Grundmaxime in den Bereich des verbindlichen Rechts integriert und in den juristischen Geltungsmodus überführt. Im Recht spielt diese Norm eine fundierende Rolle. Sie bildet eine normative Grundlage der gesamten Rechtsordnung.

Die Menschenwürde kann somit nicht der Moral oder dem Recht exklusiv zugeordnet werden. Sie gilt moralisch wie auch rechtlich. Sie ist ein moralischer Grundsatz, der ins Recht integriert wird. Inhaltlich ist die Würde dabei dieselbe. Die juristische Menschenwürdegarantie unterliegt zwar einer spezifisch juristischen Auslegung und Anwendung, aber im Kern ist das gleiche gemeint wie im Bereich der Moral. Es gibt auf der Ebene der Menschenwürde keinen unterscheidbaren moralischen und politischen Konstruktivismus.

12.3 Verrechtlichung der Menschenrechte

Die Menschenwürde impliziert, wie gesehen wurde, einen Schutz von Menschenrechten[23]. Aus der Würde ergibt sich ein Set an Rechten, welches das generelle Postulat der Unverfügbarkeit in Bezug auf bestimmte Handlungen konkretisiert und Handlungsweisen verbietet, die in der Regel nicht gut begründet werden können. Die Menschenrechte können

21 Habermas 2011, 21.
22 Nachweise bei Engi 2006, 920; Teifke 2011, 68–73.
23 Vgl. vorn Kap. 10.

voll verrechtlicht werden. Sie sind der Teil der Moral, der in das Medium des zwingenden Rechts übersetzt werden kann[24].

Die Menschenrechte bleiben, auch wo sie verrechtlicht werden, moralische Normen. Gleichzeitig werden sie in diesem Fall aber zu juridischen Ansprüchen. Sie tragen, wie Habermas formuliert, »ein Janusgesicht, das gleichzeitig der Moral und dem Recht zugewandt ist. Ungeachtet ihres moralischen Inhalts haben sie die Form juristischer Rechte. Sie beziehen sich *wie* moralische Normen auf alles, ›was Menschenantlitz trägt‹, aber *als* juristische Normen schützen sie einzelne Personen nur insoweit, wie sie einer bestimmten Rechtsgemeinschaft angehören – in der Regel die Bürger eines Nationalstaates.«[25] Rainer Forst bezeichnet die Menschenrechte als »*zugleich* moralische und juridische Rechte«[26].

Die Verrechtlichung der Menschenrechte, auch auf internationaler Ebene, ist selbst ein Postulat[27]. Die *juristische* Transformation der Menschenrechte ist *moralisches* Gebot. Ernst Tugendhat sieht darin – in Bezug auf einen innerstaatlichen Geltungsbereich – die starke Seite der moralischen Grundrechtsforderung: »Man kann nun sagen: aus meinem Recht, z. B. auf körperliche Unversehrtheit, ergibt sich außer der Forderung, die ich gegenüber *allen einzelnen* habe (sich zu enthalten), eine Forderung an *alle gemeinsam*, nämlich mich zu schützen und zusammen eine Instanz zu bilden, bei der ich mein Recht einklagen kann und das ihm Nachdruck verleiht. Es bestünde also eine *moralische* Verpflichtung zur Schaffung einer *legalen* Instanz, als einheitliche Vertretung aller, und das heißt, es ergäbe sich eine moralische Forderung zur Schaffung eines (in seinen Aufgaben von daher zu definierenden) Staates. Das moralische Recht lässt sich also durchaus im starken Sinn verstehen, aber nur so, dass sich daraus eine kollektive moralische Pflicht ergibt, eine entsprechende legale Rechtsinstanz zu institutionalisieren.«[28]

Inhaltlich sind die Menschenrechte im moralischen und im juridischen Sinn im Kern gleich, aber nicht unbedingt in der konkreten Ausdeutung. Im moralischen Universum muss das Handeln gegenüber allen Menschen gut begründbar sein, und die entsprechenden Begründungsdiskurse sind

24 Habermas 2011, 22.
25 Habermas 1998, 177.
26 Forst 1999, 94.
27 Vgl. Alexy 1998, 254–258; ders. 1995, 144 f.; Gosepath 1998, 152 f.; Lohmann 1998, 89–92; Wellmer 1998, 282; Wildt 1998, 133.
28 Tugendhat 1993, 349 f. Anzumerken ist, dass die Durchsetzungsinstanz auf globaler Ebene kaum die Form eines Staates haben kann. Vgl. zur Pflicht, effektive Institutionen der Menschenrechtsverwirklichung zu schaffen, auch Pogges Plädoyer für ein institutionelles Menschenrechtsverständnis: Pogge 2002.

auch zeitlich nicht limitiert[29]. Diese Voraussetzungen bedeuten eine gewisse Idealität moralischer Normfindung. Die juristische Normsetzung erfolgt dagegen in einer bestimmten politischen Gemeinschaft und unter dem Druck, innert einer bestimmten Frist abgeschlossen zu sein[30]. Wenngleich der moralische Impuls bei den Menschenrechten daher im Bereich des Rechts im Grunde gleich wirkt wie im Bereich der Moral, kann aufgrund der unterschiedlichen Bedingungen der Normfindung *im Einzelnen* eine etwas abweichende Ausgestaltung dieser Rechte resultieren. Diese Unterschiedlichkeit im Einzelnen ergibt sich namentlich unter den Nationen beziehungsweise Kulturen, die aufgrund des jeweiligen Hintergrundes die Menschenrechte je etwas anders fassen.

Wir werden später (im dritten Teil dieser Arbeit) noch näher auf den politischen Konstruktivismus und die juristische Implementation der Menschenrechte zu sprechen kommen. Bereits hier ist jedoch festzuhalten, dass der moralische Universalismus der Menschenrechte mit einem konkret-politischen Partikularismus einhergeht. Die Menschenrechte werden nicht welteinheitlich durchgesetzt, sondern in den Staaten – die den Hauptort des Menschen- bzw. Grundrechtsschutzes bilden – im Einzelnen unterschiedlich realisiert. Praktisch vollzieht sich das in einem System mehrerer Stufen, das im Folgenden etwas näher zu betrachten ist: Es gibt Normen und Institutionen des Menschenrechtsschutzes auf globaler, regionaler und nationaler Ebene; alle diese Institutionen nehmen eine etwas andere Aufgabe wahr.

12.4 Stufen des Menschenrechtsschutzes

Es empfiehlt sich, im Hinblick auf die verschiedenen Stufen des Menschenrechtsschutzes eine (gut etablierte) begriffliche Unterscheidung vorzunehmen: Die Menschenrechte in ihrer verfassungsstaatlich garantierten Form sind als *Grundrechte* zu bezeichnen[31]. Sie sind die elementaren Rechte der Bürgerinnen und Bürger eines Staates, die diese mittels der Gerichtsinstanzen durchsetzen können[32]. Dagegen sind *Menschenrechte* auch international gültig. Das Grundgesetz der Bundesrepublik Deutschland nimmt diese Unterscheidung in Art. 1 relativ deutlich vor, wenn es bezüglich der Menschenrechte im zweiten Absatz

---

29 Vorn Kap. 4.4.

30 Zum moralischen und politischen Konstruktivismus bei den Menschenrechten vgl. Forst 2011, 84–87, 126.

31 H. Dreier 2013b, 333; Fritzsche 2016, 28.

32 Von den Grundrechten können wiederum die Bürgerrechte unterschieden werden, die nur den Angehörigen des betreffenden Staates, und nicht allen Einwohnerinnen und Einwohnern des jeweiligen Territoriums, zustehen.

sagt: »Das Deutsche Volk bekennt sich darum zu unverletzlichen und unveräußerlichen Menschenrechten als Grundlage jeder menschlichen Gemeinschaft, des Friedens und der Gerechtigkeit in der Welt.«, und davon in Abs. 3 die Grundrechte absetzt, die durch das Grundgesetz selbst garantiert werden (»Die nachfolgenden Grundrechte binden Gesetzgebung, vollziehende Gewalt und Rechtsprechung als unmittelbar geltendes Recht.«).

Auf globaler Ebene sind Menschenrechte verankert, jedoch ist der Menschenrechtsschutz auf dieser Stufe erheblich schwächer als auf der nationalen. Normative Grundlagen bilden die Menschenrechtserklärung der Vereinten Nationen von 1948 und die beiden UN-Menschenrechtspakte von 1966. Diese Deklarationen sind nur teilweise verbindlich. Die Allgemeine Menschenrechtserklärung ist in Form einer Resolution der UN-Generalversammlung erlassen worden und hat daher keine strenge Verbindlichkeit. Nach allgemeiner Auffassung haben zumindest einige ihrer Bestimmungen jedoch gewohnheitsrechtliche Geltung erlangt[33]. Die beiden Menschenrechtspakte von 1966[34] sind von etwa zwei Dritteln der Staaten ratifiziert worden[35]. Besonders die Bestimmungen des Paktes über wirtschaftliche, soziale und kulturelle Rechte haben jedoch teilweise den Charakter politischer Programmsätze und weniger den von konkreten Individualrechten[36]. Hinzu kommt, dass die Normen der Pakte nicht in juristisch verbindlicher Weise durchsetzbar sind. Beide UN-Pakte sehen ein Berichtssystem vor, bei dem Staaten über die Umsetzung berichten[37]. Die Berichte werden bezüglich des Paktes über bürgerliche und politische Rechte vom UN-Menschenrechtsausschuss geprüft. Dieser gibt nach der Prüfung *General Comments* zu den einzelnen Bestimmungen ab[38]. Es findet dabei aber keine justizielle Streiterledigung statt, und es ergehen keine verbindlichen Entscheidungen[39].

Auch auf weltregionaler Ebene sind Menschenrechtsinstitutionen etabliert. Ein weit entwickeltes System gibt es in Europa auf der Grundlage der Europäischen Menschenrechtskonvention (EMRK) von 1950. Die EMRK eröffnet, gemäß den Regeln des Elften Zusatzprotokolls von 1994, nach Ausschöpfung der nationalen Rechtsmittel die Möglichkeit der Individualbeschwerde vor dem Europäischen Gerichtshof für Menschenrechte (EGMR). Dessen Urteile sind nach Art. 46 Abs. 1 EMRK

33 Herdegen 2021, 403; Stein/von Buttlar/Kotzur 2017, 379.
34 Pakt über wirtschaftliche, soziale und kulturelle Rechte (IPWSKR) sowie Pakt über bürgerliche und politische Rechte (IPBPR).
35 Herdegen 2021, 409.
36 Stein/von Buttlar/Kotzur 2017, 381.
37 Art. 40 Abs. 1 IPBPR, Art. 16 Abs. 1 IPWSKR.
38 Art. 40 Abs. 4 IPBPR.
39 Doehring 2003, 438; Tomuschat 2003, 95.

für die Vertragsparteien verbindlich. Sie haben jedoch keine unmittelbar rechtsgestaltende Wirkung, sondern bedürfen der innerstaatlichen Umsetzung[40]. Bezüglich einer allfälligen Konventionsverletzung haben sie feststellenden Charakter[41]. Regelmäßig werden die Urteile des Europäischen Gerichtshofs für Menschenrechte von den Staaten befolgt[42]. Nach dem Vorbild des EMRK-Systems wurden auch in Amerika und Afrika Menschenrechtskonventionen mit zugehörigen Kommissionen und Gerichten etabliert. Diese Systeme bleiben allerdings in vieler Hinsicht hinter dem europäischen Standard zurück, insbesondere aufgrund des Fehlens einer Individualbeschwerdemöglichkeit vor dem jeweiligen Gerichtshof. Ein wirklich effizientes Sicherungssystem ist bislang nur im Rahmen der EMRK entwickelt worden[43].

Der Schwerpunkt des Menschen- beziehungsweise Grundrechtsschutzes liegt in den einzelnen Staaten. Hier sind die Grundrechte in die Verfassungen inkorporiert, und ihre Verletzung wird durch nationale Gerichte in verbindlicher Weise sanktioniert. Bei der innerstaatlichen Verankerung spielen die jeweiligen sozialen, kulturellen und geschichtlichen Umstände eine erhebliche Rolle. Zwar orientiert sich der Grundrechtsschutz auch in diesem Kontext an der allgemeinen Idee der Rechte, die allen Menschen qua ihres Menschseins zukommen, also universal gültig sind. Doch können sich bei der Anwendung im Einzelnen je nach den vorliegenden Gegebenheiten Unterschiede ergeben. Diese Unterschiede zeigen sich besonders daran, welche Einschränkungen von Grundrechten als zulässig erachtet werden. So wird etwa die Meinungsfreiheit in Deutschland und den USA, unter anderem aus historischen Gründen, unterschiedlich gehandhabt. Die USA kennt eine Tradition der *free speech*, die Meinungsäußerungen sehr weitgehend zulässt, wogegen es in Deutschland stärkere Einschränkungen namentlich bezüglich politisch extremistischer Äußerungen gibt.

Auch wenn die Universalität der Menschenrechte eine welteinheitliche Durchsetzung (etwa durch einen globalen Menschenrechtsgerichtshof) zu implizieren scheint, findet eine solche real nicht statt, sondern der Menschenrechtsschutz hat in allen Staaten eine etwas andere Form. Diese Verhältnisse sind begründet, denn nur die nationalen Kontexte sind kulturell und ethisch gesättigt genug, um die moralischen Menschenrechte in juristisch verbindliche Grundrechte umzusetzen und ihnen eine unbedingte Geltung zu verschaffen. Das abstrakte moralische Recht muss in einen konkreten rechtlichen Anspruch transformiert werden,

---

40 Doehring 2003, 440; Polakiewicz 1993, insb. 22.
41 Okresek 2003, 169. Über die Feststellung der Konventionswidrigkeit hinaus kann der EGMR nach Art. 50 EMRK Entschädigungen zusprechen.
42 Vgl. Kokott/Doehring/Buergenthal 2003, 124; Ress 1996, 353.
43 Herdegen 2021, 405; Stein/von Buttlar/Kotzur 2017, 396.

der vielfältige Details der jeweiligen Lebensordnung einbezieht. Die Partikularität bildet bei den Menschenrechten somit keinen Widerspruch zur Universalität. Die universal gültigen (moralischen) Menschenrechte werden in Form von partikularen (juridischen) Grundrechten verbindlich durchgesetzt.

13. Vergleich: Begründung in Interessen

13.1 Vorbemerkungen

Nach hier vertretener Auffassung haben die Menschenrechte ihre Grundlage in der Menschenwürde. In Form der Menschenrechte wird ein grundlegender Anspruch jedes Menschen ausgedeutet, unverfügbar zu sein. Dieser Anspruch hängt mit dem Umstand zusammen, dass jeder Mensch als eigenständige, nicht von anderen produzierte Existenz lebt. Dieser Ansatz ist selbstverständlich nicht der einzige, um Menschenrechte zu begründen. Eine andere Position geht davon aus, dass die Menschenrechte in Interessen fundiert sind.

Jeder Mensch hat basale Interessen – zum Beispiel ein Interesse daran, seinen religiösen (Nicht-)Glauben frei wählen oder seine Meinungen frei äußern zu können. Von diesen Interessen führt, so kann argumentiert werden, ein Weg zum Schutz der Interessen durch ein Menschenrechtssystem. Dieser Begründungsansatz ist aussichtsreich und soll deshalb im Folgenden vergleichend betrachtet werden. Ein besonderer Vorzug der Begründung in Interessen liegt darin, dass sie an ihrem Ausgangspunkt keiner (starken) moralischen Annahmen bedarf. Die Interessen können als egoistisch und moralfrei dargestellt werden. Aus dem eigenen Interesse, nicht aus der Rücksichtnahme auf andere und altruistische Motivationen, folgt – wenn die entsprechende Begründung gelingt – ein System gegenseitiger Verpflichtungen.

Ich möchte diese Begründungsstrategie in diesem Kapitel daher näher prüfen und insbesondere untersuchen, inwiefern eine Begründung in Interessen der vorgeschlagenen Begründung in der menschlichen Würde überlegen sein könnte. Gleichzeitig soll der Vergleich dazu dienen, einige Charakteristiken des hier vertretenen Ansatzes genauer darzustellen. Dabei beschränkt sich die folgende Diskussion auf menschliche Interessen. Es wäre denkbar, Schutzansprüche anderer Lebewesen – insbesondere solche von Tieren – in deren Interessen zu fundieren[1]. Dies wirft aber wieder besondere Fragen und Probleme auf – insbesondere, inwiefern Tieren in sinnvoller Weise solche Interessen zugeschrieben werden können. Menschen können ihre Interessen in der Regel artikulieren und reflektieren, weshalb diese Probleme sich bei ihnen gewöhnlich nicht stellen.

Bevor ich näher auf Interessen eingehe, möchte ich den damit eng verwandten Ansatz betrachten, Menschenrechte in menschlichen Bedürfnissen zu verankern.

---

1   Vgl. Ladwig 2020, insb. 165–177; Singer 2013, 98–107; von der Pfordten 1996, 203–255. Kritik an der Auffassung, dass Tiere Interessen hätten, resümiert Cochrane 2012, 33–36.

13.2 Bedürfnisansatz

Der Begriff der Bedürfnisse ist dem der Interessen sehr nahe. Oft wird er etwas enger gefasst und auf das bezogen, was der Mensch aufgrund einer Notwendigkeit, insbesondere derjenigen der Selbsterhaltung und Selbstentfaltung, erstrebt. Das sind in erster Linie, aber nicht nur, physiologische Bedürfnisse[2]. Sie bilden nach Ansicht mancher den Grund der Menschenrechte, die deshalb als plausibel und gerechtfertigt zu gelten haben, weil es Grundbedürfnisse gibt, deren Erfüllung zu garantieren ist[3].

Ein Theoretiker, der so argumentiert, ist beispielsweise David Miller[4]. Er vertritt die Auffassung, dass Menschenrechte dazu dienen, die Befriedigung sogenannt intrinsischer Bedürfnisse – die er instrumentellen Bedürfnissen gegenüberstellt – zu sichern[5]. Der Begriff des Bedürfnisses bezieht sich hierbei auf Bedingungen, deren Erfüllung notwendig ist, damit Personen nicht geschädigt werden[6]. Hat eine Person beispielsweise nicht genügend Nahrung, erleidet sie eine schwere Schädigung. Die Menschenrechte sind nach Miller dazu da, solche Schäden abzuwenden. Sie dienen dazu, ein minimal gutes Leben (a minimal decent life) zu sichern[7].

Miller unterscheidet zwischen Grundbedürfnissen (basic needs) und sozial bedingten Bedürfnissen (societal needs). Die Erfüllung der ersten ist in allen Gesellschaften notwendig für das Führen eines minimal guten Lebens, die Erfüllung der zweiten nur in bestimmten Gesellschaften. Grundlage von Menschenrechten können nur die basic needs bilden; societal needs können nach Miller Bürgerrechte, das heisst Rechte innerhalb eines Staates, fundieren[8]. Um die zu berücksichtigenden Bedürfnisse zu bestimmen, zieht Miller sogenannte core activities heran. Er identifiziert einige Aktivitäten, die in allen Gesellschaften nötig sind, um ein minimal gutes Leben zu führen – zum Beispiel Arbeiten, Spielen, Lernen oder eine Familie aufziehen[9]. Die Grundbedürfnisse sind jene, die erfüllt sein müssen, damit diese Kernaktivitäten ausgeübt werden können und damit ein minimal gutes Leben gelebt werden kann. Zu diesen Grundbedürfnissen zählen Miller zufolge etwa die Bedürfnisse nach Nahrung, Kleidung, Unterkunft, körperlicher Sicherheit, medizinischer Versorgung, Bildung, Arbeit, Bewegungsfreiheit und Meinungsfreiheit.

---

2   Vgl. Schmücker 2002.

3   Einen Überblick zum Bedürfnisansatz hinsichtlich der Menschenrechte geben Brugger 1995, 124 f.; Donnelly 2014, 13 f.; ders. 1985, 27–30.

4   Vgl. ferner Bay 1982, 67; Brock 2005, 51–72; Green 1981, insb. 55 f.; Barua 1994, insb. 26.

5   Miller 2007, 179.

6   Miller 2007, 180.

7   Miller 2007, 181.

8   Miller 2007, 182 f.

9   Miller 2007, 184.

Es gibt eine ganze Reihe von Problemen, wenn versucht wird, von Grundbedürfnissen auf Menschenrechte zu schließen. Eine erste (möglicherweise lösbare) Schwierigkeit besteht in der Bestimmung der relevanten Bedürfnisse. Die Bedürfnisse des Menschen sind im permanenten Wandel begriffen, unterscheiden sich nach Lebenssituation, Umweltbedingungen, kultureller Prägung, Alter oder Geschlecht, und sind überdies prinzipiell endlos. Es entstehen immer wieder neue Bedürfnisse, und sie können auch bewusst – mittels Werbung – generiert werden. Es ist daher sehr schwierig, Bedürfnisse in allgemeiner Weise zu bestimmen[10]. Normative Entscheidungen sind im Hinblick auf die zählenden Bedürfnisse unumgänglich[11].

Es ist denkbar, dass eine Liste stabiler, universal vorfindlicher Grundbedürfnisse erstellt werden kann. Bekannt sind etwa die entsprechenden Theorien von Maslow[12], ähnliche Überlegungen finden sich bei Hondrich[13] oder Etzioni[14]. Speziell im Kontext der Menschenrechtsbegründung führt Galtung eine Liste von Grundbedürfnissen an[15]. Ebenfalls rechtstheoretisch motiviert ist die Aufzählung von 17 Grundbedürfnissen bei Lampe[16]. Große theoretische Schwierigkeiten treten aber auf, wenn von diesen Bedürfnissen der Bogen zu Menschenrechten geschlagen werden soll. Die Probleme sind zweifacher Art: Zum einen gehen die Bedürfnisse zu weit, zum anderen decken sie aber auch nicht alle Grund- bzw. Menschenrechte ab.

Menschliche Bedürfnisse sind sehr weitreichend. In der Liste von Galtung finden sich beispielsweise Bedürfnisse wie diejenigen nach Ausscheidung, Schlaf und Sexualität, nach Selbstausdruck, Selbstverwirklichung, Glück und Freude, nach Liebe, Zuneigung und Freundschaft, nach Herausforderungen, neuen Erfahrungen oder auch nach Lebenssinn. Viele dieser Bedürfnisse lassen sich nicht in sinnvoller Weise als korrespondierende Rechtsansprüche ausgestalten[17]. Daher erkennt beispielsweise Galtung, dass es menschliche Bedürfnisse ohne entsprechende Rechte gibt[18]. Auch Miller räumt ein, dass zum Beispiel die Bedürfnisse nach Liebe oder Respekt nicht in Rechtsansprüche transformiert

10 Vgl. Gosepath 1998, 168.
11 Riedel 1986, 203.
12 Maslow 1970, 35–58.
13 Hondrich 1975, 29 (»Bedürfnisklumpen«).
14 Etzioni 1968.
15 Galtung 1994, 114.
16 Lampe 1988, 25 f.
17 Vgl. Griffin 2008, 89. Entsprechend selbst Lampe 1988, 28 (in Anm. 41) in Bezug auf Maslow: »Von den Bedürfnissen, die *Maslow* im einzelnen aufführt [...], sind zur Ausgestaltung als Rechte allerdings nur die wenigsten geeignet.«
18 Galtung 1994, 115–129.

werden können. Er führt daher Zusatzannahmen ein, insbesondere einen sog. *Compatibility test*, der besagt, dass ein Recht zu haben nicht bedeuten darf, dass jemand anderem Verpflichtungen auferlegt werden, die dazu führen würden, dass diese Person selbst in ihren Rechten verletzt würde[19].

Bestimmte Grundrechte lassen sich des Weiteren nicht oder doch kaum auf Grundbedürfnisse zurückführen. Das ist das weitere, große Problem dieses Ansatzes. So sind etwa Verfahrensgrundrechte (Rechte auf ein faires Verfahren, ein unabhängiges Gericht usw.) kaum auf Grundbedürfnisse zurückzuführen, ebenso rechtsstaatliche Garantien wie das Rechtsgleichheitsgebot oder das Diskriminierungsverbot. Auch Miller räumt in Bezug auf solche Rechte ein, dass sie von seinem Ansatz nicht erfasst werden[20]. Brock, die einen ähnlichen Ansatz vertritt, führt (neben den Bedürfnissen) ein *commitment to equality* ein, um Rechte der genannten Art begründen zu können[21].

Im Weiteren begegnet der Bedürfnisansatz dem grundsätzlichen Problem, dass er aus faktischen Gegebenheiten normative Forderungen ableiten möchte[22]. Die Berücksichtigung der Bedürfnisse ist als Forderung selbst moralisch[23].

13.3 Begründung in Interessen

Neben den Ansätzen, die an Bedürfnisse anknüpfen, um Menschenrechte zu begründen, gibt es zahlreiche Theorien, die Interessen ins Zentrum stellen. Der Interessenbegriff ist etwas weiter als der Bedürfnisbegriff und erscheint grundsätzlich geeignet, um Rechte zu begründen. Diese haben offensichtlich mit Interessen zu tun, die sie schützen. Ich möchte im Folgenden zunächst einige Theorien resümieren, die zur Begründung von Menschenrechten auf Interessen rekurrieren[24]. In der Absicht, die Position möglichst stark zu machen, möchte ich im Anschluss daran eine Argumentation formulieren, die den Zusammenhang zwischen Interessen und Menschenrechten plausibel macht. Diese Position will ich schließlich mit meinem eigenen Vorschlag, auf die Menschenwürde zurückzugehen, vergleichen.

19 Miller 2007, 187 f.
20 Miller 2007, 194–197. Miller bezieht sich hierbei auch auf das Recht auf politische Partizipation. Es ist jedoch nicht klar, ob sich dieses Recht als Menschenrecht verstehen lässt; vgl. dazu hinten Kap. 20.
21 Brock 2005, 70 f.
22 Donnelly 1985, 28; Shestack 2000, 42.
23 Tugendhat 1998, 49.
24 Vgl. für eine Diskussion dieser Ansätze auch Forst 2011, 55; ders. 2017, 11.

Ein Theoretiker, der menschliche Interessen als Grundlage von Menschenrechten betrachtet, ist Allen Buchanan. Menschenrechte zu respektieren bedeutet für ihn, die Notwendigkeit eines robusten Schutzes von Interessen anzuerkennen[25]. Im Einzelnen begründet er den Schutz der Rechte mit einem Prinzip moralischer Fairness *(Moral Equity Principle)*. Dieses besagt, dass (1) alle Menschen in gleicher Weise berücksichtigt werden sollen. Alle gleich zu berücksichtigen bedeutet nach Buchanan (2), dass die Interessen, die für ein anständiges menschliches Leben nötig sind, angemessen zu schützen sind. Alle Interessen angemessen zu schützen heißt aus seiner Sicht sodann (3), dass alle Menschen verpflichtet sind, die Rechte zu beachten, die den Interessen entsprechen[26].

Auch Tasioulas sieht die Menschenrechte in Interessen begründet; er kombiniert diese Begründung jedoch mit einer solchen in der menschlichen Würde. Ausgangspunkt seiner Menschenrechtstheorie sind menschliche Interessen[27]. Die Interessen von Menschen sind jedoch sehr weitgehend – ein Problem, das bereits im Zusammenhang mit Bedürfnisansätzen deutlich wurde. Deshalb führt Tasioulas Bedingungen ein, die erfüllt sein müssen, damit Interessen als Grundlage von Menschenrechten zählen. Insbesondere muss es möglich sein, das entsprechende Interesse zu realisieren, und die Last, die sich aus der Realisierung für die Pflichtenträger ergibt, darf nicht zu groß sein[28]. Tasioulas kombiniert diese Begründung mit einer Bezugnahme auf die menschliche Würde. Die Idee der Würde besteht ihm zufolge in der Idee eines intrinsisch wertvollen Status, der Respekt verdient[29]. Dieser Status liegt in der Tatsache begründet, ein menschliches Wesen zu sein, das heißt einer Spezies anzugehören, die durch typische Eigenschaften charakterisiert ist, wie etwa die folgenden: eine bestimmte Körperform; eine begrenzte Lebensspanne; Fähigkeiten, zu wachsen und sich fortzupflanzen; psychologische Fähigkeiten wie Wahrnehmung, Selbstbewusstsein und Erinnerungsvermögen und die Fähigkeit, den eigenen normativen Erwägungen entsprechend handeln zu können. Diese Elemente konstituieren die menschliche Natur. Tasioulas vertritt somit die Auffassung, dass die Menschenwürde ihre Grundlage in der menschlichen Natur hat[30].

Die Rolle der Würde besteht gemäss Tasioulas im Zusammenhang mit Menschenrechten besonders darin, dass sie jedem Menschen einen eigenständigen normativen Status garantiert. Die Menschenwürde bedeutet,

---

25   Buchanan 2004, 124.
26   Buchanan 2004, 133.
27   Tasioulas 2013, 295–298.
28   Tasioulas 2013, 297; ders. 2015, 57–60.
29   Tasioulas 2013, 305.
30   Tasioulas 2013, 304; ders. 2015, 54. Dazu auch vorn Kap. 2.4.

dass Menschen als solche zählen[31]. Das heißt, dass nicht die Interessen von Personen mit den Interessen anderer im Sinne eines zu optimierenden Gesamtinteresses abgewogen werden können. Die Menschenrechte erlauben, da sie neben Interessen auch auf der Menschenwürde beruhen, mit anderen Worten keine *trade-offs*. Der intrinsische Wert, der jedem Menschen aufgrund der Menschenwürde zukommt, kann nicht durch eine positive Kosten-Nutzen-Kalkulation über die Individuen hinweg annulliert werden.

Im deutschen Sprachraum hat Otfried Höffe eine Position entwickelt, die zur Begründung von Rechten ebenfalls auf Interessen Bezug nimmt. Höffe spricht von »transzendentalen Interessen« und bezieht sich damit auf Bedingungen, die das Menschsein und damit das Verfolgen anderer Interessen überhaupt möglich machen[32]. Um von diesen Interessen zu den Rechten zu gelangen, führt Höffe die Figuren von Wechselseitigkeit[33] und Tausch[34] ein. »Gegeben ist die Situation, wo man ein unverzichtbares Interesse nur in und durch Wechselseitigkeit realisieren kann.«[35] Unter diesen Bedingungen ist es sinnvoll, dem anderen grundlegende Rechte einzuräumen – um eigene zu bekommen und damit die eigenen Interessen zu realisieren.

Ich möchte im Folgenden ein Modell skizzieren, das von menschlichen Interessen zu Menschenrechten führt. Interessen sind ein sinnvoller Ausgangspunkt, um Menschenrechte zu erklären. Jedoch sind, um eine Begründung vollbringen zu können, verschiedene, relativ weitreichende Zusatzannahmen erforderlich.

13.4 Zusatzannahme 1: Allgemeinheit

Jede Person hat Interessen, die sich mit grundlegenden Rechten inhaltlich decken. So ist jeder Mensch interessiert daran, seine Meinung frei äußern zu können, nicht diskriminiert zu werden, nicht verletzt oder gar getötet zu werden, in Konfliktfällen unparteiische Gerichtsinstanzen zur Verfügung zu haben, nicht bestohlen zu werden, seinen Glauben frei wählen und ausüben zu können und so weiter. Die Person wird aber auch darüber hinausgehende Interessen besitzen wie etwa dasjenige an einem möglichst hohen Lebensstandard, an maximaler sozialer Sicherheit, an der Realisierung eigener Ideen und Pläne oder an Freundschaften und Beziehungen. Wäre diese Person enorm mächtig und wären ihre

---

31 Tasioulas 2013, 308; ders. 2015, 55.
32 Höffe 1998, 34; ders. 1996, 77.
33 Höffe 1996, 74.
34 Höffe 1996, 73.
35 Höffe, ebd.

Mitbürgerinnen und Mitbürger machtlos, so könnte sie diese Interessen zumindest teilweise einseitig durchsetzen: Sie könnte ihre Meinung verbreiten und dies den anderen untersagen, sie könnte sich persönlich physisch schützen und Feinde töten lassen, ihr Eigentum sichern und das Hab und Gut anderer enteignen etc.

Dies ändert sich, wenn die Interessenverfolgung unter die Forderungen der Gegenseitigkeit – der Reziprozität – gestellt wird; wenn also mit der Realisierung des eigenen Interesses die Bedingung verknüpft wird, dass damit auch das Gegenüber in seinem entsprechenden Interesse geschützt wird und dieses geltend machen kann. Manche der eigenen Interessen wird ein rationaler Akteur auch unter diesen Umständen umgesetzt sehen wollen: Die eigene Meinungsäußerung etwa bleibt auch dann interessant, wenn die anderen ihre Meinung ebenfalls äußern können; ebenso beispielsweise die Freiheit des Glaubens und die Sicherung der physischen Unversehrtheit. Bei anderen Interessen verhält es sich anders: So ist es nicht mehr sinnvoll, ein mögliches Interesse an der Ausbeutung anderer zur eigenen Genuss- oder Gewinnmaximierung durchzusetzen, wenn im Gegenzug die anderen ebenfalls ein solches Interesse realisieren könnten. Der Preis, selbst ausgebeutet zu werden, ist zu hoch im Vergleich zum Genuss, den die Ausbeutung anderer verschafft.

Die Reziprozität ist folglich eine wesentliche, wohl unverzichtbare Komponente beim Schritt von Interessen zu Rechten[36]. Freilich passt die Vorstellung einer Zweiseitigkeit im Hinblick auf Rechtsverhältnisse nur bedingt. In Bezug etwa auf die körperliche Integrität ist eine solche Bipersonalität zwar ohne weiteres adäquat: A verletzt B nicht, damit umgekehrt A von B nicht verletzt wird. Im Hinblick auf andere Rechte wie etwa die Religionsfreiheit dagegen passt die Figur schlechter: A gestattet B die Ausübung seiner Glaubensfreiheit, damit auch B dem A diese Freiheit zugesteht, ist eine fragwürdige Aussage, da es nicht individuell von A abhängt, ob B seine Religion praktizieren kann, wie umgekehrt B auch dem A dies nicht eigentlich garantieren kann. Viele andere Personen sind in diese Belange involviert. In ähnlicher Weise überschreiten etwa die Meinungs- oder die Versammlungsfreiheit den Bereich zweiseitiger Beziehungen. Neben der Wechselseitigkeit ist deshalb von einer Allgemeinheit der Interessendurchsetzung auszugehen. Der Schritt über das Ich hinaus kann in vielerlei Hinsicht nicht beim unmittelbaren Gegenüber stehen bleiben, sondern hat sich auf die gesamte relevante Gemeinschaft zu beziehen. Zu fragen ist, welche Ausübung von Interessen eine Person dem einzelnen Anderen und darüber hinaus den anderen insgesamt zugestehen möchte.

---

36 Vgl. auch Stemmer 2000, 81 ff., insb. 83: »Die Wechselseitigkeit ist notwendige Bedingung dafür, dass es zur Zuerkennung moralischer Rechte durch den Skeptiker kommt.«

13.5 Zusatzannahme 2: Gleichheit

Reziprozität und Allgemeinheit genügen noch nicht unbedingt, um von Interessen zu Rechten zu gelangen. Denn unter der Annahme, dass Menschen ungleich sind, und in Kenntnis faktischer Ungleichheit, könnte die Interessenverfolgung auch dann noch eine ungerechte Form annehmen. So könnten junge Menschen etwa verlangen, dass ältere – gemäß einer allgemeinen Regel – ihre Meinung nicht äußern dürfen; vermögende Personen könnten den Eigentumsschutz für Arme negieren, Männer könnten Privilegien für Männer vorsehen usw. Möglicherweise könnte man zwar sagen, dass solche Regelungen bereits das Erfordernis der Allgemeinheit verletzten. Doch scheint es prinzipiell möglich, auch in allgemeiner Form Regeln festzulegen, die einzelne Gruppen bevorzugen[37].

Im Hinblick auf die Begründung von Rechten muss deshalb auch von einer minimalen Gleichheit unter den Akteuren ausgegangen werden. Mit anderen Worten muss, wenn Rechte begründet werden, von persönlichen Eigenschaften abstrahiert werden. Rawls hat diese Voraussetzung in die bekannte Vorstellung eines Schleiers des Nichtwissens gefasst[38]. Niemand soll, wenn die Grundsätze der Gerechtigkeit festgelegt werden, seinen Platz in der Gesellschaft kennen, seine Klasse oder seinen Status; ebenso wenig seine natürlichen Gaben, seine Intelligenz, Körperkraft usw.[39] Auf Basis dieser Annahmen gelangt Rawls zu seinem ersten Grundsatz der Gerechtigkeit: Jedermann hat ein gleiches Recht auf das umfangreichste Gesamtsystem gleicher Grundfreiheiten, das für alle möglich ist[40]. Daraus ergeben sich konkrete Freiheiten, aus denen Rawls die politische Freiheit (das Recht, zu wählen und öffentliche Ämter zu bekleiden), die Redefreiheit, die Versammlungsfreiheit, die Gewissens- und Gedankenfreiheit, die persönliche Freiheit mit dem Schutz vor psychologischer Unterdrückung und körperlicher Misshandlung, das Recht auf persönliches Eigentum und den Schutz vor willkürlicher Festnahme und Haft hervorhebt[41].

Das Absehen von persönlichen Umständen steht in enger Verbindung mit der Idee der Verallgemeinerung (also der ersten hier genannten Zusatzannahme). Es kann geradezu als ein Aspekt dieser Forderung betrachtet werden. Wenn wir individuelle Umstände und Eigenschaften ausblenden, beziehen wir eine Position der Überindividualität, der Allgemeinheit.

---

37 Auf die enge Verbindung zwischen Allgemeinheits- und Gleichheitsforderung gehe ich noch näher ein.
38 Rawls 1979, 159–166.
39 Rawls 1979, 160.
40 Rawls 1979, 282, 336; leicht abweichende erste Formulierung auf S. 81.
41 Rawls 1979, 82.

Deshalb gibt es vom Schleier des Nichtwissens bei Rawls eine enge Verbindung zur Universalität von Kants kategorischem Imperativ[42].

Die Nichtberücksichtigung individueller Umstände im Sinne einer basalen Egalität ist damit ein zusätzliches Erfordernis, das benötigt wird, um von Interessen zu universalen Rechten zu gelangen. Dagegen könnte eingewandt werden, dass niemand sicher sein könne, als Angehöriger einer bestimmten Gruppe einen privilegierten Status zu behalten. Es könne jederzeit zu sozialen Umwälzungen kommen, die dazu führen, dass eine andere gesellschaftliche Gruppe an die Macht gelangt, weshalb es auch bei der Annahme einer gegebenen Gruppenzugehörigkeit sinnvoll sei, allgemeine Rechte zu verankern, die keine Gruppe privilegieren[43]. Diese Gesichtspunkte können die Risiken gruppenegoistischer Normsetzung jedoch nicht ganz aus der Welt schaffen, da es in der Regel zumindest hohe Wahrscheinlichkeiten gibt, dass bestimmte soziale Verhältnisse und Machtverhältnisse auf längere Zeit bestehen bleiben. Zudem gibt es Zugehörigkeiten, die bei den meisten Menschen nie wechseln (zum Beispiel solche aufgrund des Geschlechts), so dass eine Privilegierung auf solcher Grundlage auf Dauer gestellt werden könnte.

Die Verallgemeinerungsfähigkeit und die Nichtberücksichtigung von individuellen Umständen im Sinne einer basalen Egalität sind demnach zwei Elemente, die zur rationalen Interessenverfolgung hinzukommen müssen, um ein System fundamentaler Rechte begründen zu können. Unter diesen Bedingungen, aber nur unter ihnen, lassen sich aus den grundlegenden menschlichen Interessen Rechte ableiten. Um von den Interessen zu den Rechten zu gelangen, ist mithin »eine Form bzw. ein Verfahren der intersubjektiven Rechtfertigung als Hauptgenerator der Normativität vonnöten«[44]. Dieses Verfahren ist ebenso wesentlich wie die Interessen an sich, um Rechte zu begründen. Die Interessen als rein faktische Gegebenheiten können ein normatives System von Rechten allein nicht tragen.

13.6 Vergleich mit der Begründung in der Würde

Das Versprechen, dass wir vom Moralfreien (Interessen) zum Moralischen kommen, ist nicht vollständig einzulösen. Zwar gibt es ein

---

42 Darauf weist Rawls 1979 selbst hin (S. 159 f., Anm. 11): »Der Schleier des Nichtwissens ist eine so natürliche Bedingung, dass schon viele auf einen ähnlichen Gedanken gekommen sein müssen. Die Formulierung im obigen Text scheint mir auch indirekt in Kants Lehre vom kategorischen Imperativ enthalten zu sein, sowohl was die Definition dieser Verfahrensbedingung als auch ihre Verwendung durch Kant betrifft.«

43 Nickel 2007, 57.

44 Forst 2011, 67.

aufgeklärtes, reflektiertes Interesse an allgemeinen Regeln – aber es ist auch ein anderes, egoistisches Interesse vorstellbar, das eine rücksichtslose Realisation eigener Präferenzen vorsieht. Als wichtige Zusatzannahmen sind daher die Universalität (der Regeln) und die damit eng verbundene minimale Egalität der Akteurinnen und Akteure zu nennen, um den Zusammenhang von Interessen und Rechten überzeugend aufweisen zu können.

Auf dieser Basis soll der Ansatz, Rechte in Interessen zu fundieren, nun mit der eigenen Konzeption verglichen werden, die Rechte in der Würde begründet sieht. Die Menschenwürde ist nach hier vertretener Auffassung mit dem Umstand verbunden, dass Menschen natürlich geworden sind und einen eigenständigen Lebensvollzug aufweisen (der sich von demjenigen anderer Lebewesen unterscheidet). Sie haben daher einen Selbststand und sind kategorial von Sachen verschieden. Damit verbindet sich die normative Forderung der Unverfügbarkeit der einzelnen Person. Diese Unverfügbarkeit wird in einzelnen Menschenrechten ausbuchstabiert. Diese garantieren insgesamt, dass Menschen keinem schrankenlosen Zugriff anderer Menschen ausgesetzt sind.

Dieses Modell enthält (ebenfalls) normative Annahmen. Eine erste solche Annahme besteht darin, dass das Gewordensein der Menschen bejaht wird. Normativ gehaltvoll ist zweitens der Schritt von der basalen Selbständigkeit zu moralischen und rechtlichen Postulaten. Der Umstand, dass Menschen natürlich geworden sind, wird mit der normativen Forderung der Unverfügbarkeit verbunden, was nicht logisch zwingend ist. Der ursprüngliche Selbststand *indiziert*, so wurde gesagt, eine bestimmte Form adäquaten Verhaltens[45]. Drittens mögen moralische Annahmen auch darin liegen, dass die Forderung der Unverfügbarkeit (Würde) in einzelne Rechte umgesetzt wird. Nach hier vertretenem Verständnis stellt dies allerdings eher eine Explikation des in der Menschenwürde bereits Angelegten dar, so dass dieser Schritt im vorliegenden Zusammenhang vernachlässigbar ist. Besonders unter den beiden zuvor genannten Aspekten soll die vorliegende Konzeption mit interessenbasierten Ansätzen verglichen werden.

Gewisse Dinge sind nicht artifiziell hergestellt, sondern spontan geworden, und weisen – damit verbunden – im weiteren Lebensvollzug eine spontane Selbsterhaltung auf. Dies lässt es angebracht erscheinen, sie gegen verfügende Zugriffe zu schützen. Die Bejahung des Gewordenseins und des natürlichen Selbststandes menschlicher Personen ist eine Annahme, die dieser Sichtweise zugrunde liegt. Wer die Auffassung vertritt, dass Menschen sehr wohl fabriziert werden sollten, kann sich dieser Auffassung nicht anschließen. Es ist aber offensichtlich, dass damit nur sehr schwache normative Annahmen getroffen werden müssen. Die

45 Vorn Kap. 3.2.

Idee, dass Menschen wie Produkte herzustellen wären, ist stark kontraintuitiv und wird ernsthaft kaum vertreten.

Der Zusammenhang von Gewordensein (Natalität) und normativer
Unverfügbarkeit wurde sodann so bestimmt, dass im Umstand, dass
Menschen keine Artefakte sind, bestimmte Formen adäquaten Handelns angelegt sind. Es wurde bereits darauf hingewiesen, dass dieser
Zusammenhang nicht im Sinn einer logisch-deduktiven Ableitung verstanden werden darf[46]. Das hier vertretene Modell wäre überlastet, wenn
ein zwingender logischer Zusammenhang zwischen Gewordensein und
Menschenrechtsnormen behauptet würde. Es wird vorliegend vielmehr
von einem Sinnzusammenhang ausgegangen zwischen dem Umstand,
dass Menschen von Grund auf selbständig existieren und der Anforderung, dass sie nicht wie verfügbare Sachen zu behandeln sind.

Neben der Bejahung natürlicher Natalität muss demnach anerkannt
werden, dass der natürliche Lebensvollzug eine gesollte Unverfügbarkeit impliziert. Da dieser Schritt nicht logisch zwingend ist, ist er auch
nicht völlig moralfrei. Es ist denkbar zu sagen, dass menschliche Lebewesen zwar in einer eigenständigen Weise leben, gleichwohl in normativer Hinsicht aber wie verfügbare Dinge behandelt werden sollten. Jedoch ist auch eine solche Aussage kontraintuitiv und erscheint es hoch
plausibel, nicht hergestellte und natürlich existierende Entitäten nicht als
völlig disponibel zu betrachten.

Somit sind normative Annahmen in der vorliegenden Konzeption vor
allem an zwei Stellen zu erkennen: Bei der Bejahung der natürlichen Ent-
stehensbedingungen menschlichen Lebens und bei der Bejahung einer
Unverfügbarkeit selbständig lebender Menschen. Vergleichen wir diese Annahmen mit denen, welche bei interessenbasierten Ansätzen (nach
hier vertretener Auffassung) nötig sind, so lässt sich Folgendes feststellen: Wie gezeigt wurde, führen ohne Universalisierungsvoraussetzungen
keine zwingenden Schritte von Interessen zu Rechten. Führt man solche
Annahmen nicht ein, bleibt ein Interessen-basiertes Modell bei der Pluralität faktisch vorliegender menschlicher Interessen stecken. Die Forderung, dass ich die Interessen des anderen respektieren *soll*, basiert
auf einer Zusatzannahme der Wechselseitigkeit bzw. der Verallgemeinerung, die besagt, dass wir uns gegenseitig in unseren wichtigsten Interessen respektieren.

Die Annahmen der Universalität und der Egalität sind nicht selbstevi-
dent und argumentativ relativ aufwendig. Sie sind auch nicht moralfrei,
vielmehr bereits selbst moralisch und normativ. Einem Akteur, der sich
um Forderungen der Allgemeinheit (hypothetisch) nicht schert, und der
anderen gegenüber an Macht und Stärke überlegen ist, ist nicht zu zeigen, warum er deren Interessen respektieren sollte. Eine Theorie muss

46 Vorn Kap. 10.3.

relativ starke Erfordernisse allgemeiner Regelsetzung an Akteure dieser Art herantragen, um ein Rechtesystem erklären zu können.

Zieht man die normativen Annahmen, welche die hier vertretene Perspektive verlangt, vergleichend heran, so ist festzustellen, dass diese jedenfalls nicht stärker sind als die moralischen Annahmen, welche der Interessenansatz benötigt. Es ist ganz einfach sinnvoll, menschlichen Lebewesen, die natürlich entstanden sind und selbständig leben, einen anderen Status zuzuweisen als Artefakten. Die vorliegende Theorie rekonstruiert insoweit allgemein geteilte Intuitionen. Gegenüber einem Modell, das von Interessen ausgeht, ist die Argumentation eher einfacher und, was die notwendigen moralischen Zusatzannahmen angeht, jedenfalls nicht wesentlich voraussetzungsreicher.

Wir können Rechte in keiner Weise aus der völligen Moralfreiheit heraus generieren. Kein Modell der Rechtebegründung kann solche Ansprüche einlösen – auch eine solche, die von Interessen ausgeht, nicht. Die adäquate Argumentationsweise ist, wenn es um Rechte geht, daher immer schon eine, die von Plausibilität und Sinnhaftigkeit, nicht von zwingender logischer Deduktion ausgeht. Begründungen können mehr oder wenig überzeugend sein, aber niemals in einer Weise unumstößlich, welche die philosophische Diskussion beenden würde. Die hier vertretene Auffassung, die Rechte in der Würde fundiert, erscheint unter diesen Aspekten gegenüber einer interessenbasierten Theorie als haltbar, ja tendenziell vorteilhaft.

14. Jenseits von Naturrecht und Positivismus

14.1 Naturalismus-Kritik

Menschenrechte werden in der Regel als Rechte verstanden, die unabhängig von positivrechtlicher Setzung gelten sollen. Damit weist die Menschenrechtsidee eine Nähe zu naturrechtlichen Denkfiguren auf. Auch wenn sich moral- und rechtsphilosophische Theorien nicht explizit als naturrechtlich verstehen, greifen sie naturrechtliche Motive auf, wenn sie solchen Annahmen folgen.

In der neueren Menschenrechtsdiskussion sind Stimmen laut geworden, die diese Annahmen problematisieren. Verschiedene Autorinnen und Autoren versuchen, die fundamentalen Rechte aus der bestehenden politisch-rechtlichen Praxis heraus zu verstehen. Eine solche Argumentation vertritt beispielsweise Charles Beitz. Er wendet sich gegen einen Menschenrechtsnaturalismus, den er durch folgende vier Komponenten charakterisiert:

– Menschenrechte sind aus naturalistischer Sicht natürliche Rechte, deren Kraft nicht von den moralischen Konventionen oder den positiven Rechtsnormen in der Gesellschaft abhängt.
– Als natürliche Rechte verstanden, haben Menschenrechte einen präinstitutionellen Charakter, das heißt, ihr Inhalt ist unabhängig von der Bezugnahme auf strukturelle Gegebenheiten oder Institutionen bestimmbar.
– Für natürliche Rechte ist nach Beitz des Weiteren typisch, dass Menschen diese Rechte zu allen Zeiten und an allen Orten besitzen.
– Und schließlich kommen Menschenrechte, wenn sie als natürliche Rechte verstanden werden, Menschen als solchen zu, beziehungsweise Menschen besitzen sie allein aufgrund ihres Menschseins[1].

Diese Annahmen zieht Beitz in verschiedener Hinsicht in Zweifel. So hält er etwa eine Konzeption der Menschenrechte, die von Institutionen absieht, in Bezug auf einige der heute anerkannten Menschenrechte für unzureichend: beispielsweise das Recht auf Asyl oder auf kostenlose Grundausbildung[2]. Auch die Vorstellung, dass Menschenrechte zu allen Zeiten und an allen Orten gelten würden, passt nach Beitz' Auffassung nicht zu einigen dieser Rechte. Rechte auf soziale Sicherheit oder freie

---

1   Beitz 2009, 52 f.
2   Beitz 2009, 55 f.

Schulausbildung zum Beispiel seien mit den besonderen Bedingungen der modernen Welt verknüpft[3].

Beitz stellt der »naturalistischen« Menschenrechtstheorie daher eine praktische Konzeption der Menschenrechte gegenüber. Diese beruht auf der bestehenden internationalen Praxis und soll diese möglichst adäquat interpretieren[4]. Dies führt bei Beitz zu einem Modell mit drei Elementen:

– Menschenrechte sind Normen, die gewichtige menschliche Interessen gegen bestimmte Bedrohungen schützen wollen.
– Die Menschenrechte wenden sich in erster Linie an die politischen Institutionen eines Staates.
– Nimmt eine Regierung ihre Verantwortung, die Menschenrechte zu schützen, nicht wahr, so kann ein Eingreifen anderer Akteure notwendig sein[5].

Eine ähnliche Position hat Joseph Raz formuliert. Auch nach ihm bestimmt sich die Bedeutung der Menschenrechte nach deren Funktion in den internationalen Beziehungen. Menschenrechte definieren Positionen, in Bezug auf die ein Staat keine Immunität gegenüber äußeren Einmischungen beanspruchen kann. Sie markieren mit anderen Worten Grenzen der staatlichen Souveränität[6]. Zwei Argumentationsstufen gehen dem voraus: Menschenrechte schützen nach Raz individuelle Interessen, und Staaten sind unter bestimmten Bedingungen verpflichtet, diese Interessen zu schützen. Menschenrechte sind somit nicht im strengen Sinn universal. Wenn Staaten aber verpflichtet sind, die Menschenrechte zu achten, dann können sie sich nicht auf Immunität berufen, wenn sie dies nicht tun[7].

Als Vertreter einer praktischen Konzeption der Menschenrechte, die von moralphilosophischen Begründungen absieht, wird oft auch Rawls gesehen[8]. Ich möchte ihn dagegen nicht hier einordnen und will das kurz begründen. Die Interpretation, die Rawls als Vertreter einer praktischen Menschenrechtskonzeption betrachtet, stützt sich vor allem auf dessen Werk *The Law of Peoples*. In diesem Buch postuliert Rawls einen relativ engen Bestand von Menschenrechten, die liberale und achtbare Völker akzeptieren und die deshalb Element einer internationalen Ordnung bilden können[9]. Rawls geht es in diesem Werk jedoch nicht um eine Menschenrechtsbegründung. Die Zielsetzung des Buches besteht darin,

3 Beitz 2009, 57 f.
4 Beitz 2009, 102.
5 Beitz 2009, 109.
6 Raz 2010, 332, 336.
7 Raz 2010, 336.
8 Beitz bezieht sich stark auf Rawls; Beitz 2009, insb. Kap. 5. Vgl. auch Raz 2010, 328–332 (kritisch).
9 Vgl. Rawls 2002, insb. 80.

Grundsätze für die Aussenpolitik liberaler Völker zu entwickeln[10]. In diesem Kontext haben die Menschenrechte folgende Rolle: Sie definieren den Standard, der im internationalen Verkehr eingehalten werden muss, und dessen Nichteinhaltung Interventionsgründe liefern kann[11]. Die Menschenrechte, wie sie in *The Law of Peoples* entfaltet werden, sind daher, wie Rawls betont, nicht mit den Grundrechten innerhalb eines Staates gleichzusetzen[12]. Um Rawls' Menschen- bzw. Grundrechtsverständnis umfassend zu verstehen, müsste meines Erachtens seine moralphilosophische Konzeption einbezogen werden[13].

Im Folgenden möchte ich die Kritik an naturalistischen Menschenrechtskonzeptionen aufgreifen und mein eigenes Verständnis von Menschenrechten und Menschenwürde im dadurch eröffneten Spektrum einordnen. Dazu werde ich zunächst die Bedeutung des Naturrechts für die Entwicklung der Menschenrechte kurz rekapitulieren, bevor ich auf einige Schwierigkeiten naturrechtlicher Begründungen eingehe. Dabei beschränke ich mich auf naturrechtliche Theorien im engeren Sinn und beziehe mich nicht auf sämtliche Konzeptionen, die auf eine vorrechtliche Normativität rekurrieren. Im Anschluss daran möchte ich ein rein positivistisches Modell der Menschenrechtsbegründung testen. Dies fasse ich als ein internationalrechtliches Konzept, in dem die Staaten als Normgeber die Menschenrechte setzen und durchsetzen. Auf der Grundlage der kritischen Analyse beider Ansätze werde ich mein eigenes Verständnis anschließend dazu in Beziehung setzen.

14.2 Naturrecht und Menschenrechte

Das Naturrechtsdenken spielt in Bezug auf die Menschenrechte traditionell eine wichtige Rolle. Die Menschenrechtserklärungen des 18. Jahrhunderts können als ein Triumph des Naturrechts interpretiert werden[14].

---

10 Rawls 2002, 8.

11 Rawls 2002, 97.

12 Rawls, ebd.

13 Dazu vorn Kap. 13.5. Im Urzustand der *Theorie der Gerechtigkeit* werden Grundfreiheiten etabliert, die in diesem Zusammenhang zu berücksichtigen wären. Diese Regeln gelten nur innerhalb einer politischen Gemeinschaft, weshalb sich einwenden ließe, dass dies das Menschenrechtsverständnis nicht betreffe. Innerstaatliche Grundrechte und Menschenrechte können inhaltlich aber nicht streng getrennt werden. Das wichtigste Anwendungsfeld der Menschenrechte ist nach wie vor ein innerstaatliches; vgl. vorn Kap. 12.4.

14 Welzel 1962, 162. Zum naturrechtlichen Entstehungszusammenhang der Menschenrechte auch Kühnhardt 1987, 36, 47, 334. Nach Ritter lag das

Und die Etablierung der Menschenrechte auf internationaler Ebene nach dem Zweiten Weltkrieg, besonders durch die Allgemeine Erklärung von 1948, steht auch im Zusammenhang mit dem Versuch, die europäische Naturrechtstradition wiederzubeleben[15].

Das Naturrechtsdenken sieht den Bezugspunkt des Rechts in der menschlichen Natur, der das Recht entsprechen soll[16]. Etwas weiter gefasst, ist das Naturrecht das von Natur gegebene Recht[17] oder das natürliche Recht[18]. Verschiedene Sprachen verwenden den Ausdruck »natürliches Recht« (z.B. lateinisch *ius naturale* oder englisch *Natural Law)*. Der Begriff des natürlichen Rechts bringt die Grundidee deutlich zum Ausdruck: Es soll sich um ein Recht handeln, das von Natur aus gilt und nicht künstlich erzeugt wird[19].

Es gibt vielfältige Formen des Naturrechts, auf die hier nicht detailliert eingegangen werden kann. Grob können drei Formen des Naturrechts unterschieden werden: ein antikes, ein christlich-mittelalterliches und ein neuzeitliches Naturrecht[20]. Die Menschenrechte stehen mit der Naturrechtslehre in einem engen Zusammenhang. Es gibt jedoch keine direkte Kongruenz zwischen der Naturrechtstheorie als solcher und dem Menschenrechtsdenken. Weder die Antike[21] noch das Mittelalter[22] kannten Menschenrechte[23]. Die Menschenrechtsidee gibt es erst in der Neuzeit[24].

Neue an den Menschenrechten gerade in ihrer naturrechtlichen Begründung: »nicht mehr aus altem Recht und Herkommen, sondern aus den allgemeinsten Sätzen des Naturrechtes, das für die ganze Menschheit gelten soll.« (Ritter 1964, 214).

15 Vgl. Ignatieff 2002, 86.

16 Schockenhoff 1996, 22; Welzel 1962, 10; Zacher 1973, 156 f.

17 Sauter 1932, 3.

18 Wolf 1964, 1. Zacher möchte unterscheiden zwischen Naturrecht und natürlichem Recht, wobei letzteres sich auf eine faktische Selbstverständlichkeit zu beziehen hätte (a.a.O., 151–156).

19 Der Begriff »Natur« in »Naturrecht« bezieht sich also nicht direkt auf eine ökologische Natur, auf Flora und Fauna. Er steht damit nur in einem indirekten Zusammenhang, insofern, als diese Natur Gegenstück zum menschlich Erzeugten ist.

20 Vgl. Welzel 1962, 9 ff.; Strauss 1977 unterscheidet noch abstrakter zwischen klassischem und modernem Naturrecht (Kap. IV und V).

21 Donnelly 2014, 81; Kühnhardt 1987, 49–62, insb. 62.

22 Donnelly 2014, ebd.; H. Dreier 2013b, 333.

23 Die Rechte, die durch die Herrschaftsverträge des Mittelalters (namentlich die Magna Charta von 1215) statuiert wurden, unterscheiden sich fundamental von modernen Menschenrechten: einerseits handelte es sich um vom König verliehene Freiheiten; andererseits wurden sie bestimmten Gruppen, als korporative Rechte, zugesprochen; vgl. Brieskorn 1997, 53–60; Jellinek 1964, 31–37; Kühnhardt 1987, 64–69.

24 Bielefeldt 1998, 25–28, 121–124, 202; Schwartländer 1979, 27.

Bereits die Idee des subjektiven Rechts ist relativ neu. Michel Villey betrachtet Wilhelm von Ockham als deren Begründer[25]. Brian Tierney sieht sie dagegen schon durch die Kanonistik des 12. Jahrhunderts begründet[26]. Eine besondere Bedeutung wird ferner der spanischen Spätscholastik und besonders Francisco de Vittoria zugesprochen[27].

Wichtige Schritte zu einer individualistischen Rechtskonzeption erfolgen bei Hobbes. Bei ihm wird das »Naturrecht« gewissermaßen in den Menschen hinein verlagert[28]. Hobbes konzipiert ein individuelles *right of nature*[29], das er am Beginn des 14. Kapitels des *Leviathan* wie folgt bestimmt: »Das *natürliche Recht*, in der Literatur gewöhnlich *jus naturale* genannt, ist die Freiheit eines jeden, seine eigene Macht nach seinem Willen zur Erhaltung seiner eigenen Natur, das heißt seines eigenen Lebens, einzusetzen und folglich alles zu tun, was er nach eigenem Urteil und eigener Vernunft als das zu diesem Zweck geeignetste Mittel ansieht.«[30] Dieses natürliche Recht wird bei Hobbes von einem natürlichen Gesetz *(lex naturalis)* abgegrenzt. Dieses verbietet es einem Menschen, das zu tun, was sein Leben vernichtet oder ihn der Mittel zu seiner Aufrechterhaltung berauben kann. Somit sind *jus* und *lex* verschieden: Das *jus naturale* markiert eine individuelle Freiheit, die im Grunde keine Grenzen kennt, während die *lex naturalis* solche Grenzen markiert[31].

Um zur Menschenrechtsidee durchzubrechen, musste die individuelle Rechtsvorstellung nur noch positiver gefüllt werden. Dies leistete im 17. Jahrhundert John Locke, der als (ein) Begründer der Menschenrechte gelten kann[32]. Ihm zufolge herrscht schon im Naturzustand ein natürliches Gesetz, dem zufolge niemand einem anderen an seinem Leben und Besitz, seiner Gesundheit und Freiheit Schaden zufügen soll[33]. Damit korreliert das natürliche Recht jedes einzelnen, sein Eigentum, das heißt sein Leben, seine Freiheit und seinen Besitz, gegen andere zu schützen[34]. Die politische Gesellschaft hat den Zweck der kollektiven Sicherung dieser Fundamentalrechte[35].

Nachdem naturrechtliche Kategorien zunächst an Bedeutung verloren, kam es besonders nach der Zeit des Nationalsozialismus zu einer gewissen Renaissance des Naturrechtsdenkens. Im deutschen Sprachraum

---

25 Villey 2006, 240–268.
26 Tierney 1996, 27–30.
27 Böckenförde 2006, 353–355; Seelmann 1994.
28 König 1994, 101.
29 Verdross 1971, 25.
30 Hobbes 1966, 99.
31 Hobbes, ebd.
32 Kühnhardt 1987, 81.
33 Locke 1977, 203 (§ 6).
34 Locke 1977, 253 (§ 87).
35 Locke, ebd.

steht vor allem Radbruch für die Wiederbelebung solcher Vorstellungen. Ihm zufolge gibt es Rechtsgrundsätze, die stärker sind als jede rechtliche Satzung, so dass ein Gesetz, das ihnen widerspricht, nicht gültig ist. »Man nennt diese Grundsätze das Naturrecht oder das Vernunftrecht. Gewiss sind sie im Einzelnen von manchem Zweifel umgeben, aber die Arbeit der Jahrhunderte hat doch einen festen Bestand herausgearbeitet, und in den so genannten Erklärungen der Menschen- und Bürgerrechte mit so weitreichender Übereinstimmung gesammelt, dass in Hinsicht auf manche von ihnen nur noch gewollte Skepsis den Zweifel aufrechterhalten kann.«[36]

In der aktuellen Menschenrechtsdiskussion wird eher selten direkt auf das Naturrecht Bezug genommen. Die engste Verbindung mit naturrechtlichen Denkfiguren weisen Theorien auf, die sich auf die menschliche Natur beziehen und Menschenrechte aus ihnen herleiten. Eine solche Sichtweise vertritt etwa Tasioulas[37]. In einem weiteren Sinn liegen jedoch – wie eingangs erwähnt – den meisten philosophischen Menschenrechtsbegründungen naturrechtliche Vorstellungen zugrunde, insofern, als diese Rechte als vorpositiv gültig verstanden werden.

14.3 Probleme klassisch-naturrechtlicher Begründung

Der Naturrechtsgedanke ist gerade unter Bedingungen der Unsicherheit und des Umbruchs ansprechend. Nicht zufällig erlebte die Menschenrechtsidee nach dem Zweiten Weltkrieg ihren internationalen Durchbruch. Die Allgemeine Erklärung der Menschenrechte bezieht sich in ihrer Präambel deutlich auf die Erfahrungen des Weltkrieges, wenn sie von den »Akten der Barbarei« spricht, »die das Gewissen der Welt tief verletzt haben«[38].

Theoretisch betrachtet, begegnen naturrechtliche Begründungsmuster jedoch erheblichen Schwierigkeiten. Dies betrifft sowohl Theorien, die in einem engeren Sinn auf die Natur des Menschen oder die Natur generell Bezug nehmen, als auch solche, welche ein Naturrecht in abstrakter Form zum Referenzpunkt der Menschenrechte erklären. Bei der ersten Spielart liegt das fundamentale Problem darin, dass sozusagen in die Natur hineingelegt wird, was herauskommen soll[39]. Die Natur – sei es die menschliche Natur oder die Natur im Allgemeinen – ist nicht so, wie die

36 Radbruch 1973, 328. Vgl. als andere neuere Beispiele von naturrechtlichen Begründungen Finnis 1980; Maritain 1951.
37 Vgl. vorn Kap. 2.4.
38 Abgedruckt etwa in Dörr 2016, 139.
39 Kelsen 1960, 409; Schockenhoff 1996, 25–30; Verdross 1971, 63; Welzel 1962, 16, 61, 225.

rechtliche und moralische Normativität es will. Die menschliche Natur hat schlechte, zum Beispiel aggressive Seiten[40]. Die Natur kennt in vielem gerade den Triumph der Macht und der Gewalt. Schon in der Spätsophistik (Trasymachos, Kallikles) gab es deshalb die Idee, dass das Naturrecht einem Recht des Stärkeren entsprechen müsste[41]. Umgekehrt kann die Gerechtigkeit geradezu als das Naturwidrige betrachtet werden[42].

Das Naturrecht kann daher nicht einfach der faktischen Natur entsprechen. Wäre die reale Natur des Menschen auch die Natur des Naturrechts, so wären dessen Normen im Grunde überflüssig[43]; zudem erhöbe sich gegen eine solche Gleichsetzung der Einwand des naturalistischen Fehlschlusses[44]. Das Naturrecht setzt dem Tatsächlichen stets ein (besseres) Präskriptives gegenüber. Es ist aber schwer zu sehen, wie dieses einen philosophisch überzeugenden Halt finden könnte. Der Tendenz nach wird auf apodiktisch gesetzte Letztwerte zurückgegriffen und werden Begründungswege damit abgebrochen.

Auch ein von der tatsächlichen Natur losgelöstes Naturrecht taugt als Quelle der Menschenrechte kaum, da schwer zu zeigen ist, wo dieses Naturrecht selbst zu verankern wäre. Wird dabei nicht auf bestimmte idealistische oder theologische Denkfiguren zurückgegriffen, bleibt die Grundlage einer solchen Normativität unklar. Die Schwierigkeiten namentlich religiöser Fundierungen allerdings sind groß und sogleich noch näher zu betrachten. Auch der Ausweg, die Vernunft statt die Natur als Quelle des Rechts zu betrachten (Vernunftrecht), führt nicht wesentlich weiter. Denn auch die Vernunft gibt Verschiedenes vor. Die Berufung auf »die Vernunft« kann deshalb in Streitfällen kaum klären, welche Regeln die richtigen seien. Auch dieser Fundierungsmodus wird daher fast unausweichlich dogmatisch[45].

Den angesprochenen Problemen wird teilweise begegnet, indem man betont, dass das Naturrecht keineswegs als eine fixierte, geschlossene Normmasse vorzustellen sei, die in das positive Recht gleichsam hineinzukopieren wäre[46]. Es sei eher als kritischer Maßstab zu begreifen. Diese Ansätze sind in der Sache adäquat, lösen das Begründungsproblem aber nicht. Denn entweder wird das Naturrecht in eine Sphäre solcher Abstraktheit gehoben, dass konkret kaum mehr etwas daraus folgt. Oder es muss im Einzelfall doch genauer benannt werden, wie sich der naturrechtliche Maßstab zur positiven Norm verhält. Damit

40 Kelsen 1960, 411 f.
41 Vgl. Wolf 1964, 50, 119; Zacher 1973, 122.
42 Strauss 1977, 110.
43 Kelsen 1960, 410.
44 Vgl. Vossenkuhl 1983.
45 Vgl. Kelsen 1960, 415 ff. Schon Cicero muss denn auch von einer *recta ratio* sprechen (de legibus I 12,33).
46 Finnis 1980, 28; Zacher 1973, 2. Teil, insb. 148.

aber bewegt sich die Argumentation bereits wieder in die Bereiche ewiger, transzendenter Werte, die letztlich geglaubt werden müssen. Eine Rechtsfundierung, die jede Betroffene und jeden Betroffenen in hinreichender Weise zu überzeugen vermag, ist in dieser Weise kaum zu erbringen.

14.4 Problematik einer religiösen Begründung im Speziellen

Die Naturrechtsidee hat nur in einer bestimmten Ausformung einen religiösen Charakter. Gleichwohl wird sie oft mit religiösen Begründungsmustern in Verbindung gesetzt, und ist sie auch seit jeher das Dach aller Versuche theologischer Rechtsbegründung. Dieser Begründungsmodus sei deshalb speziell beleuchtet.

Universell gültige Menschenrechte müssen auf der ganzen Welt und hinsichtlich jedes Menschen akzeptierbar sein. Diese zwingende Anforderung an eine Menschenrechtsbegründung bereitet religiösen Antwortversuchen große Schwierigkeiten. Denn faktisch besteht eine Vielzahl verschiedener Religionen, Glaubensüberzeugungen und auch nichtreligiöser Haltungen. Ein universelles Rechtssystem bedürfte, wenn es religiös begründet sein will, aber einer in minimaler Hinsicht einheitlichen Religiosität (wie sie im mittelalterlichen Europa gegeben war). Auf dem religiösen und kulturellen Pluralismus in der heutigen Weltgemeinschaft kann es schwerlich gründen. Selbst aus einer religionsfreundlichen Sicht wird daher etwa festgestellt: »[E]s gilt, diese unbedingte Verbindlichkeit des Ethischen auch dann und dort zur Geltung zu bringen, wo man auf seine Begründung in einer bestimmten Religion nicht zurückgreifen kann, auch nicht auf seine Begründung im christlichen Glauben. Denn eben dies machen die Tatsache und der Ernst des modernen Pluralismus unmöglich. Die Sinnbegründung der Menschenrechte muss angesichts des für die moderne Welt unaufhebbaren kulturellen und weltanschaulichen Pluralismus so möglich sein, dass sie die (vielleicht tiefere) Begründung im Glauben nicht ausschließt, aber auch ohne diese für alle Menschen – gleich welchen Glaubens und welcher politischen Anschauung – überzeugend sein kann.«[47]

Das Problem wird evident im Hinblick auf neuere Versuche islamischer Menschenrechtsbegründung. Die Kairoer Erklärung über die Menschenrechte im Islam von 1990[48] bezieht sich durchgängig auf Gott[49],

---

47 Schwartländer 1979, 52 f.
48 Vgl. dazu Mayer 2014.
49 Vgl. Art. 1 Bst. a und b; Art. 2 Bst. a; Art. 11 Bst. a.

den Islam[50] und die Scharia als das göttliche Recht[51]. In Artikel 19 wird das Strafrecht direkt an die Scharia gekoppelt, in Art. 22 die Meinungsfreiheit auf den Rahmen des islamischen Rechts reduziert. In Art. 24 dann folgt ein umfassender Vorbehalt zugunsten der Scharia: »Alle in dieser Erklärung aufgestellten Rechte und Freiheiten unterliegen der islamischen Scharia.« Art. 25 erklärt die Scharia zum einzigen Bezugspunkt für die Erklärung oder Erläuterung eines jeden Artikels der Deklaration. Es ist evident, dass eine solche Rechtsbegründung für jemanden, der nicht an den Islam und die Scharia glaubt, nicht überzeugend sein kann, im Gegenteil in höchstem Maße unplausibel und oppressiv erscheinen muss.

Eine religiöse Begründung vermag grundsätzlich Personen, die die religiösen Annahmen nicht teilen, nicht als vernünftig einzuleuchten. Deshalb ist eine religiöse Begründung der Menschenrechte im Hinblick auf die religiös und kulturell vielfältige Gestalt der Weltbevölkerung kaum möglich[52].

Im Übrigen erweist sich die verbreitete Annahme, die Menschenrechte hingen in ihrer Genese eng mit dem christlichen Glauben zusammen, bei näherem Hinsehen als fragwürdig. In der christlichen Glaubensüberlieferung ist die Idee unveräußerlicher Grundrechte unmittelbar nicht zu finden. Meist wird in dieser Hinsicht auf die Schöpfungsgeschichte und die Gottesebenbildlichkeit des Menschen rekurriert. Es ist aber alles andere als klar, dass und weshalb aus der Idee, dass der Mensch nach dem Bilde Gottes geschaffen worden sei, individuelle Rechte ableitbar sein sollen. Von der *Imago-Dei*-Lehre führt kein direkter Weg zu Menschenrechten und Menschenwürde[53]. Höchstens in einer indirekten Weise hat die Betonung des Individuums und des individuellen Gewissens im Christentum Grundlagen auch für die Menschenrechte gelegt.

14.5 Positivrechtliche Begründung

Nach positivistischen Rechtsauffassungen soll sich normative Richtigkeit allein aus den Praktiken menschlicher Setzung ergeben. Aufs konkrete Recht bezogen, bedeutet dies, dass – im internationalen Rahmen – die Regeln der völkerrechtlichen Normsetzung die Grundlage für die globale Geltung der Menschenrechte bilden sollen. Auch dieser Ansatz ist näher zu betrachten.

50 Vgl. Art. 9 Bst. a; Art. 10.
51 Vgl. Art. 2 Bst. c und d; Art. 7 Bst. b und c; Art. 12; Art. 16; Art. 19 Bst. d; Art. 22 Bst. a und b; Art. 23 Bst. b; Art. 24; Art. 25.
52 Alexy 2004, 17; König 1994, 331.
53 Hofmann 1999, 11–13; Höffe 1996, 101 f.

In der Rechtstheorie und Völkerrechtslehre der Gegenwart wird eine klassisch-naturrechtliche Begründung der Menschenrechte überwiegend abgelehnt[54]. »Heute lässt das moderne Völkerrecht«, so etwa Herdegen, »vor allem mit seinen menschenrechtlichen Standards der Berufung auf überpositive Normativität kaum mehr Raum.«[55] Das Echo des Naturrechts, so Haltern, sei uns in einer Zeit, in der sich das Rechtssystem längst positiv geschlossen habe, fremd[56]. In Bezug auf die Völkerrechtslehre wird daher auch festgestellt, dass eine positivistische Sichtweise herrschend sei[57].

Das neuzeitliche Rechtsdenken ist mit der Aufgabe konfrontiert, das Recht ohne Berufung auf transzendente Größen, die allesamt strittig geworden sind, zu begründen. Es beantwortet dieses Problem im innerstaatlichen Rahmen vorwiegend mit dem Gedanken der demokratischen Legitimation. Das moderne Völkerrecht steht grundsätzlich unter den gleichen Forderungen immanenter Begründung wie das binnenstaatliche Recht, doch haben die diesbezüglichen Antworten eine etwas andere Gestalt. Da in internationaler Hinsicht ein »Volk« als Quelle der Rechtsgeltung nicht besteht, rückte die Gemeinschaft der Staaten im modernen Völkerrecht an die Position des normbegründenden Subjekts. Gleichsam anstelle der Individuen stehen die einzelnen Staaten und deren Wille am Anfang des internationalen Rechts.

Als Rechtsquellen des Völkerrechts gelten heute dementsprechend in erster Linie Vertrags- und Gewohnheitsrecht[58]. Verankert ist dieses Konzept in Art. 38 des Statuts des Internationalen Gerichtshofes[59]. Im Zentrum der Rechtsbegründungskonzeption steht somit das Konsensprinzip[60]. Die Staaten sollen durch internationales Recht nur insoweit gebunden sein, als sie sich explizit (Vertrag) oder stillschweigend (Gewohnheit) damit einverstanden erklärt haben. Diese Konzeption stößt gerade hinsichtlich des Menschenrechtsschutzes jedoch an Grenzen. Die Konsenstheorie lässt sich nur mit beachtlichen Konzessionen aufrechterhalten[61]. Dies insbesondere im Hinblick auf die so genannten zwingenden

---

54 Vgl. Delbrück 1981, 13; Doehring 2003, 8.

55 Herdegen 2007, 144.

56 Haltern 2006, 888.

57 Herdegen 2021, 31. Luhmann betont, dass die Positivierung des Rechts sich nicht rückgängig machen lasse (Luhmann 1965, 40).

58 Vgl. Stein/von Buttlar/Kotzur 2017, 4.

59 Die Bestimmung sieht als Rechtsquellen neben internationalen Übereinkünften (Bst. a) und internationalem Gewohnheitsrecht (Bst. b) auch die von den Kulturvölkern anerkannten allgemeinen Rechtsgrundsätze (Bst. c) sowie richterliche Entscheidungen und die Lehrmeinung der fähigsten Völkerrechtler als Hilfsmittel zur Feststellung von Rechtsnormen (Bst. d) vor.

60 Herdegen 2021, 31.

61 Herdegen 2021, 33.

Normen des Völkerrechts *(ius cogens)*[62]. Als eine solche Norm gilt nach Art. 53 des Wiener Übereinkommens über das Recht der Verträge »eine Norm, die von der internationalen Staatengemeinschaft in ihrer Gesamtheit angenommen und anerkannt wird als eine Norm, von der nicht abgewichen werden darf und die nur durch eine spätere Norm des allgemeinen Völkerrechts derselben Rechtsnatur geändert werden kann.« Eine Reihe fundamentaler Menschenrechte gehört nach herrschender Auffassung zum *ius cogens*[63].

Besonders mit der Figur des zwingenden Völkerrechts wird versucht, einen festen, unantastbaren, auch völkervertragsrechtlich nicht disponiblen Normbestand in das Völkerrecht einzuführen. Quellen des *jus-cogens*-Konzepts können im Naturrechtsdenken erblickt werden[64]. Die Schwierigkeiten dieses Modells führen über zur Diskussion der Problematik des Positivismus im Völkerrecht, insbesondere im Hinblick auf die Menschenrechte.

14.6 Probleme positivrechtlicher Begründung

Im Konzept zwingender Völkerrechtsnormen stößt eine Subjektivität der Rechtsbegründung, die bei den einzelnen Staaten ansetzt, mit der Annahme einer objektiven Wertordnung zusammen[65]. Ein unantastbarer Kernbestand des Rechts wird auf den Konsens der Staaten zu gründen versucht. Das bedeutet, dass als zwingend nur gelten kann, was allgemein akzeptiert wird. Damit ist der Zwang im Grunde aber wieder aufgehoben, da letztlich das Einverständnis der Betroffenen entscheidet[66].

Die Schwierigkeit, quasi-naturrechtliche, unantastbare Normen im positiven Rechtserzeugungsverfahren zu fundieren, ist schwerlich zu überwinden. Um zu einem solchen Normbestand zu gelangen, müssen die Anforderungen an die Rechtsentstehung so hoch angesetzt werden, dass faktisch wieder die Bindungswirkung entfällt, weil jeder Teilnehmer diese durch seinen Dissens torpedieren kann. Die positivistische Idee der Rechtssetzung durch die Rechtsunterworfenen prallt mit den Vorstellungen einer zwingenden, unantastbaren, gleichsam von außen auf die Rechtsakteure kommenden Normativität zusammen.

Erreichbar wäre eine Rechtebegründung, die sich vom Willen aller Einzelstaaten löst, durch qualifizierte Mehrheitsverfahren. Als zwingende

---

62 Stein/von Buttlar/Kotzur 2017, 4 (»wesentliche Durchbrechung des Konsensprinzips«).
63 Herdegen 2021, 168 f.; Gómez Robledo 1981, 179.
64 Danilenko 1991, 44; Parker/Neylon 1988, 419–422.
65 Carillo Salcedo 1997, 591.
66 Vgl. Weil 1992, 269.

Normen könnten solche gelten, die von einer hinreichend großen Zahl der Staaten anerkannt worden sind. Das läuft jedoch der herrschenden Rechtsquellenlehre und dem dahinter stehenden Konzept der staatlichen Souveränität zuwider. Die Völkerrechtslehre begegnet diesem Problem vor allem dadurch, dass sie die Anforderungen des »Konsenses« reduziert. Zum einen begnügt man sich diesbezüglich mit einem angenommenen oder stillschweigenden Konsens[67]. Zum anderen wird angenommen, dass Konsens nicht völlige Einstimmigkeit bedeute, sondern nur, dass allfällige Dissidenten von keiner relevanten Bedeutung seien[68]. So wird gerade im Hinblick auf die Menschenrechte und deren zwingende Natur mitunter ein Konsens angenommen, der faktisch nicht unbedingt besteht. Wenngleich die Menschenrechte heute sehr breite Akzeptanz finden, gibt es doch einzelne Staaten, die das Konzept ablehnen[69]. Die Begründung über den Staatenkonsens führt im Hinblick auf zwingende Menschenrechtsvorschriften deshalb an Grenzen.

Dazu kommt ein weiteres, grundsätzliches Problem: Unter den Menschenrechten stellt man sich weithin mehr vor als einfache Produkte von Mehrheitsauffassungen. Sie werden weithin als Normen verstanden, die prinzipiell unabhängig von menschlichen Entscheidungen gelten. »Menschenrechte sind die neuzeitliche Transformation der Idee, dass es ein Recht gibt, das positiver Satzung entzogen ist.«[70] Auch wenn die Staaten, vielleicht sogar in ihrer Mehrheit, gegen die Menschenrechte handeln, sollen diese daher gelten. Sie haben ihre eigentliche Rolle gerade dort, wo sie positivrechtlich nicht gewährleistet sind[71].

Damit überschreitet die Menschenrechtsidee in ihren Prämissen die positivistische Rechtsauffassung. Die zwingenden Menschenrechte als Teil einer unabdingbaren Völkerrechtsordnung markieren den Wandel zu einem veränderten Rechtsverständnis. Ein Völkerrechtler bringt dies folgendermaßen zum Ausdruck: »Die Grundregeln des Völkerrechts entwachsen wieder – wie bereits in der vorpositivistischen Zeit des Naturrechts – der Verfügbarkeit der einzelnen rechtsunterworfenen Staaten, die im klassischen Völkerrecht des Positivismus zugleich Gesetzesadressaten und Gesetzgeber waren; es wird erneut zum ius publicum einer überstaatlichen und nunmehr auch überkontinentalen Gemeinschaft, wie einst das ius publicum Europeum Grundordnung der europäischen res publica Christiana war.«[72]

---

67 Herdegen 2021, 34.
68 Oppenheim/Lauterpracht 1955, 17.
69 Riedel 1986, 173; Tomuschat 2002, 18 f.
70 König 1994, 298.
71 König 1994, 31.
72 Giegerich 2003, 2.

14.7 Integration

Die bisherigen Ausführungen haben deutlich gemacht, dass sich Menschenrechte weder rein naturrechtlich noch rein positivistisch überzeugend interpretieren lassen. Naturrechtliche Ansätze ringen mit dem modernen Pluralismus, der keine einheitliche Weltsicht mehr kennt. Rein positivistische Modelle wiederum verpassen Intuitionen unbedingter Geltung, die mit der Idee der Menschenrechte untrennbar verknüpft sind.

In der vorliegenden Darstellung wird die Auffassung vertreten, dass fundamentale Rechtspositionen in der Würde des Menschen begründet liegen. Die einzelnen Rechte explizieren einen grundlegenden Anspruch auf Unverfügbarkeit, der seinerseits in den Bedingungen menschlichen Existierens angelegt ist. Der ursprüngliche Status des Nicht-hergestellt-Seins und des selbständigen Lebensvollzugs indiziert, dass das Individuum keinem schrankenlosen Zugriff anderer ausgesetzt werden darf. Die einzelnen Menschenrechte sind Konkretisierungen dieser Garantie.

Diese Perspektive beinhaltet sowohl naturrechtliche als auch positivistische Motive, ohne sich einer dieser Kategorien einseitig und vollständig zuzuordnen. Verbunden mit naturrechtlichen Motiven ist dieses Verständnis der Menschenrechte insofern, als es diese Rechte in einem nicht-artifiziellen Charakter des menschlichen Lebens angelegt sieht. Die grundlegenden Forderungen, die sich daraus ergeben, sind kategorischer Art. In seinem moralischen Kern ist der Menschenwürde- und Menschenrechtsschutz als unbedingt und menschlich nicht disponibel zu betrachten.

Im Hinblick auf konkrete Rechte besteht ergänzend jedoch die Notwendigkeit konstruktiver Bestimmung. Aus der Würde ergibt sich nicht ohne weiteres, welche Rechte und Normen im Einzelnen gelten sollen. Welche Handlungen und Praktiken das Erfordernis guter Begründung erfüllen, ist in Prozessen menschlicher Verständigung stets neu festzulegen. Dabei ist davon auszugehen, dass die einzelnen Normen mit dem Wandel von Bedingungen, Anschauungen, Gefährdungen und auch empirischen Kenntnissen Veränderungen unterworfen sind. Auf Einzelheiten der rechtlich-politischen Rechte-Bestimmung werde ich im dritten Teil dieser Arbeit näher eingehen.

Die vorliegende Konzeption unterscheidet sich von einem klassischen Naturrechtsdenken namentlich in folgender Hinsicht: Sie bedarf keiner metaphysischen Verankerung von Normativität – keines »Wertehimmels«, in dem die Menschenrechte verankert wären. Deren Grund liegt nach hier vertretener Ansicht im Umstand, dass Menschen keine Artefakte sind und dass sie auf eine spezifisch menschliche Weise selbständig existieren. Aufgrund dessen können Menschen nicht in den Kategorien von Herstellung und Verfügbarkeit eingeordnet werden. Die Begründung setzt mithin bei empirischen Evidenzen an und verweist nicht auf jenseitiges Absolutes. Sie wird damit dem Umstand gerecht, dass ein solches Absolutes unter Bedingungen des modernen Pluralismus in hoher Weise umstritten sein müsste und kaum die Basis einer universalen Rechtebegründung bilden kann.

Sowohl gegenüber einer klassisch-naturrechtlichen wie gegenüber einer rechtspositivistischen Sichtweise weist die vorgestellte Konzeption damit Distanz auf. Sie betrachtet grundlegende Freiheitsrechte als mit dem Menschlichen und dem Status des von Natur aus Gewordenen verknüpft – in dem Sinn als »angeboren«, als die Geburt des Menschen basale Ansprüche auf Selbstentfaltung impliziert. Das Modell versteht die einzelnen Rechte und die Rechtsordnung insgesamt aber nicht als prädeterminiert, sondern als politisch gesetzt und variabel. Insofern verbindet es naturrechtliche und positivistische Motive bzw. steht es jenseits dieser Alternative[73]. Die Würde des Menschen lässt als idealer Kern der Menschenrechte einen Handlungsspielraum, und verleiht dem Rechtsschutz in seiner Substanz doch einen unbedingten Sinn.

---

73 Vgl. auch Forst 2007, 198 (dort Anm. 22), 315.

15. Angeborene Rechte

15.1 Unveräußerlich und angeboren

Der Anfang des rechtlich verbindlichen Menschenrechtsschutzes liegt in den Vereinigten Staaten von Amerika. Am 12. Juni 1776 erließen die Siedler in Virginia eine *Bill of Rights*, in der sie erstmals in verbindlicher Form Menschenrechte verankerten. Artikel 1 der Erklärung besagt:

> »Alle Menschen sind von Natur aus in gleicher Weise frei und unabhängig, und haben bestimmte angeborene Rechte *[inherent rights]*, die sie, wenn sie eine staatliche Verbindung eingehen, ihrer Nachkommenschaft durch keinen Vertrag rauben oder entziehen können; und zwar den Genuss des Lebens und der Freiheit, mit den Mitteln, Eigentum zu erwerben und zu besitzen, und das Erstreben und Erlangen von Glück und Sicherheit.«

Wenig später, am 4. Juli 1776, erklärten die dreizehn britischen Kolonien in Amerika ihre Unabhängigkeit von Großbritannien. In der berühmten Präambel der Unabhängigkeitserklärung heißt es:

> »Wir halten diese Wahrheiten für selbst-evident, dass alle Menschen gleich geschaffen worden sind, dass sie von ihrem Schöpfer mit gewissen unveräußerlichen Rechten begabt worden sind, dass unter diesen Leben, Freiheit und das Streben nach Glück sind; dass, um diese Rechte zu sichern, Regierungen unter Menschen eingerichtet sind, die ihre Macht vom Einverständnis der Regierten ableiten.«

Einige Zeit später wurde die Idee der Menschenrechte in Frankreich aufgegriffen. Am 26. August 1789 verkündete die französische Nationalversammlung die Erklärung der Menschen- und Bürgerrechte. Diese spricht von »natürlichen, unveräußerlichen und heiligen Rechten«. Ähnliche Formulierungen finden sich auch in den meisten späteren Menschenrechtserklärungen – so etwa in der Allgemeinen Erklärung der Menschenrechte von 1948. Diese bezieht sich in der Präambel auf »gleiche und unveräußerliche Rechte als Grundlage der Freiheit, der Gerechtigkeit und des Friedens in der Welt«. Artikel 1 der Erklärung besagt (1. Satz): »Alle Menschen sind frei und gleich an Würde und Rechten geboren.« Eine ähnliche Beschreibung der Menschenrechte enthält das Grundgesetz der Bundesrepublik Deutschland (Art. 1 Abs. 2 GG): »Das Deutsche Volk bekennt sich darum zu unverletzlichen und unveräußerlichen Menschenrechten als Grundlage jeder menschlichen Gemeinschaft, des Friedens und der Gerechtigkeit in der Welt.«
    Attribute wie »unveräußerlich« und »angeboren« gehören zur Rede von den Menschenrechten fest dazu[1]. Oft wird über diese Begriffe relativ

---

[1]   Vgl. Fritzsche 2016, 18 f.

rasch hinweggegangen. Sie haben sich fest eingeprägt und werden als mehr oder weniger selbstverständlich wahrgenommen. Genauer betrachtet, sind sie aber reichlich bedenkenswert und stehen mit dem, was wir normalerweise mit Rechten verbinden, in einer gewissen Spannung. Rechte sind im modernen Verständnis etwas, was man übertragen kann. Daraus ergibt sich unter anderem die Dynamik der modernen (Wirtschafts-)Gesellschaft, die darauf aufbaut, dass jemand zum Beispiel sein Eigentum an einer Sache transferieren kann. Bei den Menschenrechten sollen gerade diese Eigenschaften von Rechten suspendiert sein. Sie sind nach vielfach geäußerter Auffassung »angeboren«, das heißt, ein Individuum hat sie schon bei seiner Geburt, und sie sind »unveräußerlich«, das heißt, niemand kann sie auf andere übertragen. Sie sind fest mit jedem Individuum verbunden, während der ganzen Dauer seines Existierens. Diese Ideen stehen im Grunde eher fremd im Umfeld heutiger rechtlicher Ordnungen, aber natürlich bezieht die Menschenrechtsidee gerade aus diesem Pathos auch ihre Bedeutung und ihre Wirksamkeit. Jeder Mensch hat diese Rechte, und niemand kann sie ihm nehmen – das ist gerade in historischen Extremsituationen der Ruf, der als unbedingt nötig und entscheidend empfunden wird.

Ich möchte im Folgenden etwas vertiefen, was das Angeboren-sein und die Unveräußerlichkeit der Menschenrechte bedeuten. Diese Erläuterungen am Ende des zweiten Teils der Arbeit sollen gleichzeitig dazu dienen, einige Ergebnisse der bisherigen Kapitel zu rekapitulieren.

15.2 Eine besondere Form des Lebens

Warum sollten wir einem Säugling von wenigen Monaten Rechte zuschreiben? Hängt es mit den Interessen dieses kleinen Bündels Mensch zusammen? Bewusste eigene Interessen hat das Kleinkind noch nicht, es weiß nichts von sich und seiner Umwelt. Natürlich lassen sich ihm Interessen zuschreiben, aber das ist bereits ein nicht ganz einfacher Schritt. Zudem müsste gezeigt werden, warum diese Interessen für andere normativ bedeutungsvoll sind. Das ist ohne moralische Zusatzannahmen kaum möglich[2].

Was wir vor uns haben, ist jedoch ein natürlich gewordenes, selbständig existierendes Lebewesen. *Das* macht es so klar, dass wir dieses Gegenüber nicht wie eine verfügbare Sache behandeln können und sollen. Der Säugling lebt von sich her, zwar vielfältig unterstützt, aber doch selbständig. Diese Selbständigkeit ist noch keine Autonomie, aber dennoch ein Grund des Respekts und der Fürsorge. Eine Sichtweise, die allein auf Autonomie, Willensfreiheit, Selbstachtung oder dergleichen rekurriert,

2 Vorn Kap. 13.

versagt hier. Eine Perspektive, die die basale Selbständigkeit des menschlichen Lebewesens ins Zentrum stellt, führt weiter.

Wie neuere Forschungen zeigen, ist die Lebensweise kleiner Kinder schon sehr früh von derjenigen anderer Lebewesen verschieden. Menschen handeln anders als Tiere, besonders kommunikativ, indem sie zum Beispiel sehr früh informierend tätig werden, was andere Lebewesen nicht tun[3]. Menschen sind von früh an auf kooperatives Handeln ausgerichtet, bereits vor der Entwicklung der Sprache interagieren sie auf besondere Weise mit anderen Menschen. Deshalb ist die Kategorie des *Lebens* zu grob, um diese Gegebenheiten und ihre Implikationen zu erfassen. Wenn etwa Tom Regan Rechte an den Umstand knüpft, *subject-of-a-life* zu sein[4], verkennt er, dass das Leben verschiedener Lebewesen (insbesondere von Menschen, Tieren und Pflanzen) eine verschiedene Form hat.

Wie sich im Anschluss an Hannah Arendt verdeutlichen lässt, ist der biologische *Beginn* des Lebens bei Menschen in eins der *Anfang* einer Lebensgeschichte. Dieser Anfang – Arendt verwendet dafür den Begriff der Natalität – markiert die Besonderheit des menschlichen Lebens und dessen Unverfügbarkeit. Menschen leben ihr Leben nicht als eine Abfolge biologischer Funktionen, sondern in Form einer Geschichte und einer Entwicklung. Wenn wir Menschen im Sinn der Menschenwürde in einer fundamentalen Weise achten, dann achten wir diese Entwicklungsfähigkeit des Menschen. Wir anerkennen, dass ein Mensch sein Leben auf eine eigene, individuelle Weise lebt, und dass er deswegen kein Objekt fremder Verfügung ist und sein darf.

Die in besonderer Weise auf Kooperation ausgerichtete Lebensweise des Menschen impliziert auch eine besondere Form der Verletzlichkeit. Weil Menschen auf eine spezielle Weise von anderen abhängig sind, sind sie, was ihr Leben betrifft, auch fragil. Natürlich kooperieren in gewisser Weise auch Tiere mit anderen Tieren, zum Beispiel bei der Jagd. Aber wie neuere Forschungen zeigen, bilden sie dabei nicht in gleicher Weise eine geteilte Welt wie Menschen. Menschen sind besonders in seelischer Hinsicht elementar auf das Zusammenleben mit anderen Menschen, auf deren Resonanz und Zuspruch angewiesen, und gehen ohne dieses schlichtweg ein. Auch wenn Menschen und Tiere als Lebewesen sehr vieles teilt, sollte man in dieser Hinsicht daher auch Unterschiede nicht außer Acht lassen.

Menschen und Tiere sind gleich *und* unterschiedlich: Sie sind gleich darin, dass sie natürlich geworden sind und selbständig leben; sie sind unterschiedlich darin, dass dieses Leben eine andere Form hat. Daher ist auch der Rechtsschutz für Menschen und Tiere in einigen Aspekten

---

3 Vgl. vorn Kap. 5.
4 Vorn Kap. 11.2.

gleich, in vielen aber auch unterschiedlich zu fassen. Tiere sind wie Menschen – als Gewordene – unverfügbar; auch sie dürfen nicht wie Sachen behandelt werden. Aber bei der Würde und wahrscheinlich auch bei Rechten ist es zumindest plausibel, die Zuschreibung auf Menschen zu beschränken. Selbst wenn man Tieren Grundrechte zuschreiben wollte – was theoretisch gesehen durchaus zulässig erscheint –, wären diese im Vergleich zu Menschenrechten in verschiedener Hinsicht deutlich verschieden. Erstens beziehen sich Tierrechtskonzeptionen meist nur auf eine relativ kleine Gruppe von hoch entwickelten Tieren. Zweitens umfassen die postulierten Grundrechte auch bei diesen Tieren nur einen vergleichsweise kleinen Bestand von Rechten (wie etwa Recht auf Leben, Recht auf körperliche und geistige Unversehrtheit, Bewegungsfreiheit, Verbot der Folter und der grausamen Behandlung). Die meisten Menschenrechte lassen sich nicht auf Tiere übertragen.

Der wichtige Impuls, Tiere zu schützen und vor schrankenloser Vernutzung zu bewahren, sollte daher nicht dazu führen, Menschen und Tiere in schlichter Weise gleichzusetzen. Wir achten im Mitmenschen jemanden, der ein menschliches Leben lebt. Die Geburt eines Menschen ist von anderen Hoffnungen und Ängsten begleitet, und der Tod eines Menschen löst andere Reaktionen und Handlungen aus, als es bei Tieren der Fall ist, und dies nicht ohne Grund. Unser Verhalten ist nicht nur einem Gattungsegoismus geschuldet, sondern hat seine Gründe in der Form des menschlichen Lebens. Die Achtung des menschlichen Lebens ist daher eine andere Achtung als die Achtung des tierlichen (oder pflanzlichen) Lebens.

15.3 Unveräußerlichkeit

Der Begriff der Würde steht für ein Verhältnis der Achtung, des Respekts. Der Grund der Achtung liegt nach hier vertretener Auffassung nicht in irgendwelchen Fähigkeiten des Gegenübers, sondern in dessen Menschsein selbst. Kant bringt das auf eine schöne Weise an einer Stelle zum Ausdruck, welche die Verachtung behandelt: »Andere *verachten* (contemnere), d. i. ihnen die dem Menschen überhaupt schuldige Achtung weigern, ist auf alle Fälle pflichtwidrig; denn es sind Menschen.«[5] Kants Menschenwürdekonzeption ist unvollständig rezipiert, wenn sie allein auf das Moment der Autonomie reduziert wird. Ebenso wichtig ist bei ihm, dass die Autonomie in eine Theorie des Menschen eingebettet ist. Kant bezieht sich bei der Würde ebensosehr auf das Menschsein wie auf die moralische Selbstbestimmung. Dabei rekurriert er teilweise

5   Kant, MdS, 601.

auf metaphysische Annahmen, die heute nicht mehr allgemein akzeptiert und daher zu reformulieren sind.

Nach Kant gibt es ein einziges *angeborenes* Recht: Freiheit[6]. Dieser normative Kern entspricht dem, was in der vorliegenden Konzeption als Würde verstanden wird und den Grund der Grundrechte bildet. Der Begriff des *Angeborenen* hat in diesem Zusammenhang seinen Sinn: Denn der Anspruch auf Unverfügbarkeit kommt mit der Geburt in die Welt, er hängt mit der Natalität des Menschen zusammen. Die normative Unverfügbarkeit beginnt mit dem selbständigen Lebensvollzug, also mit der Geburt[7]. Nicht in einem deskriptiven Sinn, aber in einer normativen Perspektive ist es daher durchaus begründet, in Bezug auf Menschenwürde und Menschenrechte von angeborenen Rechten zu sprechen. Gleichzeitig macht diese Ausdrucksweise deutlich, dass Menschenwürde und Menschenrechte sich auf diesen Punkt beziehen und nicht an Fähigkeiten oder Eigenschaften anknüpfen können, die der Mensch im späteren Verlauf seines Lebens erlangt. Nur im Zusammenhang einer Konzeption, die an das Menschsein selbst, an das menschliche Existieren, anknüpft, ist die Rede von angeborenen Rechten plausibel.

Nun schützen viele Menschen*rechte* Dinge, die erst später wichtig werden. So bräuchte ein Säugling beispielsweise die Meinungsfreiheit noch nicht, desgleichen die Religionsfreiheit, da er weder eine Meinung noch einen religiösen Glauben besitzt. Doch die Menschenrechte entfalten nur, was in der Menschenwürde angelegt ist, sie buchstabieren – wie Habermas sagt – die Würde aus. Deshalb ist es sinnvoll, auch die Menschenrechte schon auf den Anfang des menschlichen Lebens zu beziehen und jedem Menschen vollständig zuzusprechen. Der Zusammenhang von Menschenwürde und Menschenrechten ist unteilbar, weshalb beide auch zeitlich am gleichen Punkt ansetzen. Das menschliche Subjekt ist daher bei der Geburt nicht nur im Besitz der (relativ abstrakten) Würde, sondern auch des Kranzes von Rechten, die mit dieser Würde einhergehen und seine Unverfügbarkeit gegen verfügende Eingriffe aller Art schützen.

Nicht nur das Angeborensein, sondern auch die »Unveräußerlichkeit« der Menschenrechte wird in diesem Licht verständlicher. Menschenrechte sind Rechte, die nicht zur Verfügung stehen, auch für den Inhaber dieser Rechte nicht. Dies ist darum so, weil sie mit den Bedingungen menschlichen Existierens untrennbar verwoben sind. Eine Theorie, die auf Interessen zurückgreift, hat gerade an dieser Stelle große Schwierigkeiten, das vorherrschende Menschenrechtsverständnis zu erklären. Denn begründet man Menschenrechte in Interessen, so ist nicht

---

6 Kant, MdS, 345. Dazu vorn Kap. 10.2.
7 Inwiefern auch vorgeburtliches Leben darunter fällt, wird später zu erörtern sein; vgl. hinten Kap. 19.5.

voll verständlich, warum diese Rechte unter keinen Umständen veräußerlich sein sollten. Ein Mensch, der das entsprechende Interesse nicht besitzt, könnte diese Rechte aufgeben. Zwar lässt sich einwenden, dass es sich dabei um so basale Interessen (oder Bedürfnisse) handle, dass sie jedermann immer habe. Doch das behebt das Problem nicht ganz, denn es ist der Fall denkbar, dass bestimmte Interessen nicht bestehen oder erlöschen (zum Beispiel das Interesse, seine Meinung zu äußern, oder einen religiösen Glauben zu wählen), wodurch die kategorische Geltung der Menschenrechte ins Wanken gerät.

Anders ist es beim basalen Selbststand, der sich aus dem natürlichen Geborensein und dem eigenständigen Lebensvollzug zusammensetzt: Dieser ist bei jedem Menschen gegeben, und die Rechte, die ihn schützen, sind daher als unveräußerlich zu betrachten.

Teil 3:
Politik und Recht

16. Legitimationsprobleme

16.1 Vorbemerkungen zum dritten Teil

Im ersten Teil dieser Arbeit war versucht worden, ein Verständnis der menschlichen Würde zu entwickeln. Im zweiten Teil wurde der Zusammenhang von Menschenwürde und Menschenrechten untersucht und dargestellt. Die Untersuchung blieb dabei moralphilosophisch ausgerichtet; es ging um die Menschenrechte als moralische Rechte. Erst punktuell, etwa bezüglich des Rechtsschutzes von Tieren oder des juristischen Positivismus, wurde das (positive) Recht einbezogen.

Menschenwürde und Menschenrechte zielen, wie sich besonders in Kapitel 12 gezeigt hat, auf eine juristische Umsetzung ab. Sie drängen von sich selbst her über den Bereich der Moral hinaus und verlangen nach einer verbindlichen rechtlichen Implementierung. Die Analyse von Menschenwürde und Menschenrechten bliebe daher unvollständig, wenn sie praktisch-juristische Gesichtspunkte ganz ausblenden würde. Daher soll in diesem dritten Teil besonders der juristische Menschenwürde- und Menschenrechtsschutz beleuchtet werden. Besonders gilt es zu analysieren, wie die Operationalisierung der Menschenwürde in der Form konkreter Rechte sich genau gestaltet. Dabei sind die Rollen, welche die Politik und das Recht in diesem Zusammenhang spielen, genauer ins Auge zu fassen.

Beginnen möchte ich die folgenden Überlegungen mit grundsätzlichen Betrachtungen zu Recht und Politik unter modernen Bedingungen. Dieses Kapitel (16) geht der Frage nach, wo Recht und Politik einen normativen Grund finden können. Die dadurch eröffnete Problematik wird im folgenden Kapitel vertieft und aufzulösen versucht (17). Nach einer Betrachtung von Recht und Politik im Sinn unterschiedlicher Argumentationsräume (18) wendet sich die Untersuchung dann der konkreten juristischen Umsetzung zu – der Interpretation von Menschenwürde (19) und Menschenrechten (20) im positiven Recht. Anschließend möchte ich einige Implikationen bezüglich der Abwägung von Rechten diskutieren (21). Schließlich soll eine Position aufgegriffen werden, welche die Menschenwürde als grundsätzlich verzichtbar betrachtet (22). Die Arbeit endet mit einer Schlussbetrachtung.

16.2 Moderne Staatslegitimation

Moderne Politik steht auf anderen Grundlagen als die Herrschaft in vormoderner Zeit. Frühere politische Macht konnte sich vor allem über zwei Legitimationsstränge rechtfertigen: Tradition und Religion. Der Herrscher war zum einen gerechtfertigt dadurch, dass er aus der Familie der Herrscher stammte, Nachkomme früherer Könige oder Fürsten war. Zusätzlich wurde seine Herrschaft im damaligen weltanschaulichen Rahmen als legitim betrachtet, weil sie als göttlichem Willen entsprechend wahrgenommen wurde. Beide Quellen der Herrschaftslegitimation versiegen unter modernen Bedingungen. Die Tradition wird abgebrochen (deutlich und bildlich in der französischen Revolution mit der Enthauptung des Königs). Die modernen Machthaberinnen und Machthaber können sich durch Verweis auf die Herkunft aus einem bestimmten Geschlecht oder Stand nicht mehr legitimieren. Auch die Religion fällt als Grund der Rechtfertigung aus. Im Gefolge der Glaubensspaltung waren religiöse Überzeugungen plural geworden, im Zuge der Säkularisierung haben sie ihre generelle Akzeptanz verloren. Das Religiöse scheidet als einer der umstrittensten Bereiche der modernen Gesellschaft als Quelle *allgemein* akzeptierter Macht aus.

Der moderne Staat erschloss neue Legitimationsquellen, um politische Macht zu rechtfertigen. Unter inhaltlichen Gesichtspunkten waren das vor allem drei:

- Sicherheit: Die politische Herrschaft verspricht, gerade vor dem Hintergrund der neuen Spaltungen und Konflikte, ein Mindestmaß an Sicherheit und Ordnung.
- Rechtsschutz: Die politische Herrschaft verspricht, zentrale individuelle Güter wie Leben und Eigentum zu schützen und zu garantieren.
- Wohlfahrt: Die politische Herrschaft verspricht, die allgemeinen Lebensbedingungen zu verbessern.

Für die erste Konzeption der Herrschaftslegitimation steht paradigmatisch die Theorie von Thomas Hobbes. In einer Frühphase moderner Staatlichkeit begründet dieser die Notwendigkeit politischer Macht bekanntlich damit, dass sie das Chaos abwendet, das sonst herrschte[1]. Für die zweite Stufe der Legitimation ist die Theorie John Lockes repräsentativ. Der Staat wird ihr zufolge geschaffen, um Menschenrechte, die bereits vor der Existenz der bürgerlichen Gesellschaft und des Staates bestehen, zu schützen, im Kern die Rechte auf Freiheit, Leben und Besitz[2]. Der dritte Modus inhaltlicher moderner Staatslegitimation lässt sich nicht so eindeutig mit einem Theoretiker verbinden[3]. Praktisch kommt er vor allem in der Zeit des sogenannten aufgeklärten Absolutismus zum

---

1   Hobbes 1966.
2   Locke 1977. Vgl. dazu auch vorn Kap. 14.2.
3   Ein wichtiger früher Theoretiker des Wohlfahrtsstaates ist Christian Wolff.

Tragen. Herrscher wie Friedrich II. in Preußen oder Joseph II. in Österreich rechtfertigten sich bereits stark dadurch, dass sie das Wohl der Untertanen mehren. Die wohlfahrtsstaatliche Komponente der Staatslegitimation hat später, vor allem im 20. Jahrhundert, stark an Bedeutung gewonnen.

Über die neuen inhaltlichen Grundlagen hinaus führte der moderne Staat auch eine neue prozedurale Basis seines Wirkens ein, die Demokratie. Moderne Herrschaft legitimiert sich durch das Einverständnis der Betroffenen, präsentiert sich als Ausdruck von deren Willen. Diese Legitimationsquelle ist alltagspraktisch noch wichtiger als die inhaltlichen Fundamente, erlaubt sie es doch, das konkrete Funktionieren des Staates direkt an legitimierende Mechanismen anzubinden und auftretende Einzelfragen klarer zu beantworten als allgemeine Zielvorstellungen wie Sicherheit, Menschenrechtsschutz und Wohlfahrtsförderung.

16.3 Das Individuum als legitimierende Instanz

Die vier Aspekte moderner Machtbegründung – Sicherheit, Rechtsschutz, Wohlfahrt, Demokratie – sind eng verwoben. Die ersten beiden Elemente bilden zwei Stufen des Menschenrechtsschutzes. Bei Hobbes geht es erst um einen rudimentären Bestand individueller Rechte, die der Staat zu schützen hat, namentlich das Recht auf Leben und körperliche Unversehrtheit. Locke weitet dies auf weitere Rechte aus, namentlich Eigentumsrechte. Beide Theorien liegen im Grunde auf einer Linie der Staatslegitimation durch Individualrechtsschutz. Das ist in gewisser Weise auch beim dritten Aspekt, der Wohlfahrtsstaatlichkeit, so. Zumindest ein minimaler Bestand an sozialer Sicherheit kann als Sozialrechte formuliert werden. Der formale Aspekt, die Demokratie, betrifft ebenfalls individuelle Rechte, nämlich politische Partizipationsrechte.

Die begründenden Elemente moderner Staatlichkeit haben ihr Gemeinsames darin, dass sie die Legitimation politischer Macht vom einzelnen Menschen herleiten. Nicht mehr transzendente Mächte oder traditionale Motive, sondern die je Betroffenen sind der Bezugspunkt der Politik geworden. Alle Legitimationsstränge verknüpfen sich in einer basalen Sorge um das Wohl des Einzelnen, das der modernen Staatlichkeit aufgetragen ist, und von der her sie sich rechtfertigt.

Moderne Staatlichkeit, die traditionale und religiöse Begründungsstränge nicht oder kaum mehr zur Verfügung hat, ist auf diesen Legitimationsmodus zwingend angewiesen. Grundrechte und Demokratie bilden die notwendigen Legitimationskomponenten, unabhängig von konkreter rechtlicher Verankerung. Diese Prinzipien hätten mit anderen Worten Gültigkeit auch dann, wenn es den positiven Verfassungstext nicht gäbe, wenn er gestrichen würde. Der Verfassungstext ratifiziert normative Substanz, die unabhängig von ihm am Grund des modernen Staates liegt. Politik kann sich unter modernen Bedingungen anders als in Verbindung mit diesen Vorstellungen dauerhaft nicht überzeugend erklären und nicht hinreichend stabil operieren[4]. Der Staat hat keine anderen Quellen der Legitimation mehr zur Verfügung als die Individuen, deren Wohl und Wille.

16.4 Grundlagen des Rechts

Auch die Legitimationsgrundlagen des Rechts wandeln sich in der Neuzeit tiefgreifend. Man kann dazu grob sagen: Wie die Politik sich einer Idee des Rechts annäherte (im zuvor erwähnten Sinn), so trat das Recht in eine immer stärkere Verbindung mit der Politik.

Kulturhistorisch betrachtet, ist die wohl vorherrschende Form des Rechts diejenige des religiösen Rechts. Recht wurde geschichtlich überwiegend von religiösen Autoritäten verwaltet und als Widerspiegelung göttlicher Richtigkeit interpretiert[5]. Im vormodernen Europa wurde diese Vorstellung vor allem über eine Dreistufung von göttlichem Recht, Naturrecht und positivem Recht konkretisiert[6]. Das Naturrecht bekommt in diesem Schema die Rolle eines Verbindungsgliedes zwischen göttlichem und positivem Recht[7]. Bedeutende Ausformulierungen dieses Ansatzes finden sich bei Augustinus[8] und Thomas von Aquin[9]. Diese Vorstellungen bleiben bis in die spanische Spätscholastik dominant[10]. Der bedeutendste Spätscholastiker Francisco Suàrez lieferte noch eine theologische Rechtslehre[11].

4 Vgl. Habermas 1992, Teil III.
5 Vgl. Weber 1972, 468–482.
6 Vgl. vorn Kap. 14.2.
7 Wolf 1964, 90.
8 Vgl. Sauter 1932, 58 f.; Welzel 1962, 54 f. Aus den Primärquellen insb. de libero arbitrio I 6,14 f.
9 Vgl. Welzel 1962, 57–66. Aus den Primärquellen insb. Summa Theologica II-I, Fragen 90–95, mit charakteristischen Stellen wie: »Somit ist klar, dass das Naturgesetz nichts anderes ist als die Teilhabe der vernunftbegabten Kreatur am Ewigen Gesetz.« (91. Frage, 2. Artikel; Ausgabe Groner/Utz, 33); »…so muss ebenfalls die menschliche Vernunft von den Geboten des Naturgesetzes als allgemeinen und unabweisbaren Prinzipien ausgehen und zu mehr konkreten Weisungen fortschreiten. Und diese durch die menschliche Vernunft hinzugewonnenen Weisungen heißen ›menschliches Gesetz‹…« (91. Frage, 3. Artikel, Ausgabe Groner/Utz, 37).
10 Oestreich 1968, 34 f.
11 Hartung 1998, 62.

Dagegen ist namentlich bei Gabriel Vasquez bereits eine relativ deutliche Lösung von der theonomen Basis festzustellen[12].

Wo das Recht früherer Zeit nicht direkt auf religiöse Vorstellungen rekurrierte, verband es sich doch regelmäßig mit Zielvorstellungen des Guten. Bei den griechischen Klassikern, namentlich Platon und Aristoteles, ist Zweck des Rechts die Erziehung der Bürger zur Tugend[13]. Recht hatte einen ethischen Sinn, es stand im Zusammenhang mit einer Vorstellung des richtigen Lebens. In diese Vorstellung sind in den meisten vormodernen Gesellschaften religiöse Motive mehr oder weniger stark eingeflochten.

Das Recht bezog Rechtfertigung und Stabilität geschichtlich überwiegend von Religion, Tradition und Ethik[14]. Das sind ganz ähnliche Geltungsgrundlagen, wie sie zuvor bezüglich der vormodernen Politik zu erkennen waren. Vormoderne politische Macht stützte sich, wie gesehen wurde, vor allem auf Religion und Tradition. Und wie die Politik, so hatte auch das Recht der Moderne auf die Situation zu reagieren, dass diese Grundlagen brüchig, dass religiöse und ethische Grundlagen eklatant strittig geworden und damit als Basis des allgemein Gültigen zumindest weitgehend nicht mehr verwendbar waren.

Die Positivierung des Rechts, seine Lösung von Tradition und Religion, erfolgte in Europa in einem längeren Prozess seit dem späten Mittelalter. Mit den neuen Universitäten (beginnend im 12. Jahrhundert in Bologna) setzte eine Reflexivierung des Rechts ein, das vorher bloß im Bedarfsfall bei Urteilsfindern und Schöffen in Bezug auf einen konkreten Lebenssachverhalt erfragt worden war. In einer ersten Phase wurden die bestehenden Rechte gesammelt, noch ohne explizite Absicht der Änderung (Kompilationen, v.a. ab dem 13. Jahrhundert). Dem rationalisierten Zugang eröffneten sich hinsichtlich des nun gesammelt vorliegenden Rechtsstoffes alsbald Verbesserungsmöglichkeiten, und so kam es besonders vom 16. Jahrhundert an auch im Bereich des Rechts zu »Reformationen«, zu Neubearbeitungen des Rechts durch Rechtsgelehrte. Lange noch unter formeller Deckung durch ein als unveränderlich vorgestelltes Naturrecht, wurde die Änderung des Rechts mehr und mehr zur Routine und immer mehr auch offen ausgewiesen. Die Berufung auf das Fachwissen und die Erfordernisse der Zeit verdrängten zusehends die Rechtslegitimierung durch Alter und Tradition.

---

12 Welzel 1962, 97.
13 Vgl. z.B. Aristoteles, EN 1179b 31–1180a 5; ders., Pol. 1333a 11–16; Platon, Nomoi 630e–631a, 688a–688b, 705d, 770b–770d, 963a.
14 Auch heute noch ist diese Rechtsfundierung, global betrachtet, durchaus verbreitet, etwa im Bereich des Familienrechts, wo religiöse Einflüsse besonders stark sind.

Das Recht transformierte sich in diesem Prozess grundlegend, es entfernte sich von der Moral im Sinne feststehender Richtigkeit und geriet in immer engere Verbindung mit der Politik[15]. Es wurde im Grunde beliebig variierbar, erklärte sich nicht länger aus einer inhaltlichen Trefflichkeit, sondern mehr und mehr durch Rechtserzeugungsverfahren, in denen es zustande gekommen war. Es rekurrierte nicht mehr inhaltlich auf höchstes, heiliges Recht, sondern formal auf korrekt ablaufende Rechtserzeugungsprozesse. Luhmann fasste den modernen Geltungsmodus so zusammen: »Recht kann jetzt weder wahr noch unwahr sein, sondern nur gelten.«[16]

Der Durchbruch zur vollen Positivierung erfolgte in der Zeit des Vernunftrechts, in der Aufklärungszeit. Gegen Ende des 18. Jahrhunderts und am Beginn des 19. Jahrhunderts entstanden die ersten Kodifikationen, gesetzliche Gesamtsysteme nach vernunftrechtlicher Vorstellung (Allgemeines Landrecht für die Preußischen Staaten von 1794, französischer Code Civil von 1804, Allgemeines Bürgerliches Gesetzbuch von 1811). Ende des 18. Jahrhunderts entstanden auch die ersten modernen Verfassungen. Die Einführung der Verfassungen erlaubte eine vollständige Positivierung des Rechts in dem Sinne, dass das Recht nunmehr selbst seine Basis bildete (in Form der Verfassung) und sich von religiösen oder moralischen Einflüssen ganz unabhängig gemacht hatte. Die Verfassung ermöglicht es, alle Fragen innerrechtlich zu beantworten.

Gleichzeitig zeigt die Fundierung der Rechtsgeltung in der Verfassung auch an, wie eng sich Recht und Politik verknüpft haben, wird die Verfassung doch ihrerseits als politisch gesetzt verstanden. Das Recht erklärt die Verfassung – und damit seinen eigenen Grund – als politisch gesetzt, demokratisch legitimiert und daher gültig. Umgekehrt ist die Verfassung aus der Sicht der Politik der Ort, wo diese auf Rechtliches trifft, das politischer Verfügung zumindest teilweise entzogen ist. Die Verfassung ist damit in besonderer Weise der Ort, wo sich Politik und Recht begegnen, und wo sie aufeinander verweisen.

16.5 Zirkularität?

Das moderne Recht hat sein Begründungsproblem grundsätzlich so gelöst, dass es auf die demokratische Politik verweist. Es präsentiert sich als »geronnene Politik«[17], als Ausdruck des Mehrheitswillens. Dieser Legitimationsmodus trägt jedoch nur teilweise, denn im Recht der Gegenwart gibt es auch Bestände, die gegen ihn isoliert werden. Im Zentrum

15 Wesel 2014, 59 f.
16 Luhmann 1993, 145.
17 Grimm 1969, 502.

stehen dabei gerade die Menschenrechte, die zumindest in einem elementaren Bestand als der politischen Entscheidung entzogen verstanden werden. So besagt Art. 79 Abs. 3 des Grundgesetzes, dass gewisse Teile des Grundgesetzes nicht geändert werden können.

Das moderne Recht verweist somit legitimatorisch – ganz ähnlich wie die Politik – auf Demokratie und Menschenrechte. Es rechtfertigt sich dadurch, dass es dem politischen Mehrheitswillen entspricht, und dass es auf einem inhaltlich fundamentalen Rechtsbestand (Menschenrechte) aufbaut, der wiederum als politisch unverfügbar verstanden wird. Recht und Politik stützen sich auf die prinzipiell gleichen Legitimationsgrundlagen: fundamentale individuelle Rechte und demokratische Entscheidungsprozesse. Damit scheinen sie sich aber auch in einem unauflösbaren Zirkel zu verlieren: Das Recht verweist neben den Menschenrechten, die seiner eigenen Sphäre zugehören, auf die Politik (Demokratie); die Politik verweist auf die Verfassung (Recht), die in ihrem Grundrechtsteil die Menschen- bzw. Grundrechte verankert und in ihrem Organisationsteil die Demokratie. Beide Ordnungen verweisen aufeinander. Die Begründungsstränge scheinen nicht weiterzuführen. Recht und Politik scheinen sich in einem Kreisel zu drehen, aus dem sie nicht herausfinden.

17. Gemeinsame Grundlage

17.1 Primat der Politik?

Recht und Politik scheinen sich bezüglich ihrer Begründung, wie im vorangegangenen Kapitel gesehen wurde, zirkulär zu verhalten: Das Recht verweist auf die Politik, die Politik verweist auf das Recht. Diese Zirkularität kann durch die Vorstellung eines »Primats« von Recht oder Politik zu überwinden versucht werden. Eine der beiden Ordnungen wäre der anderen demnach vorgeordnet. Das Recht *oder* die Politik bildeten die Legitimationsbasis des Ganzen.

Im Folgenden soll zunächst die Idee eines Primats der Politik erörtert werden. Diese Vorstellung ist ein allgemeines, sich auf die Gesellschaft insgesamt beziehendes Thema[1]. In dieser Allgemeinheit soll es im Folgenden jedoch nicht diskutiert werden. Zu klären ist an dieser Stelle allein, ob der Politik *im Verhältnis zum Recht* ein Vorrang zukomme.

Für diese Idee scheint zunächst zu sprechen, dass das Recht im modernen Staat politisch gesetzt und politisch veränderbar ist. Recht hängt von politischen Entscheidungen ab. Diesen Entscheidungsprozessen sind in der Demokratie jedoch wiederum bestimmte Rechte inhärent. Besonders politische Partizipationsrechte, in einem weiteren Sinn aber auch Grundfreiheiten wie Meinungsfreiheit oder Versammlungsfreiheit fundieren den politischen Prozess. Die moderne Politik ist, wie bereits ausgeführt wurde, mit einer grundlegenden Idee des Rechten verknüpft[2].

Das Recht fundiert die Politik noch in einer weiteren, konkreteren Weise. Politik vollzieht sich nach Verfahren, die in der Verfassung vorgeschrieben sind. Der grundlegende Rechtserlass bestimmt, wie Politik operiert. Zwar ließe sich in dieser Hinsicht einwenden, dass die Politik sich in den Verfahrensregeln nur selbst begegne, da diese wiederum politisch gesetzt seien. Das trifft auf einer bestimmten Ebene zu, ist jedoch in zweifacher Weise einzuschränken: Zum einen sind die Verfahrensregeln in der Demokratie wiederum verschränkt mit einer materiellen Idee des Rechts, die individuelle Partizipationschancen beinhaltet; zum anderen müssen die Verfahrensregeln in der politischen Praxis zumindest auf eine bestimmte Dauer rechtlich stabil gestellt werden, damit Politik produktiv operieren kann.

Das Recht ist des Weiteren unentbehrliches Mittel zur Durchsetzung der politischen Programme. Die Politik wäre überfordert, wollte sie die Realisation ihrer Ziele ohne einen spezialisierten Rechtsstab leisten. Zur

---

1   Vgl. dazu Gerhardt 2007, 67 f.; Hirsch 2010.
2   Vorn Kap. 16.

Umsetzung allgemeiner Regeln auf konkrete Lebenssachverhalte bedarf es eines Stabes, der in rechtsgleicher und kohärenter Weise operiert. Ein allein politischer Operationsmodus könnte die Einheitlichkeit und Stabilität, die auf dieser Stufe vonnöten ist, nicht in ausreichendem Maße gewährleisten.

Politik operiert auf der Basis der Verfassung und nach deren Regeln. Vor allem in dieser Hinsicht erscheint die Vorstellung einer prinzipiellen Überordnung der Politik über das Recht unzutreffend – im Gegenteil könnte im Hinblick auf die Verbindlichkeit der Verfassung geradezu von einem Vorrang des Rechts ausgegangen werden. Im Folgenden ist diese Idee zu prüfen.

17.2 Primat des Rechts?

Ein Primat des Rechts wird der Formulierung nach seltener vertreten als ein Primat der Politik[3]. Die Idee, dass das Recht der Politik zumindest in gewisser Hinsicht vorgeordnet sei, besteht aber nicht selten und grundiert viele Überlegungen namentlich zu den Menschenrechten. Im innerstaatlichen Kontext wird von rechtswissenschaftlicher Seite mitunter die Auffassung vertreten, dass die Grundrechte einen Bereich markieren, der demokratischer Entscheidung und Änderung nicht zugänglich sei[4]. Im internationalen Kontext bezieht sich die Vorstellung vorrangigen Rechts primär auf universal gültige Menschenrechte[5].

Auch einzelne philosophische Theorien gehen davon aus, dass fundamentale Rechte dem demokratisch-diskursiven Prozess vorausliegen und insoweit einen primären Status haben. Bevor im Prozess gemeinsamer Aushandlung und Vereinbarung Regelungen im Einzelnen gefunden werden können, müssen nach diesen Auffassungen bestimmte Rechtspositionen schon gesichert sein. So müssen sich etwa nach Höffe

---

3   An einer Stelle spricht Ernst-Wolfgang Böckenförde von einem Primat des Rechts: Böckenförde 2011, 221.

4   Vgl. z.B. Di Fabio 2009, 125 f.: »Es gibt einen der Mehrheitsentscheidung nicht zugänglichen Bereich personalen Eigensinns, den die Grundrechte schützen und der auch darauf zielt, außerhalb des staatlichen Regelwerks ein Ambiente für sittliche Vernunft zu erhalten, das nicht dem Machtspruch zugänglich ist. [...] Man spricht es vielleicht gar nicht so gerne aus: aber die Grundrechte begrenzen die kollektiv ausgeübte Freiheit der Demokratie.«

5   Vgl. etwa Bryde 2003, 62: »Im Konstitutionalismus [...] ist Ziel die Begrenzung der Allmacht des Gesetzgebers, und das sind im völkerrechtlichen System in erster Linie die Recht setzenden Staaten, durch *übergeordnete* Rechtsprinzipien, insbesondere die Menschenrechte.« (Hervorhebung nur hier).

Beratungsteilnehmerinnen und -teilnehmer zum Beispiel die Integrität von Leib und Leben, die Meinungsfreiheit, die Religionsfreiheit usw. gewähren, um in eine kommunikative gemeinsame Aktivität eintreten zu können. Die Menschenrechte haben im Verhältnis zum kommunikativen und demokratischen Entscheidungsprozess aus dieser Sicht den Charakter von Vorentscheidungen[6].

Auch die Menschenrechte bedürfen indes politischer Bestimmung und Setzung. Moralisch und universal gültig sind die Menschenrechte nur in einem allgemeinen Sinn; hinsichtlich ihrer konkreten juristischen Anwendung bleiben viele Fragen offen. So ist nicht ohne weiteres klar, wie weit der Umfang der Menschenrechte reicht – ob und inwieweit dazu über die klassischen Abwehrrechte hinaus insbesondere soziale Rechte und kollektive Rechte gehören. Sehen einige politische und juristische Strömungen Ansprüche auf soziale und existenzielle Sicherheit überhaupt nicht als Teil des Menschenrechtsschutzes an, erachten andere sie als zentrales Element desselben. Während der Zeit des Kalten Krieges führte dies zur Verabschiedung von zwei Menschenrechtspakten der Vereinten Nationen, wobei der eine Pakt die bürgerlichen und politischen Rechte, der zweite die sozialen Rechte beinhaltete[7]. Legte die westliche Welt den Akzent auf die ersten Ansprüche (deren Nichtbeachtung sie anderen Staaten vorwarf), so betonten die damaligen sozialistischen Staaten umgekehrt die Bedeutung der sozialen Rechte und monierten deren unzureichende Verwirklichung im westlichen Rechtsbereich. Wenngleich diese Differenzen mit dem Wegfall der Systemkonfrontation an aktueller Bedeutung verloren haben, bleiben sie im Grunde bestehen und gibt es hinsichtlich der sozialen Rechte und ihres Verhältnisses zu den Menschenrechten keine Einigkeit.

Die Konkretisierungsbedürftigkeit der Menschenrechte manifestiert sich auch an der Frage zulässiger Einschränkungen. Praktisch entzünden sich Probleme und Konflikte meist nicht an der abstrakten Statuierung von Menschen- bzw. Grundrechten, sondern an deren Beschränkung im konkreten Fall. Diesbezüglich sind allgemeine Voraussetzungen wie gesetzliche Grundlage, öffentliches Interesse oder Verhältnismäßigkeit entwickelt worden[8]. Im Einzelnen ist oft kontrovers, ob diese Voraussetzungen als erfüllt zu erachten sind und eine Einschränkung von Grundrechten demzufolge zulässig ist.

Eine umstandslose Umsetzung moralischer Ansprüche in ein System juristischer Rechte ist zumindest in Teilen nicht möglich. Eine Logik der »Ableitung« kommt hinsichtlich der Transformation moralischer

6 Vgl. z.B. Höffe 2009, 287.
7 Internationaler Pakt über bürgerliche und politische Rechte sowie Internationaler Pakt über wirtschaftliche, soziale und kulturelle Rechte von 1966.
8 Vgl. dazu vorn Kap. 10.4.

Menschenrechte in verbindliche Rechtsansprüche an Grenzen[9]. Der Katalog der juristisch verbindlichen Rechte muss politisch *hervorgebracht*, im demokratischen und diskursiven Prozess vereinbart und als gültig festgesetzt werden. Nur vergleichsweise stark integrierte, durch gemeinsame Geschichte und Erfahrung verbundene politische Gemeinschaften sind in der Lage, den Bestand universaler Rechte gleichsam so zu sättigen, dass er in praktischen Konstellationen regulierend und konfliktklärend wirksam werden kann.

Deutlich zeigen sich Erfordernisse politischer Konkretion auch im Bereich des einfachen Gesetzesrechts. Während sich in Bezug auf die juristischen Menschenrechte aus den moralischen Forderungen noch mit einiger Deutlichkeit ergibt, welche Form sie haben sollen, ist dies bei Gesetzen und in den übrigen Bereichen des Rechts oft nicht der Fall. Eine gewisse Richtung mag auch in diesen Fällen durch die Menschenwürde und die sie konkretisierenden Menschenrechte vorgegeben sein. Es gibt aber kein Ableitungsverhältnis von der Menschenwürde zu eindeutigen konkreten Regelungen solcher Fragen.

Auch wo ein rechtsverbindlicher Bestand der Grundrechte besteht, muss in diesem Bereich daher auf andere als juristische und moralische Gründe – im Sinne einer Ableitung aus »höheren« Normen – zurückgegriffen werden. Der Pool der Gründe muss geöffnet werden, um hinreichende Legitimation auch in diesen Belangen zu schaffen. Darin liegen Sinn und Funktion deliberativ-demokratischer Verfahren, an welche die Entscheidungsfindung in diesem Stadium angeschlossen wird, direkter und intensiver noch als bei der Bestimmung der Grund- und Menschenrechte. Um auch im Bereich einfachen Gesetzesrechts hinreichende Stabilität und Akzeptabilität zu erreichen, muss auf einen möglichst reichen Fundus von Gründen rekurriert werden. Die demokratischen Prozesse versorgen das Recht mit diesen Gründen[10].

Wollte das Recht *allein* die Umsetzung dessen leisten, was in der Würde normativ enthalten ist, müsste es eine deduktive Logik vortäuschen, die aus Grundsätzen in jedem Fall das Richtige abzuleiten gestattete. Je komplexer und vielfältiger die zu regelnden Sachverhalte und zu entscheidenden Fragen sind, desto illusionärer muss ein solcher Anspruch aber werden. Das Rechtssystem bedarf daher der Politik, bedarf der Verbindung mit einem besonders weiten Raum der Gründe, um seine grundlegenden Ziele in konkrete Regelungen zu übersetzen.

Ein Angewiesensein des Rechts, besonders in Bezug auf die Menschenrechte, auf die Politik zeigt sich überdies auf der Ebene der Durchsetzung. Der Katalog verbindlicher Rechte muss praktisch wirksam werden, wofür juristische, aber auch politische Institutionen erforderlich

---

9   Vgl. Forst 2011, 85; ders. 2007, 172, 314.
10   Dazu näher hinten Kap. 18.

sind. Es braucht vor allem im globalen Kontext politische Macht, damit eine allgemeine Achtung der Rechte real sichergestellt werden kann. Das Recht ist auf sich allein gestellt nicht in der Lage, seine effektive Durchsetzung zu garantieren[11].

Aus diesen Gründen kann auch von einer generellen Überordnung des Rechts über die Politik nicht ausgegangen werden. Die beiden Bereiche sind verschränkt. Ihre Interaktion soll im Folgenden genauer beleuchtet werden.

17.3 Nochmals: Zirkularität?

Die Grundproblematik, die sich auch durch Vorstellungen eines »Primats« von Recht oder Politik nicht auflösen lasst, sei nochmals formuliert: Das moderne Recht verweist hinsichtlich seiner Geltungsgrundlagen auf die Politik, rechtfertigt sich aus der Kongruenz mit dem demokratischen Mehrheitswillen. Die moderne Politik stützt sich auf das Recht, insbesondere auf das Verfassungsrecht mit Grundrechtsteil und Organisationsteil, der die Verfahren der politischen Willensbildung und -durchsetzung präskribiert. Damit besteht dem Schein nach eine Zirkularität im Verhältnis von Recht und Politik.

Dieser Befund muss in Bezug Recht und Politik jedoch nicht das letzte Wort bleiben. Der in Frage stehende Konnex ist – erstens – gegen Zirkularitätseinwände insofern unempfindlich, als Vorstellungen eines einseitigen Vorrangs und letzter Begründungen in Recht oder Politik von vornherein unangemessen sind. Zweitens wird die scheinbar zirkuläre Struktur aufgebrochen, wenn und insofern der Zusammenhang von Recht und Politik überschritten wird. Beide Aspekte möchte ich nachfolgend vertiefen.

(1) Recht und Politik finden keine Begründung im jeweils anderen. Die Begründungsfrage selbst ist in Bezug auf diesen Zusammenhang falsch gestellt. Recht und Politik operieren gemeinsam und in gegenseitiger Bedingtheit. Jürgen Habermas hat den inneren Zusammenhang von Demokratie und Menschenrechten und deren »Gleichursprünglichkeit« verdeutlicht[12]. Auf dieser Basis kann nicht von einem generellen Vorrang von Recht oder Politik ausgegangen werden. »Auf diese Weise«, so Habermas, »setzen sich private und öffentliche Autonomie wechselseitig voraus, ohne dass die Menschenrechte vor der Volkssouveränität oder diese vor jenen einen Primat beanspruchen könnten.«[13]

11 Zugespitzt Otfried Höffe 1999, 295: »Recht ohne eine Gewalt, die im Dienst des Rechts steht, ist nämlich ein bloßes Wort.«
12 Vgl. Habermas 1997; ders. 1992, Kap. 3.
13 Habermas 1997, 301.

Politik und Recht stabilisieren sich nicht so, dass die eine Ordnung das Fundament der anderen wäre. Deshalb sind Einwände, die von der Annahme ausgehen, dass Recht oder Politik eine begründende Rolle spielen, von vornherein wenig stichhaltig. Freilich könnte die Verschränkung von Recht und Politik dann problematisch erscheinen, wenn der Zusammenhang in keiner Weise überschritten würde, wenn Recht und Politik gleichsam *nur* sich selber hätten und sozusagen nur um sich selbst (bzw. die Verfassung) kreisten. Dies ist jedoch, wie sich nun zeigen wird, nicht der Fall.

(2) Politik und Recht erzeugen (immer neu) eine Rechts- und Staatsordnung, die im Modus des Zwanges und der Herrschaft operiert. Dies evoziert die Frage der Rechtfertigung, die unter Rückgriff auf theologische, traditionale, metaphysische oder andere Quellen unter modernen Bedingungen nicht mehr allgemein adäquat zu beantworten ist. Zwei Stränge der Legitimation sind heute von primärer Bedeutung, ein materieller Strang, der auf unveräußerliche Individualrechte verweist, und ein prozeduraler Strang, der sich mit Verfahren demokratischer Willensbildung verbindet.

Politik *und* Recht stützen sich auf beide Legitimationsquellen. Das Recht ist primär mit der menschenrechtlichen, die Politik primär mit der demokratischen Form der Legitimierung verbunden. Doch für beide Ordnungen gilt auch, dass der eine Strang zur hinreichenden Rechtfertigung zu schwach wäre. Das Recht bedarf über die Rückbindung an unverfügbare Menschenrechte hinaus der politischen, demokratischen Konkretisierung. Die Politik bedarf über die demokratischen Verfahren hinaus der Bindung an unbedingt geltende Rechte, weil nur so die demokratische Willensbildung und eine liberale Gesamtordnung hinreichend zu sichern sind.

Verfolgen wir den legitimierenden Weg weiter, so ist zu erkennen, dass er über Menschenrechte und Demokratie hinausführt. Die Legitimation über demokratische Verfahren hat einen Sinn, der das Prozedurale transzendiert. Er liegt darin, dass im demokratischen Verfahren jede und jeder Einzelne Berücksichtigung findet, dass er oder sie nicht übergangen wird bei der Festlegung des kollektiv Gültigen, sondern zumindest der Möglichkeit nach Einfluss nehmen kann. Man kann diesen Anspruch, dass ein einzelner Mensch nicht übergangen wird, sondern »zählt«, als zentralen Gehalt der Menschenwürde-Norm betrachten[14].

Die Menschenrechte führen aus der Sicht der hier vertretenen Theorie ebenfalls auf die Menschenwürdegarantie zurück. Wie dargelegt wurde, wird in den einzelnen Menschenrechten der Grundanspruch der Unverfügbarkeit konkretisiert. Diese verhindern *insgesamt* einen verfügenden Zugriff auf das Individuum[15].

---

14 Dazu vorn Teil I.
15 Vgl. vorn Teil II, insb. Kap. 10.

Die beiden Legitimationsstränge – Menschenrechte und Demokratie – verschränken sich somit in der grundlegenden Zuschreibung eines Status' prinzipieller Unverfügbarkeit in Bezug auf alle Personen. Politik *und* Recht verweisen hinsichtlich ihrer Rechtfertigung auf eine basale Achtung des einzelnen Menschen. Für diesen fundamentalen Respekt vor dem Individuum steht der Begriff der Würde. Diese ist somit das Fundament, auf dem Recht und Politik in ihrer modernen Form gemeinsam aufruhen[16].

17.4 Mehrdimensionalität

Die gemeinsame inhaltliche Basis von Politik und Recht macht den Blick klarer für deren notwendiges Zusammenwirken. Beide stehen im Dienst fundamentaler Individualansprüche und leisten *zusammen* eine Operationalisierung des Würdeschutzes. Dieser im folgenden Kapitel noch genauer zu betrachtende Zusammenhang sei hier schon mit einigen Strichen angedeutet.

Sind die Menschenwürde und die Menschenrechte einmal verfassungsrechtlich kodifiziert, so bedarf es der juristischen und politischen Aktion, um sie wirksam werden zu lassen. *Politisch* müssen die Menschen- bzw. Grundrechte je nach Entwicklung geändert oder erweitert werden. Die Modalitäten dieser politischen Änderbarkeit variieren dabei je nach politischem System. Zudem ist der Sinn der sehr abstrakten Menschenrechte in konkreterem Gesetzesrecht zu entfalten. *Juristisch* wiederum ist der Gehalt von Menschenwürde und Menschen- bzw. Grundrechten genau zu bestimmen und in gerichtlichen Verfahren anwendbar zu machen.

Zeitlich betrachtet, kann dabei von einer gewissen Wechselwirkung ausgegangen werden: Sind die grundlegenden Verfassungsnormen, die dem moralischen Anspruch menschlicher Würde entsprechen, in rechtlich-politischer Weise festgelegt, bedarf es *juristischer* Institutionen, die diesen Normen Wirksamkeit verschaffen. Bezüglich vieler konkreter Fragen lassen sich aus dem Verfassungstext jedoch keine eindeutigen Folgerungen ableiten, so dass im Wege der *politischen* Gesetzgebung Normen tieferen Abstraktionsgrades zu setzen sind. Die Anwendung dieser Normen auf einzelne Fälle bedarf wiederum der *juristischen* Argumentation. Wo und soweit die juristische und administrative Konkretisierung den

16 Dem entspricht die Auffassung von Rainer Forst, dass das Recht auf Rechtfertigung, das er mit der Menschenwürde identifiziert, gemeinsame Grundlage der rechtlichen und politischen Ordnung bilde: vgl. Forst 2011, 88 (dort Anm. 86). Habermas lässt es dagegen offen, worin der Ursprung, auf den er mit dem Begriff der Gleichursprünglichkeit verweist, genau besteht.

Verhältnissen nicht angemessen ist, sind wiederum *politische* Anpassungen der Gesetze erforderlich. Es gibt somit eine Art Spirale, in der Recht und Politik die Würde immer weiter und immer neu entfalten.

Erweitert man den Zusammenhang von Recht und Politik in dieser Weise um die Dimension der Würde, wird deutlich, dass es sich bei deren Verhältnis um keines der Zirkularität im strengen (und fatalen) Sinn handelt. Das Zusammenspiel von Recht und Politik, juristischem und politischem Argumentationsmodus erhält elementare Impulse aus einem moralischen Bereich. Erweitert man das zweidimensionale Bild des Zirkels von Recht und Politik in der Hinsicht gleichsam in eine dritte Dimension, wird eine Formation sichtbar, in der die *Würde* durch *rechtliche* und *politische* Umsetzungen praktisch wird.

18. Politische und rechtliche Argumentation

18.1 Gründe in Verwaltung und Justiz

Zur Umsetzung der normativen Gehalte, die im Begriff der Würde erfasst sind, bedarf es eines Zusammenwirkens von Recht und Politik. Die Begriffe »Recht« und »Politik« sind weit und komplex. Im Folgenden sollen sie als unterschiedliche Modi der Argumentation verstanden und betrachtet werden. Denn besonders in dieser Form leisten sie die operative Umsetzung der Menschenwürde. Im Folgenden möchte ich zunächst die Praxis von Verwaltung und Gerichten beleuchten, in denen sich die juristische Argumentation manifestiert. Später werde ich vergleichend die politische Weise des Argumentierens heranziehen[1].

Die Verwaltungstätigkeit weist in vielen Bereichen relativ große Gestaltungs- und Ermessensspielräume auf. Sie ist nicht reiner Gesetzesvollzug. Auch wo sie über eine bloße Anwendung bestehenden Rechts hinausgeht, rekurriert sie jedoch auf einen besonderen Bestand von Gründen. Dies sind zum Beispiel die eigene Praxis der jeweiligen Behörde, die Praxis von Gerichten, verwaltungsinterne Direktiven oder anerkannte Meinungen der Wissenschaft. Verwaltungsentscheidungen müssen sich kohärent zu diesen Determinanten verhalten, die sich je nach Verwaltungsbereich und -tätigkeit im Einzelnen unterscheiden[2].

Politische Gründe sind in aller Regel nicht geeignet, eine Verwaltungsentscheidung zu legitimieren. Dass die Verwaltungsakteurin bzw. der Verwaltungsakteur der Auffassung ist, dass ein Gesetz anders sein sollte, berechtigt sie oder ihn nicht dazu, in einer gegen das Gesetz verstoßenden Weise zu entscheiden. In einer ähnlichen Weise sind auch ethische Gründe im Sinne von Gründen, die einer bestimmten Vorstellung des guten Lebens entsprechen[3], in aller Regel nicht geeignet, Verwaltungsentscheidungen zu rechtfertigen. Ethische Überzeugungen legitimieren Verwaltungsangestellte in der Regel nicht dazu, eine Entscheidung im Widerspruch zu rechtlichen Normen zu treffen. Es gibt diesbezüglich Ausnahmen, besonders im Bereich sog. Gewissensentscheidungen[4].

Eine weitere Dimension des Entscheidens ist das moralische Entscheiden. Eine Frage oder Entscheidung ist besonders dann moralischer Art, wenn sie das Leben anderer in einer nicht reziprok und allgemein zu

---

1   Ich stütze mich in diesem Kapitel teilweise auf Engi 2016a.
2   Vgl. Engi 2014.
3   Zum Begriff der Ethik in diesem Sinn und zur Unterscheidung von Moral vgl. etwa Forst 2007, 100–126.
4   Vgl. Forst 1994, 398 f.

rechtfertigender Weise beschränkt[5]. Berührt administratives Handeln den Bereich der Moral, reicht der einfache Bezug auf bestehendes Recht zur Rechtfertigung unter Umständen nicht mehr aus. So konnte sich Eichmann – wie andere Nazi-Täter – nicht auf den reinen Vollzug anderswo getroffener Entscheidungen berufen, da sein Handeln eine evidente moralische Dimension aufwies[6]. In diesem Fall muss sich die Akteurin bzw. der Akteur der öffentlichen Verwaltung unter Umständen vom bestehenden Recht und Vorentscheidungen lösen, um nicht gegen moralische Normen zu verstoßen.

In besonderen Konstellationen können ethische oder moralische Gründe in der Verwaltungstätigkeit somit relevant werden. In der Regel zeichnet sich diese aber dadurch aus, dass sie in einem spezifisch *rechtlichen* Modus gerechtfertigt wird. Das wird mit Blick auf den zweiten Hauptbereich, in dem juristische Rationalität praktisch wird, die Gerichte, noch deutlicher. Bei ihnen ist der Bereich zählender Gründe eher noch strenger und klarer limitiert als bei Verwaltungsbehörden.

Ein Gericht darf sich nur auf Rechtliches beziehen[7]. Andere, nichtrechtliche Gründe mögen faktisch für die Entscheidungsfindung einflussreich sein (z.B. Folgenüberlegungen). In der öffentlichen Präsentation muss das Gerichtsurteil sich aber auf rechtliche Gründe stützen[8]. Diese rechtlichen Gründe sind des Näheren Rechtserlasse, eigene Urteile, Urteile anderer Gerichte, auch die rechtswissenschaftliche Doktrin. Faktische Informationen zieht das Gericht ebenfalls bei, diese stützen das Urteil aber nicht in einem normativen Sinn[9].

In der gerichtlichen Praxis kann die Situation auftreten, dass sich aus dem Bestand der rechtlichen Normen keine klare Antwort bezüglich der zu beurteilenden Rechtsfrage ergibt. In weiten Teilen der Gerichtspraxis ist dieser Fall selten; in der Regel können Rechtsnormen und Entscheidungen ähnlicher Fälle in hinreichender Zahl und Aussagekraft herangezogen werden. In bestimmten Bereichen der Rechtsprechung und

---

5 Forst 1994, 410.

6 Vgl. auch die Diskussion des Falles Eichmann (und Hannah Arendts Auseinandersetzung damit) in Forst 1994, 405–407.

7 Möllers 2005, 95.

8 Bedeutend ist in diesem Zusammenhang der Unterschied zwischen dem *context of discovery* und dem *context of justification* (grundlegend dazu Reichenbach 1938). Bei der faktischen Erarbeitung von Gerichtsurteilen spielt nicht nur Rechtliches eine Rolle, bei der öffentlichen Darstellung derselben stützt sich ein Gericht aber auf spezifisch rechtliche Gründe.

9 Gerichte berücksichtigen bei der Auslegung einer Norm u.a. politische Erwägungen, die beim Erlass derselben wichtig waren (*travaux préparatoires*, subjektiv-historische Norminterpretation). Damit greift das Gericht aber nur auf politische Motive zurück, welche die vorliegende Norm besser verstehen lassen, es argumentiert nicht selbst politisch.

namentlich im Fall der Verfassungsgerichtsbarkeit gibt es jedoch Konstellationen, in denen der Pool rechtlicher Gründe zu klein ist, um ein Urteil hinlänglich stützen zu können. Gerichte markieren diese Begrenzungen, indem sie etwa *political questions* feststellen und sich unzuständig erklären, diese zu entscheiden, oder indem sie einen *judicial self-restraint* deklarieren[10]. Als eine der Konstellationen, die auf eine politische (statt juristische) Frage hindeuten, nennt der U.S. Supreme Court »a lack of judicially discoverable and manageable standards for resolving it«[11]. Auch das Bundesverfassungsgericht hat wiederholt Grenzen seines Handlungsbereichs hinsichtlich politischer Entscheidungen deklariert[12].

Allgemein können die Grenzen, an denen auch Verfassungsgerichte Entscheidungen den politischen Organen übertragen müssen bzw. sollen, so bestimmt werden, dass der Pool der rechtlichen Gründe zu klein ist, um ein Urteil hinreichend stützen zu können. Es braucht in diesem Fall mehr Gründe, es bedarf einer Anbindung an breitere Argumentationsströme. Ähnlich verhält es sich in der Verwaltungspraxis, zum Beispiel im Bereich der Gesetzgebung: Bereitet die Verwaltung einen Erlass oder die Änderungen eines Erlasses vor, so treten häufig Fragen auf, die sich aus dem bestehenden Komplex von Entscheidungen und Normen nicht mit hinreichender Sicherheit beantworten lassen. Die Tätigkeit berührt dann das politische Entscheiden und der Verwaltungsakteur, die Verwaltungsakteurin wird diese Fragen der politischen Leitung zur Entscheidung unterbreiten.

Versucht man diesen in der Regel eher unbewusst ablaufenden Prozess zu rekonstruieren, so lässt sich der Punkt, an dem der administrativ-juristische in den politischen Entscheidungs- und Begründungsmodus übergeht, bestimmen als der Punkt, an dem die rechtlichen Gründe nicht mehr hinreichen, um eine gut begründete Entscheidung zu treffen. Der Pool der rechtlichen Gründe ergibt nicht mehr genug, um die sich stellenden Fragen zu beantworten. Diese Feststellungen leiten über zu einer grundsätzlichen Betrachtung von politischem und rechtlichem Argumentationsbereich.

18.2 Sphären der Argumentation

Die Begriffe »Politik«, »Verwaltung« und »Justiz« verweisen auf verschiedene Kontexte der Argumentation. Die zentrale Eigenschaft dieser

10 Zur *political questions doctrine* des U.S. Supreme Court Brugger 2001, 21–24. Die Doktrin hat an praktischer Bedeutung verloren (ebd.).
11 Baker v. Carr, 369 U. S. 186. Die anderen Gesichtspunkte hängen vor allem mit der Gewaltenteilung zusammen.
12 Vgl. etwa BVerfGE 36, 1 (14); 39, 1 (51, 69 ff.); 48, 127 (160); 49, 89 (131).

Kontexte besteht darin, dass in ihnen unterschiedliche Gründe bzw. gleiche Gründe in unterschiedlicher Weise zählen. Die Gründe sind teilweise ähnlich oder gleich, haben aber in den jeweiligen Bereichen einen anderen Status und eine andere Rolle.

Die Räume der Gründe, die den Diskursen zugrunde liegen, sind nicht geschlossen, und viele Gründe sind kontextübergreifend gültig[13]. Es gibt jedoch für jeden Handlungskontext einen Komplex von guten Gründen, der mit ihm in besonderer Weise verbunden ist, der in ihm in besonderer Weise zählt. Die juristische Argumentation ist diesbezüglich vergleichsweise eng restringiert. Nur ein beschränktes Set von Argumenten ist in der Lage, juristische Entscheidungen von Verwaltungsbehörden oder Gerichten zu rechtfertigen. Die juristische Argumentation ist generell dadurch charakterisiert, dass sie sich auf Rechtliches bezieht[14]. Aufgrund dieser engen Beschränkungen bedarf es einer bestimmten Schulung (der juristischen Ausbildung), in der diese Argumentationspraxis eingeübt wird.

Die politische Argumentation ist offener für lebensweltliche Einflüsse und generell durch eine große Weite gekennzeichnet. Die politische Debatte ist ein Raum, in dem besonders viele Gründe als möglicherweise zählend und überzeugend in Frage kommen. Auch die politische Diskussion ist indes nicht für *jede* Form der Argumentation offen. Auf viele Gründe reagieren die politischen Diskussionsteilnehmer mit Unverständnis oder Empörung. So sind etwa chauvinistische, sexistische oder rassistische Motive in liberalen Demokratien aus dem Bereich politisch anerkannter Gründe ausgeschlossen. Dabei bestehen Unterschiede zwischen den nationalen politischen Gemeinschaften. Die Rolle und die Akzeptanz religiöser Argumente ist beispielsweise in den jeweiligen politischen Räumen stark unterschiedlich. Der politische Diskurs ist nicht identisch mit der nichtöffentlichen Diskussion in ethisch bestimmten Milieus.

Steht, um ein Beispiel zu nennen, ein Bauvorhaben einer großen Unternehmung in einer Uferzone an einem See zur Debatte, können dazu *politisch* vielfältige Argumente ins Spiel gebracht werden: ökonomische, ökologische, ästhetische und andere mehr. Die *juristische* Beurteilung der gleichen Frage ist, was ihre Begründung anbetrifft, deutlich strenger limitiert: Die zuständige Verwaltungsbehörde oder das Gericht haben bei der Beurteilung die Konformität zur bestehenden Rechtslage zu beachten. Ist diese gegeben, ist das Vorhaben zu bewilligen, ungeachtet möglicher ökologischer, wirtschaftlicher oder anderer Einwände. Diese Einwände müssen im politischen Diskurs geltend gemacht werden, besonders in der Form von Postulaten zur Änderung von Rechtsnormen.

---

13 Grundsätzlich dazu Wingert 2012, insb. 191–194: Der Raum der Gründe ist nicht versiegelt. Der Ausdruck »Raum der Gründe« *(space of reasons)* geht auf Wilfried Sellars zurück: Sellars 1997, 76.

14 Alexy 1991, 262.

Der politische Diskussionsraum ist durch einen vergleichsweise undisziplinierten, ungehemmten Gebrauch von Argumenten charakterisiert, durch ein relativ ungefiltertes Einfließen von Alltagskommunikationen und hintergrundkulturellen Überzeugungen. Die politische kommunikative Kultur ist keine Expertenkultur, nur im Modus zivilgesellschaftlicher Verständigung, nicht aber in der Weise definierter und geschulter Argumentationsmuster werden hier Grenzen und Modalitäten der Argumentationen bestimmt. Der politische Raum des Argumentierens ist durch eine besonders inklusive Praxis des Gründe-Suchens und -Gebens charakterisiert.

Entscheidend ist, dass die Beteiligten verstehen, in welchem Argumentationskontext sie sich bewegen und welche Begründungen in diesem in welcher Weise zählen. Praktische Vernunft lässt sich mit Rainer Forst »als das grundlegende Vermögen verstehen, praktische Fragen auf die jeweils den praktischen Kontexten, in denen sie entstehen und zu verorten sind, angemessene Weise mit rechtfertigenden Gründen zu beantworten.«[15] Im politischen Raum der Argumentation sind rechtliche Gründe nicht unbedingt durchschlagend – geht es hier doch oft gerade um die Frage, ob und wie bestehendes Recht zu ändern sei. Das Argument, dass eine Handlungsalternative gegen bestehendes Recht verstößt, ist unter politischem Gesichtspunkt nicht unbeachtlich – aber es hat nicht den Stellenwert, den es in der juristischen Argumentation besitzt, da politisch stets die Änderung des Rechts zur Debatte steht.

Umgekehrt kann in der juristischen Diskussion – zum Beispiel hinsichtlich eines Gerichtsfalles – das politische Argument, wie die Gesetze sein *sollten*, nicht direkt verbindlich sein. Rechtspolitische Gesichtspunkte mögen auch in diesem Kontext eine gewisse Rolle spielen, doch grundsätzlich ist nach bestehender Rechtslage zu entscheiden. Allgemein und knapp lässt sich sagen: Eine juristische Frage kann nicht politisch beantwortet werden, und eine politische Frage kann nicht juristisch beantwortet werden. Es gibt nicht »die Gründe«, die Entscheidungen bestimmen, sondern für verschiedene Probleme und Kontexte einen ausdifferenzierten Komplex von Begründungen, die in besonderer Weise und mit besonderer Gewichtung zählen. Es gibt nicht einen einzigen Raum der Gründe, sondern verschiedene, jedoch nicht streng getrennte solche Räume.

18.3 Balance

Die verschiedenen Argumentationsweisen, der juristische und der politische, kommen auch bei Menschenwürde und Menschenrechten zum Tragen. Die Operationalisierung des Würdeschutzes erfolgt kooperativ

---

15 Forst 2007, 31.

durch beide Kommunikationsformen. Zunächst wird die Menschenwürde (politisch) als positives Recht gesetzt. Ihre Anwendung obliegt Gerichten, wobei die praktische juristische Relevanz der Menschenwürdegarantie gering ist. In der Regel bedarf es keines Rückgriffes auf die Menschenwürde, sondern genügen die Grund- bzw. Menschenrechte, um die betreffenden Fallkonstellationen zu lösen[16].

Gerade die Grundrechte können aber unmöglich durch ein »System« allein, durch Recht oder Politik, praktisch wirksam gemacht werden. Das rechtlich verankerte Grundrecht ist hoch abstrakt. Im Grundgesetz steht beispielsweise (Art. 4 Abs. 1 GG): »Die Freiheit des Glaubens, des Gewissens und die Freiheit des religiösen und weltanschaulichen Bekenntnisses sind unverletzlich«. Konkret treten Fälle wie etwa derjenige einer Lehrerin auf, die mit einem Kopftuch unterrichten möchte. In diesem Fall steht die Religionsfreiheit der Lehrerin, die dem religiösen Gebot auch in der Berufsausübung folgen möchte, der Religionsfreiheit der Schülerinnen und Schüler gegenüber, die im Rahmen des verpflichtenden Unterrichts nicht einer religiösen Beeinflussung ausgesetzt werden sollen.

Das Bundesverfassungsgericht definiert in diesem Fall einen bestimmten Rahmen. In einem Entscheid von 2003 stellte es zunächst fest, dass ein Verbot des Kopftuch-Tragens nicht ohne gesetzliche Grundlage möglich sei[17]. Nachdem verschiedene Bundesländer entsprechende Gesetzesgrundlagen geschaffen hatten, erging 2015 ein weiterer Beschluss, in dem das Gericht entschied, dass ein pauschales Verbot ohne konkrete Gefahr unverhältnismäßig wäre. Nur wo eine konkrete Gefahr des Schulfriedens und der religiösen Neutralität gegeben sei, wäre ein Verbot zulässig[18]. Besonders beim Urteil von 2003 ließ das Bundesverfassungsgericht den politischen Instanzen einen weiten Spielraum. 2015 schränkte es diesen stark ein, doch bleiben weiterhin gewisse Handlungsräume offen, da wenig klar ist, wann eine konkrete Gefährdung des Schulfriedens und der religiösen Neutralität des Staates gegeben ist. Es sind somit Justiz und Politik gemeinsam, welche die konkrete Ordnung definieren.

In anderen Staaten, in denen die Politik gegenüber der Justiz eine stärkere Stellung hat, verhält es sich wieder anders. In der Schweiz erging 1997 zur gleichen Thematik ein Urteil des Bundesgerichts, das es dem Kanton Genf erlaubte, einer Lehrerin das Unterrichten mit Kopftuch zu untersagen[19]. Der Kanton Genf hatte im Unterschied zu anderen Kantonen jedoch spezifische gesetzliche Grundlagen zum weltlichen (»laïque«) Auftreten öffentlicher Angestellter. Diese politische Rahmensetzung

---

16   Schlink 2013, 633.
17   BVerfGE 108, 282.
18   BVerfGE 138, 296.
19   BGE 123 I 296. Bestätigt durch den EGMR: Dahlab v. Switzerland, Appl. No. 42393/98, 15.2.2001.

bestimmte die Praxis entscheidend. Es wäre durchaus denkbar, dass Politik und Behörden in anderen Kantonen einen anderen Weg wählten, ohne dass sie dadurch zwingend mit der Verfassung in Konflikt kämen. Zu berücksichtigen ist in diesem Zusammenhang auch, dass die Verfassung in der Schweiz der politischen Änderbarkeit relativ weit offen steht (vor allem durch das Instrument der Volksinitiative[20]). Des Weiteren können Bundesgesetze, die gegen die Bundesverfassung verstoßen, vom Bundesgericht nicht aufgehoben werden (fehlende Verfassungsgerichtsbarkeit auf Bundesebene[21]). Dies alles sind Aspekte eines Systems, in dem die politische Entscheidungsfindung gegenüber der juristischen ein vergleichsweise großes Gewicht hat.

Gerade in gesellschaftlich sensiblen Fragen wie derjenigen, ob Lehrerinnen ein Kopftuch tragen dürfen, wäre es falsch, einen zwingenden Ableitungszusammenhang aus dem Grundrecht in dem Sinne zu suggerieren, dass die juristische Auslegung solche Probleme mit letzter Sicherheit zu lösen vermöchte. Die Grundrechte sind ihrer Natur nach häufig zu abstrakt, um konkrete Einzelfälle eindeutig zu entscheiden. Deshalb setzen Gerichte auf der Basis der Verfassung in diesen Konstellationen einen Rahmen, müssen aber auch der politischen Rationalität Raum lassen. Ansonsten wird das ganze Gefüge instabil, weil die Zuflüsse aus dem Bereich der politisch-demokratischen Legitimation versiegen. Umgekehrt kann auch der politische Modus der Legitimation nicht der einzige sein, da er gerade in solchen Angelegenheiten anfällig und geneigt ist, individuelle Grundrechte zu wenig zu beachten.

Jeder Staat, jedes politische System muss die richtige Balance finden zwischen diesen beiden »Systemen«. Dies ist nicht nur eine Frage eines intelligenten Verfassungs-Engineerings, sondern ebenso der je adäquaten Praxis und der politischen Kultur. Die juristischen Entscheidungsträgerinnen und Entscheidungsträger müssen erkennen, wann ihr Problemlösungsmodus an Grenzen stößt und Raum für politische Entscheide zu gewähren ist. Den politischen Verantwortlichen wiederum muss bewusst sein, welche normativen Grundentscheidungen politisch nicht disponibel und welche juristischen Vorgaben zu akzeptieren sind. Keine der beiden Denkweisen darf sich absolut setzen.

---

20 Art. 139 der Bundesverfassung (BV).
21 Art. 191 BV.

19. Juridische Menschenwürde

19.1 Menschenwürde als Rechtsbegriff

Wir haben im ersten Teil dieser Arbeit untersucht, was die Menschenwürdegarantie inhaltlich bedeutet. Im zweiten Teil wurde ein Zusammenhang zwischen Menschenwürde und Menschenrechten deutlich. Zudem hatte sich gezeigt, dass die Menschenrechte nach einer juristischen Implementierung verlangen. Im dritten Teil der Studie hatten wir bisher untersucht, wie die Menschenwürde durch Politik *und* Recht operationalisiert wird.

Auf dieser Basis können wir dazu übergehen, die Menschenwürde und die Menschenrechte in einem juristischen Sinn genauer zu bestimmen. In diesem Kapitel (19) geschieht dies in Bezug auf die Menschenwürde, im folgenden Kapitel (20) in Bezug auf die Menschenrechte. Im anschließenden Kapitel (21) möchte ich prüfen, was aus der vorliegenden Konzeption hinsichtlich der Abwägungsvorgänge folgt, die bei der Anwendung von Grund- und Menschenrechtsgarantien von großer Bedeutung sind.

Zunächst also soll erörtert werden, was die Menschenwürde juristisch bedeutet, auf der Grundlage der bisherigen Erkenntnisse dieser Studie. Die Menschenwürdegarantie ist zunächst ein moralisches Gebot. Sie ist jedoch auch im positiven Recht verankert und hat eine Scharnierfunktion im Verhältnis von rechtlicher und moralischer Normativität[1]. Als Rechtsbegriffe haben Begriffe einen eigenen Gehalt, der sich von der Bedeutung, die sie in der Alltagssprache oder in anderen Kontexten haben, in der Regel unterscheidet[2]. Im Fall der Menschenwürde sind die Bedeutungsunterschiede jedoch gering: der juristische Menschenwürde-Begriff ist mit dem moralischen im Kern identisch. Dennoch ist es wichtig, sich die spezifisch juristische Verwendung des Terminus bewusst zu machen. Denn als juristischer Begriff ist »Menschenwürde« mit einer rechtswissenschaftlichen Dogmatik und gerichtlichen Praxis verknüpft, die bei der moralischen Begrifflichkeit nicht von Bedeutung ist.

Ich möchte im Folgenden zunächst zeigen, was sich auf der Basis dieser Studie für das juristische Menschenwürde-Verständnis ergibt. Da moralisches und juristisches Verständnis in diesem Fall im Wesentlichen identisch sind, werden diese Ausführungen relativ kurz ausfallen; die inhaltliche Bedeutung entspricht auch im juristischen Kontext im Wesentlichen derjenigen, die unter moralphilosophischen Gesichtspunkten entwickelt wurde. Anschließend möchte ich Deutungen heranziehen, die in der juristischen Praxis zur Menschenwürde-Norm vorliegen. Dabei

---

1   Vgl. vorn Ziff. 12.2.
2   Mastronardi 2003, 189 f.

werde ich so vorgehen, dass ich Kommentare zum Grundgesetz konsultiere und die inhaltliche Interpretation des Menschenwürde-Begriffs analysiere, die in ihnen vertreten wird. In einem nächsten Schritt will ich diese Interpretationen mit der hier vertretenen Deutung vergleichen. Zum Schluss des Kapitels möchte ich auf die besondere Frage eingehen, ab welchem Zeitpunkt Menschen als Trägerinnen und Träger der Menschenwürde zu betrachten sind.

19.2 Zwei Hauptbedeutungen

Die Menschenwürde bedeutet eine prinzipielle Unverfügbarkeit des Individuums. Diese Bedeutung hat die Menschenwürde-Garantie auch im juristischen Kontext. Die Menschenwürde lässt sich als ein Unverfügbarkeitsgebot (U) verstehen. Dieses Gebot hat zwei Hauptkomponenten[3]:

(a) Es verbietet, Menschen wie verfügbare Objekte zu behandeln. Ein Mensch wird dann als verfügbares Objekt behandelt, wenn seine Vulnerabilität und Fragilität ausgeblendet wird.
(b) Zusätzlich gebietet (U), dass alles Handeln, das Menschen betrifft, begründbar sein muss.

Die zweite Komponente hat zwei Aspekte: Das jeweilige Handeln muss der betreffenden Person gegenüber zu begründen sein und ebenso der Allgemeinheit gegenüber. Dieses Erfordernis verweist auf einen moralphilosophischen Diskurs. Es muss immer wieder neu geprüft werden, ob ein Tun zu rechtfertigen ist.

Die beiden Komponenten sind gemeinsam zu betrachten und gesamthaft zu würdigen. Nur im Licht beider Elemente wird deutlich, ob eine Menschenwürdeverletzung vorliegt oder nicht.

Wie eingangs erwähnt, sollen nun einige Kommentare zu Art. 1 Absatz 1 des Grundgesetzes betrachtet und mit dieser Interpretation verglichen werden. Zunächst ist die Begriffsbestimmung des Bundesverfassungsgerichts zu rekapitulieren[4].

19.3 Juristische Doktrin

Das Bundesverfassungsgericht stützt sich bei der Auslegung des Menschenwürde-Artikels auf die sog. Objektformel, die von Günter Dürig

3 Vgl. vorn Kap. 9.
4 Dazu bereits vorn Kap. 1.6.

geprägt wurde. Demnach ist die Menschenwürde getroffen, wenn der konkrete Mensch zum Objekt, zu einem bloßen Mittel, zur vertretbaren Größe herabgewürdigt wird[5]. Das Bundesverfassungsgericht hat jedoch auch Schwächen dieser Formel benannt und festgestellt, dass sie lediglich die Richtung andeuten könne, in der Verletzungen der Menschenwürde gefunden werden könnten. Denn der Mensch sei nicht selten Objekt nicht nur der Verhältnisse, sondern auch des Rechts, insofern er ohne Rücksicht auf seine Interessen sich fügen müsse. Deshalb nahm das Gericht eine Ergänzung vor: »Hinzukommen muss, dass er [der Mensch] einer Behandlung ausgesetzt wird, die seine Subjektqualität prinzipiell in Frage stellt, oder dass in der Behandlung im konkreten Fall eine willkürliche Missachtung der Würde des Menschen liegt. Die Behandlung des Menschen durch die öffentliche Gewalt, die das Gesetz vollzieht, muss also, wenn sie die Menschenwürde berühren soll, Ausdruck der Verachtung des Wertes, der dem Menschen kraft seines Personseins zukommt, also in diesem Sinne eine ›verächtliche Behandlung‹ sein.«[6]

Horst Dreier stellt in seinem Kommentar zu Art. 1 Abs. 1 GG fest, dass ein allgemein akzeptierter, dogmatisch präziser Rechtsbegriff der Menschenwürde nicht existiere[7]. Die Objektformel wird von ihm kritisiert; denn ganz unvermeidlich werde jeder Mensch in vielen Situationen als Mittel und nicht als Zweck von anderen Menschen wie auch der staatlichen Gewalt behandelt. Die Ergänzungen, die das Bundesverfassungsgericht im »Abhörurteil« vorgenommen hat, überzeugen Dreier nicht. Auch eine willkürfreie Missachtung der Menschenwürde könne eine Verletzung darstellen; auf die Intentionen des »Verletzers« könne es nicht ankommen[8]. Dreier nennt drei Grundaussagen, die seiner Auffassung nach mit der Menschenwürde-Garantie verbunden sind: Diese schütze einmal als egalitäres Prinzip gegen massive Verletzungen des Gleichheitsgedankens. Negiert sei ganz allgemein die Herabstufung bestimmter Personengruppen zu Menschen zweiter Klasse oder zu »Untermenschen«. Die Menschenwürde gebiete sodann, dass Individualität, Identität sowie die physische, psychische und moralische Integrität des Menschen zu respektieren seien. Es handle sich dabei um den liberalen Grundsatz der Wahrung der Subjektqualität des Individuums. Schließlich garantiere die Menschenwürde-Norm in ihrer sozialen Dimension ein konkretisierbares materielles Existenzminimum[9].

---

5 BVerfGE 27, 1 (6); 28, 386 (391); 45, 187 (228); 50, 166 (175); 72, 105 (116); 87, 209 (228); 109, 279 (312 f.).
6 BVerfGE 30, 1 (25 f.).
7 H. Dreier 2013a, Rz. 52.
8 H. Dreier 2013a, Rz. 55.
9 H. Dreier 2013a, Rz. 60–63.

Matthias Herdegen stellt in seinem Kommentar zum Grundgesetz ebenfalls fest, dass ein operabler Begriff der Menschenwürde noch der Entwicklung harre, und konstatiert eine begriffliche Verlegenheit[10]. Die Objektformel hat auch seines Erachtens erhebliche Schwächen[11]. Ein heuristischer Wert der Formel liege darin, dass sie die verfassungsrechtliche Prüfung auf die mögliche Erniedrigung des Einzelnen richte[12]. Operabel werde das Kriterium der Erniedrigung erst durch die Anreicherung um geistesgeschichtliche und normative – insbesondere völkerrechtliche und rechtsvergleichende – Indizien[13]. Zur Feststellung, ob eine Würdeverletzung vorliegt, so Herdegen weiter, sei eine situationsgebundene Gesamtwürdigung erforderlich. Bestimmte Eingriffe (wie physischer Zwang, langjährige Freiheitsentziehung oder gar Tötung) stellten in manchen Fällen Würdeverletzungen dar und seien in anderen Situationen durchaus würdekonform[14].

Nach Christian Starck soll die Menschenwürdegarantie den Menschen davor schützen, »dass er durch den Staat oder durch seine Mitbürger als bloßes Objekt, das unter vollständiger Verfügung eines anderen Menschen steht, zur Sache gemacht, als Nummer eines Kollektivs, als Rädchen im Räderwerk behandelt und dass ihm damit jede eigene geistig-moralische oder gar physische Existenz genommen wird.«[15] Was die physische Existenz anbelangt, sei Würdeschutz zugleich Lebensschutz. Starck sieht davon ab, die Menschenwürde in eine Formel zu fassen. Er erläutert sie durch eine Darstellung der typischen Anwendungsfälle und die Kasuistik der Verletzungstatbestände[16].

Insgesamt zeigt der nicht-abschließende Überblick vor allem Folgendes: Bei der Auslegung des Menschenwürde-Begriffs besteht erhebliche Offenheit beziehungsweise Unklarheit. Zentral ist nach wie vor die sog. Objektformel, deren Schwächen jedoch häufig benannt werden. Im Übrigen dominiert eine Deutung, welche die Würde über Verletzungen derselben zu erfassen sucht, also gewissermaßen negativ. Teilweise werden bestimmte Problemdimensionen unterschieden[17].

---

10 Herdegen 2009, Rz. 33.
11 Herdegen 2009, Rz. 36.
12 Herdegen 2009, Rz. 37.
13 Herdegen 2009, Rz. 38.
14 Herdegen 2009, Rz. 46.
15 Starck 2018, Rz. 17.
16 Starck 2018, ebd.
17 Vgl. dazu auch Höfling 2018, Rz. 19.

19.4 Vergleich

Die vorgefundenen Interpretationen sollen nun mit dem eigenen Vorschlag, die Menschenwürde-Garantie zu interpretieren, verglichen werden. Dieser geht dahin, die Menschenwürde im Sinn einer Unverfügbarkeit menschlicher Individuen zu verstehen. Das Unverfügbarkeitsgebot weist in seiner inhaltlichen Dimension eine Nähe zur sogenannten Objektformel auf. Das Gebot, einen Menschen nicht als verfügbares Ding zu behandeln, lässt sich auch als Pflicht fassen, ihn nicht als Objekt zu behandeln. Dies lässt sich prinzipiell auch positiv als gebotene Achtung von Menschen als Subjekte interpretieren. Der Subjektbegriff ist in diesem Zusammenhang allerdings insofern nicht ganz unproblematisch, als er mit einer entwickelten Handlungs- und Entscheidungsfähigkeit assoziiert werden kann. Würde haben aber auch Menschen, die solche Fähigkeiten nicht aufweisen (z.B. Kleinkinder).

Die »Objektformel« ist unter anderem mit der Schwierigkeit verbunden, dass nicht genau gesagt werden kann, wann ein Mensch als »Objekt« behandelt wird. Demgegenüber wird das Verbot, über Menschen zu verfügen, in der vorliegenden Deutung etwas präziser gefasst: Ein unzulässiger verfügender Akt ist insbesondere dann gegeben, wenn ein Mensch in seiner Verletzlichkeit und Fragilität missachtet wird, wenn diese Aspekte seiner Existenz gleichsam ausgeblendet werden. Das ist insbesondere dann der Fall, wenn das einigende Band zwischen Menschen gedanklich zerschnitten wird, wenn die andere Person also im Grunde nicht mehr als Mensch betrachtet wird.

In der vorliegenden Interpretation kommt zu den genannten inhaltlichen Aspekten ein Begründungserfordernis hinzu. Menschenwürdeverletzungen sind zusätzlich dadurch charakterisiert, dass sie nicht zu begründen sind. Dieses Erfordernis trägt dazu bei, die relative Unbestimmtheit der ersten Komponente auszugleichen. Es ist nicht immer eindeutig zu sagen, ob über jemanden im Sinn dieser Analyse verfügt wird (und erst recht gilt das, wenn allein die Objektformel herangezogen wird). Um diesen Umständen Rechnung zu tragen, ist zusätzlich zu fragen, ob das jeweilige Tun zu rechtfertigen ist.

Aus der Sicht der vorliegenden Konzeption kann die Objektformel somit durchaus als tauglicher Ausgangspunkt gelten, die Menschenwürde-Garantie zu interpretieren. Jedoch ist diese Formel, wie auch fast alle Kommentierungen bemerken, zu vage, um zu sicheren Ergebnissen zu führen. Die hier eingeführten zusätzlichen Komponenten erlauben es, Menschenwürdeverletzungen genauer zu bestimmen. Sie lassen freilich weiterhin erheblichen Interpretationsspielraum. Die Antwort auf die Frage, ob die Menschenwürde in einem konkreten Fall verletzt sei, wird immer in hohem Maße von der gesellschaftlichen Diskussion abhängig sein. Jede Interpretation der Menschenwürde muss dem Rechnung tragen.

Ziehen wir nun die drei betrachteten Kommentierungen heran, so lässt sich Folgendes feststellen: Vielfach wird eine inhaltliche Vagheit der «Objektformel» konstatiert, die deren praktischen Nutzen begrenzt. Diese Kritik wird in der vorliegenden Deutung geteilt. Hinsichtlich der genaueren Ausdeutung der Würde verweisen viele Autoren auf die Konkretisierung anhand einzelner Fälle. Dieses Vorgehen kann hilfreich sein, macht eine allgemeine Deutung der Menschenwürde aber nicht entbehrlich.

Darüber hinaus sind Ansätze zu erkennen, die sich mit der hier vertretenen Perspektive berühren. So nennt Dreier als eine Komponente der Menschenwürde, dass diese die Herabstufung bestimmter Personengruppen zu Menschen zweiter Klasse oder zu »Untermenschen« verbiete[18]. Ähnliches hatten wir im Kontext von missachteter Vulnerabilität und Fragilität festgestellt. Herdegen verweist auf die Notwendigkeit situationsgebundener Würdigung[19]. Dies trifft sich mit der hier vertretenen Auffassung, dass über die genannten inhaltlichen Annäherungen hinaus jeweils im Einzelfall zu prüfen sei, ob ein Handeln zu begründen ist. Starck umschreibt die Missachtungen der Menschenwürde unter anderem so, dass jemand »unter vollständiger Verfügung eines anderen Menschen steht« und ihm »jede eigene geistig-moralische oder gar physische Existenz genommen wird«[20]. Ähnliche Motive enthält die vorliegende Untersuchung. Die Menschenwürde dient in einem normativen Sinn dazu, den Menschen als eigenständige Existenz, und das heißt insbesondere: als verletzliche und fragile Existenz zu schützen.

Insgesamt bietet sich die vorliegende Interpretation der Menschenwürde vor allem als eine Präzisierung an. Die »Objektformel« benennt die Grundidee – der Mensch darf nicht zum Objekt, zur verfügbaren Größe herabgewürdigt werden. Sie weist allerdings zwei Hauptschwierigkeiten auf: Sie ist erstens inhaltlich vage – es ist nicht klar, was es bedeutet, jemanden als Objekt zu behandeln. Und zweitens ist es möglich, dass eine solche Behandlung gerechtfertigt ist. Der Staat behandelt die Bürgerinnen und Bürger, wie auch das Bundesverfassungsgericht feststellt, nicht selten als Objekte[21]. In dieser Studie wird diesen Schwierigkeiten so begegnet, dass erstens bestimmt wird, dass ein Mensch dann als verfügbares Objekt behandelt wird, wenn seine Verletzlichkeit und Fragilität ausgeblendet wird, und dass zweitens zur Bestimmung der

18 Vorn bei Anm. 9.
19 Vorn bei Anm. 14.
20 Vorn bei Anm. 15.
21 Vgl. dazu auch vorn Kap. 8.

Menschenwürdegarantie eine formale Komponente hinzugezogen werden muss, indem zu prüfen ist, ob das konkrete Tun begründbar ist.

19.5 Beginn des Menschenwürdeschutzes

Vielfach diskutiert wird die Frage, ab welchem Zeitpunkt dem Menschen Würde zukomme. Insbesondere stellt sich die Frage, ob bereits Ungeborene Trägerinnen und Träger von Würde sind. Diese Fragen wurden besonders im Zusammenhang mit Embryonenforschung und Fortpflanzungsmedizin in der jüngeren Vergangenheit lebhaft diskutiert. Sie sollen im Folgenden ebenfalls aufgenommen werden. Ich möchte dabei zunächst erörtern, was aus der vorliegenden Theorie für diese Frage folgt. Anschließend möchte ich anhand von Grundgesetz-Kommentaren wiederum überprüfen, wie sich die juristische Doktrin und Praxis dazu verhält, und die Positionen vergleichen.

Die Würde kommt dem Menschen zu, weil er ein selbständiges Wesen ist, das nicht von anderen Wesen hergestellt wurde. Das menschliche Individuum existiert selbständig, es vollzieht ein Leben. Dies bedeutet normativ, dass menschliche Individuen nicht der Disponibilität anderer ausgesetzt werden dürfen – sie sind in ihrer Eigenständigkeit zu respektieren. Diese Grundgehalte der vorliegenden Würde-Konzeption sind nun auf die Frage zu beziehen, wann die Würde beginnt. Zu fragen ist somit, wann ein selbständiger Lebensvollzug einsetzt, der von Dritten zu respektieren ist.

Es kommen dazu grundsätzlich zwei Zeitpunkte in Frage: die Verschmelzung von Ei- und Samenzelle (bzw. die Nidation) oder die Geburt. Mit der Verschmelzung von Ei- und Samenzelle wird ein genetisches Programm festgelegt, entsteht somit eine Individualität. Es ist in diesem Stadium noch möglich, dass eineiige Mehrlinge entstehen. Es ist also noch offen, ob sich das Genom in einem oder mehreren Lebewesen verkörpert. Das individuelle, als solches einzigartige Genom jedoch ist fixiert. Der nächste Schritt im Entwicklungsprozess ist die Nidation, die Einnistung des befruchteten Eies in der Gebärmutter. Es verläuft ab der Befruchtung jedoch ein kontinuierlicher Prozess ohne Einschnitte und Sprünge. Aus Sicht der vorliegenden Konzeption lässt sich sagen, dass ab der Verschmelzung von Ei- und Samenzelle ein eigenständiges Leben zu existieren beginnt, das nicht der Verfügbarkeit ausgesetzt werden darf.

Im eigentlichen Sinne selbständig ist das Individuum bis zur Geburt indes nicht, da es biologisch vollständig vom Mutterleib abhängig ist und durch diesen am Leben erhalten wird. Daher kommt als zweiter Moment, ab dem die Würde zuzusprechen ist, die Geburt in Frage. Erst jetzt löst sich das Kind vom Mutterleib und wird tatsächlich zu einem eigenständigen Lebewesen, das von anderen zu respektieren ist. Erst jetzt wird das Individuum für andere sichtbar und erfahrbar. Daher sprechen wir auch erst jetzt von einem Menschen, während für das Ungeborene andere Begriffe verwendet werden.

Beide Momente sind wichtig, und es ist nicht eindeutig zu sagen, wo der Beginn des Würdeschutzes zu setzen ist. Jede Auffassung, die in diesen Belangen Eindeutigkeit und letzte Sicherheit vorgibt, geht daher fehl. Festzustellen ist, dass mit der Verschmelzung von Ei- und Samenzelle ein Prozess beginnt, der kontinuierlich ist und keine tiefen Einschnitte kennt. Insofern spricht viel dafür, bereits dem Ungeborenen Würde zuzusprechen, das heißt auch in ihm eine unverfügbare Entität zu sehen.

Wir haben im Anschluss an Hannah Arendt von der Natalität gesprochen und hervorgehoben, dass Menschenwürde und Menschenrechte als »angeborene« Rechte betrachtet werden[22]. Diese Deutungen bezogen sich auf die Geburt als Beginn eines eigenständigen Lebens. Im Licht der Betrachtung dieses Kapitels ist festzustellen, dass die Begrifflichkeit dabei nicht streng wörtlich zu verstehen ist. Die Natalität bezieht sich auf den Anfang des Lebens, der auch schon im pränatalen Stadium angesiedelt werden kann[23].

Freilich markiert auch die Geburt ohne Zweifel einen in normativer Hinsicht erheblichen Zeitpunkt. Erst jetzt ist das Lebewesen eigentlich *eigenständige* Existenz. Lebt es vorher in symbiotischer Einheit mit dem Mutterleib, lebt das Neugeborene – wenngleich in größter Abhängigkeit – tatsächlich selbständig. Es könnte daher auch die Auffassung vertreten werden, dass ein Würdeschutz im vollen Sinn erst mit diesem Zeitpunkt einsetzt.

Vergleichen wir diese Feststellungen wiederum mit der bestehenden Praxis und Lehre: Nach der Rechtsprechung des Bundesverfassungsgerichts ist auch der *nasciturus* Träger der Menschenwürde. Wo menschliches Leben existiert, so das Gericht im ersten Urteil zum Schwangerschaftsabbruch, komme ihm Menschenwürde zu[24]. In der zweiten Entscheidung heißt es: »Diese Würde des Menschseins liegt auch für das ungeborene Leben im Dasein um seiner selbst willen.«[25] Art und Umfang des Schutzes im Einzelnen zu bestimmen, sei Aufgabe des Gesetzgebers. Die Verfassung gebe den Schutz als Ziel vor, aber nicht seine Ausgestaltung im Einzelnen[26]. Das Bundesverfassungsgericht hat sich einer Konturierung des vorgeburtlichen Würdeschutzes bisher enthalten[27].

---

22 Vorn Kap. 5 und 15.
23 Isensee 2011, Rz. 211, vertritt die Auffassung, dass der Begriff »angeboren« bei Menschenwürde und -rechten einen metaphorischen Sinn habe.
24 BVerfGE 39, 1 (41).
25 BVerfGE 88, 203 (252).
26 BVerfGE 88, 203 (254).
27 Herdegen 2009, Rz. 60.

In der Literatur wird diese Rechtsauffassung überwiegend geteilt. Dreier kritisiert, dass gerade die Praxis zum Schwangerschaftsabbruch mit dem Unbedingtheitsanspruch und dem Absolutheitsgehalt des Menschenwürdesatzes nicht zu vereinbaren sei[28]. Die Postulierung einer Menschenwürde des Ungeborenen sei kaum konsistent durchzuhalten[29]. Herdegen vertritt das Konzept eines stufenweise anwachsenden Würdeschutzes. Dieser verstärke sich mit dem Heranreifen im Mutterleib zunehmend[30].

Die im Kontext der vorliegenden Konzeption getroffene Aussage, dass der Würdeschutz bereits im pränatalen Stadium greift, deckt sich somit mit der Praxis und der überwiegenden Lehrmeinung. Auch das vorgeburtliche Leben ist schrankenloser Verfügung entzogen. Ihm gegenüber sind freilich andere Handlungen gerechtfertigt, als es beim geborenen Leben der Fall ist. Die Unverfügbarkeit hat daher im Konkreten bei Ungeborenen eine andere Form, wobei das Stadium des Entwicklungsprozesses zu berücksichtigen ist. So ist namentlich bezüglich der Frage des Schwangerschaftsabbruchs zu bemerken, dass die Menschenwürde als solche durchgängig voll zum Tragen kommt, dass sie aber je nach Stadium andere Implikationen besitzt. Gegenüber einem Embryo von wenigen Wochen können andere Handlungen gerechtfertigt sein als gegenüber einem Fötus von mehreren Monaten.

Die Geburt markiert, wenngleich nicht den Anfang des Würdeschutzes, gleichwohl einen wichtigen Moment. Die Eigenständigkeit des wachsenden Lebens akzentuiert sich, wenn das Neugeborene sich vom Mutterleib löst und den anderen als sichtbarer Mensch gegenübertritt. Bei der Frage, welche Handlungen zu rechtfertigen sind, ist diesen Umständen Rechnung zu tragen.

---

28 Dreier 2013a, Rz. 71.
29 Dreier 2013a, Rz. 73.
30 Herdegen 2009, Rz. 60, 69–71.

20. Juridische Menschenrechte

20.1 Politische Setzung

Der Menschenwürdeschutz impliziert den Schutz von Menschenrechten. Der grundlegende Anspruch auf Unverfügbarkeit wird in Form von Rechten konkretisiert. Juristisch-praktisch betrachtet, sind die Menschen-, oder im innerstaatlichen Bereich: die Grundrechte wichtiger als die Menschenwürde. Denn Verletzungen von Individuen stellen in der Regel Grund- bzw. Menschenrechtsverletzungen dar. Auf die Menschenwürde muss nur in Ausnahmefällen zurückgegriffen werden, um Individuen zu schützen. Die einzelnen Grundrechte lassen sich – im Unterschied zur Menschenwürde – hinsichtlich ihres sachlichen Schutzbereichs relativ genau bestimmen. Es ist also einigermaßen klar, vor welchen Eingriffen diese Rechte schützen. Auch hat die juristische Dogmatik ein ausgefeiltes Instrumentarium entwickelt, um die Zulässigkeit von Grundrechtseingriffen zu beurteilen.

Die Menschen- bzw. Grundrechte sollen in ihrer genauen Bedeutung in diesem Kapitel daher näher betrachtet werden. Dabei ist zunächst der Zusammenhang zwischen Menschenwürde und Menschenrechte zu rekapitulieren[1]: Die Menschenwürde wird in Form von Menschenrechten gleichsam ausbuchstabiert. Schützt die Menschenwürde vor einer Verfügung, die den ganzen Menschen betrifft, so betreffen die Menschenrechte einzelne Aspekte seines Existierens. Der Zusammenhang lässt sich insbesondere über das Begründungserfordernis, das der Menschenwürde inhärent ist, operationalisieren: Die Menschenrechte bezeichnen Praxen, die im Regelfall nicht gut zu begründen sind. Dies betrifft etwa die Unterdrückung von Meinungen oder das Verbot religiöser Äußerungen.

Es gibt keine reine, logisch-deduktive »Ableitung« der Menschenrechte aus der Menschenwürde. Nur in wenigen Fällen ist unmittelbar deutlich, welche Handlungen aufgrund der Menschenwürde verboten sind. Dies betrifft etwa das Folter- oder das Sklavereiverbot. In anderen Fällen, zum Beispiel im Bereich informationeller Selbstbestimmung, ist nicht ohne weiteres klar, welche Freiheitssphären in Form von Grundrechten zu schützen sind. Bei der Festlegung der Menschen- und Grundrechte bedarf es daher bewusster Setzung. Zunächst muss auf moralischer Ebene entschieden werden, welche Rechte aus der Würde folgen. Anschließend ist im konkreten Kontext eines demokratischen Gemeinwesens im Wege öffentlicher Deliberation zu beschließen, welche Grundrechte als verfassungsmäßige Garantien verankert werden sollen[2].

1   Dazu vorn Kap. 10.
2   Vgl. vorn Kap. 12, 18.

Die politisch gesetzten Rechte wandern damit in einen rechtlichen Text ein, die Verfassung. Diese muss in einem bestimmten Ausmaß gegen politische Eingriffe geschützt sein, könnte sie ansonsten doch ihre Rolle nicht spielen, die politischen Prozesse stabilisierend zu begründen. Alle Staaten kennen daher auf je unterschiedliche Weise besondere Hürden der Verfassungsrevision, die von den Erfordernissen der gewöhnlichen Gesetzgebung abweichen. Das deutsche Grundgesetz kann nur mit Mehrheiten von zwei Dritteln im Bundestag und im Bundesrat abgeändert werden. Zudem erklärt das Grundgesetz einige seiner Bestimmungen für unabänderlich[3]. In den USA beispielsweise bedarf es für Verfassungsänderungen einer Zwei-Drittel-Mehrheit in beiden Kammern des Kongresses sowie einer Drei-Viertel-Mehrheit der Bundesstaaten. Daher sind Änderungen der US-Verfassung sehr selten.

Durch die Verankerung von Grundrechten in der Verfassung (und deren Absicherung gegen zufällige Mehrheiten) ist der Grundrechtsschutz allerdings bei weitem noch nicht realisiert. Die Verfassungsartikel sind – gerade im Bereich der Grundrechte – abstrakt und lassen viel Spielraum. Es bedarf daher eines spezialisierten Stabes von Rechtsanwenderinnen und Rechtsanwendern, die in konkreten Fällen entscheiden, welche Bedeutung diese Rechte haben. Diese Praxis wirkt wiederum auf die Politik zurück. Denn unter Umständen gibt es Lücken, namentlich durch neu auftretende Phänomene, welche die politische Setzung nicht bedacht hat; oder die juristische Praxis erregt das Missfallen politischer Akteure. Durch solche Ereignisse können politische Verfahren in Gang kommen (sei es auf Verfassungs- oder Gesetzesebene), welche im Erfolgsfall wiederum die Bedingungen des justiziellen Handelns verändern.

Insgesamt kann nicht angenommen werden, dass allein im Modus philosophischer Reflexion aus der Menschenwürde alle notwendigen Antworten umstandslos zu deduzieren wären. Einen wirksamen Grundrechts- und Menschenwürdeschutz gibt es nur in einem arbeitsteiligen und dynamischen Prozess, der gewährleistet, dass alle Problemkonstellationen adäquat behandelt werden. Dabei ist die Auseinandersetzung mit den Umständen des Einzelfalles ebenso wichtig wie die Kenntnis abstrakter Normen.

20.2 Konkretisierungsstufen

In organisatorisch-institutioneller Hinsicht ist der Menschenrechtsschutz vielgestaltig, er involviert insbesondere Organe der Politik, der Verwaltung und der Justiz. Dieses Bild fächert sich noch weiter auf, wenn die verschiedenen geographischen Ebenen des Menschenrechtsschutzes

3   Art. 79 GG.

berücksichtigt werden. Wir hatten bereits gesehen, dass die Menschenrechte auf verschiedenen Stufen geschützt werden, namentlich auf globaler, regionaler und nationaler Ebene[4]. An die dortigen Feststellungen anschließend, soll diese Mehrstufigkeit noch etwas genauer betrachtet werden.

Vielfach werden die Menschenrechte (vor allem in der philosophischen Debatte) mit einer globalen oder internationalen Wirkungsebene identifiziert. Die Menschenrechte sind denn auch international verankert, namentlich in der UN-Menschenrechtserklärung von 1948 und den UN-Menschenrechtspakten von 1966. Nur ein relativ kleiner Teil der Menschenrechte ist jedoch in Form von Völkergewohnheitsrecht oder zwingendem Völkerrecht *(jus cogens)* auf internationaler Ebene unmittelbar verbindlich. Noch schwerer wiegt ein tatsächlicher Aspekt: Es fehlt auf globaler Ebene die Instanz, welche die Menschenrechte zuverlässig durchsetzen würde. Missachtet ein Staat die Menschenrechte, so folgt daraus vielfach keine Sanktion. Der Menschenrechtsschutz ist auf globaler Ebene daher nach wie vor relativ schwach entwickelt.

Auch auf regionaler Ebene gibt es Menschenrechtsinstitutionen, in Europa vor allem den Europäischen Gerichtshof für Menschenrechte (EGMR). Dieser überwacht die Einhaltung der Europäischen Menschenrechtskonvention (EMRK). Dabei überlässt er den Staaten aber einen erheblichen Beurteilungsspielraum *(margin of appreciation)*. Dieser Spielraum ist etwa im Bereich der religiösen Freiheiten wichtig und war bei vielen Entscheiden auf diesem Gebiet ausschlaggebend. Der EGMR betont gerade in diesen Belangen immer wieder, dass die politischen Instanzen in den Staaten grundsätzlich besser platziert seien, um die geeigneten Massnahmen zu bestimmen. Dies soll anhand zweier Beispiele betrachtet werden: einer Entscheidung zum Kopftuchverbot an staatlichen Bildungseinrichtungen in der Türkei und zum Kruzifix in italienischen Schulen.

Im Fall *Şahin versus Turkey*[5] hatte der EGMR über das Kopftuchverbot an türkischen Universitäten zu entscheiden. Er schützte dieses Verbot und betonte, dass der Rolle der nationalen Entscheidungsträger in solchen Belangen eine besondere Bedeutung zuzumessen sei, und dass es nicht möglich sei, für ganz Europa eine einheitliche Konzeption *(a uniform conception)* des Menschenrechtsschutzes durchzusetzen[6]. Im Fall *Lautsi versus Italy*[7] war die Frage zu entscheiden, ob in italienischen Klassenzimmern Kruzifixe aufgehängt werden dürfen. In einem ersten Urteil hatte der EGMR diese Praxis als Verstoss gegen die Konvention beurteilt[8].

---

4   Vorn Kap. 12.4.
5   Şahin v. Turkey, 44774/98, 10.10.2005.
6   Şahin v. Turkey, a.a.O., Ziff. 109.
7   Lautsi et autres c. Italie, 30814/06, 18.04.2011 (Grande Chambre).
8   Lautsi v. Italy, 30814/06, 3.11.2009.

Nach Protesten der italienischen Regierung gelangte der Fall an die Große Kammer, das höchste Organ des EGMR. Diese entschied, dass die Präsenz der Kreuze zulässig sei. Dabei betonte sie, dass politische Entscheidungen zu respektieren seien und den Staaten ein großer Spielraum zukomme[9].

Im Ergebnis wird somit ein breites Spektrum von Maßnahmen als zulässig erachtet: von einem Kopftuchverbot an öffentlichen Einrichtungen bis zur Anbringung von Kruzifixen in Schulräumen. Die nationalen Gerichte entscheiden diese Fälle oft anders und schränken den Spielraum insoweit ein. So hat etwa das deutsche Bundesverfassungsgericht – wie bereits erwähnt – zu einem Verbot für Lehrerinnen, ein Kopftuch zu tragen, entschieden, dass dieses nur bei einer konkreten Gefahr des Schulfriedens oder der staatlichen Neutralität zulässig sei[10]. Auch haben sowohl das Bundesverfassungsgericht wie auch das schweizerische Bundesgericht die verpflichtende Anbringung von Kreuzen in Schulräumen als verfassungswidrig beurteilt[11]. Der Grundrechtsschutz bekommt in solchen Konstellationen somit erst auf der nationalen Ebene seine ganz konkrete Form. Dabei variieren die Verhältnisse, wie bereits an früherer Stelle hervorgehoben wurde[12], in den einzelnen Staaten, aufgrund unterschiedlicher geschichtlicher und kultureller Prägungen.

Aus alledem folgt, dass eine einfache Idee »der« Menschenrechte, die global und universell durchzusetzen wäre, fehlgeht. Das System ist weit differenzierter und variabler. In dieser Form sind die Menschenrechte vereinbar mit kultureller Vielfalt[13]. Sie bilden keine *uniform conception*, sondern einen begrifflichen und konzeptionellen Rahmen, innerhalb dessen konkrete Adäquanz zu erreichen ist. Demzufolge kann auch nicht in einer definitiven Weise festgestellt werden, welche Rechte aus dem Anspruch der Unverfügbarkeit folgen, den die Menschenwürde beinhaltet. Es obliegt dem demokratischen Diskurs in einem konkreten politischen Gemeinwesen, dies im Einzelnen festzulegen.

Unter all diesen Vorbehalten soll gleichwohl versucht werden, eine grobe Richtung zu bestimmen, in welche die *Würde als Unverfügbarkeit* hinsichtlich der Menschenrechtsgarantien weist. Die Aussagen dazu sollen im Folgenden entlang der Einteilung der Grundrechte in liberale Abwehr-, politische Teilhabe- und soziale Teilnahmerechte getroffen werden[14]. Zudem wird die Frage von Gruppenrechten zu beachten sein, die

---

9   Lautsi et autres c. Italie, 30814/06, 18.04.2011 (Grande Chambre), insb. Ziff. 61, 68–70, 76.
10 Vorn Ziff. 18.3.
11 BVerfGE 93, 1; BGE 116 Ia 252.
12 Vorn Kap. 12.4.
13 Vgl. Nickel 2007, 175 f.
14 Fritzsche 2016, 26; Lohmann 2005, 8 f. Die Gliederung geht zurück auf Jellinek 1919 (*status negativus, status activus, status positivus*).

mitunter als so genannte Menschenrechte der dritten Generation oder dritten Dimension postuliert werden[15].

20.3 Abwehrrechte

Im Zentrum der meisten Menschen- und Grundrechtstheorien stehen die liberalen Abwehrrechte gegen den Staat. Man spricht in diesem Zusammenhang von Freiheitsrechten in dem Sinn, dass damit elementare Freiheiten geschützt werden – die Freiheit, eine Meinung zu äußern, einen Glauben zu wählen, sich zu versammeln usw. Der Zusammenhang zwischen der normativen Unverfügbarkeit, welche die menschliche Würde gebietet, und diesen Rechten ist evident. Die Freiheitsrechte unterbinden einen verfügenden Zugriff auf das Individuum. Sie folgen daher aus der Menschenwürdegarantie.

Bei Grundrechten wie dem Rechtsgleichheitsgebot und dem Diskriminierungsverbot ist der Bezug zur Menschenwürde auf den ersten Blick weniger klar, aber ebenfalls gegeben. Es geht bei diesen Garantien darum, dass der Staat (als primärer Adressat der Grundrechte) Unterscheidungen nur aus vernünftigen Gründen trifft und nicht aufgrund von Merkmalen wie »Rasse«, Geschlecht oder Herkunft differenziert. Auch dabei geht es im Kern darum, dass das Individuum nicht fremder Verfügbarkeit verfallen soll. Die Unverfügbarkeit impliziert, dass jegliches Handeln gegenüber der Einzelperson gut begründet sein muss[16]. Dieser Anspruch wird gerade in den Rechtsgleichheitsgeboten und Diskriminierungsverboten aktuell. Unterscheidungen aufgrund von Merkmalen wie »Rasse«, Herkunft oder Geschlecht sind *prima facie* Unterscheidungen aus nicht-vernünftigen Gründen und würden daher gegen das Gebot menschlicher Unverfügbarkeit verstoßen[17].

Ähnlich verhält es sich bei grundlegenden Verfahrensrechten (Rechte auf ein unparteiisches Gericht, rechtliches Gehör usw.). Auch diese Rechte zielen darauf ab, eine willkürliche Verfügung des Staates über Einzelne zu unterbinden. Auch sie gehören daher zu den Rechten, die aus der Menschenwürdegarantie folgen.

20.4 Sozialrechte

Weit umstrittener als die klassischen Abwehrrechte sind soziale Grundrechte. Diese Rechte sollen positive Ansprüche verbürgen – etwa auf

15 Riedel 1989.
16 Vorn insb. Kap. 4.
17 Vgl. auch vorn Kap. 10.3.

Sozialleistungen, Arbeit oder Bildung. Einige von ihnen haben Eingang in die Allgemeine Erklärung der Menschenrechte von 1948 gefunden: das Recht auf soziale Sicherheit (Art. 22), das Recht auf Arbeit und gleichen Lohn (Art. 23), das Recht auf Erholung und Freizeit (Art. 24), das Recht auf einen sozialen Mindeststandard (Art. 25), das Recht auf Bildung (Art. 26), das Recht auf Teilnahme am kulturellen Leben (Art. 27) sowie das Recht auf eine angemessene soziale und internationale Ordnung (Art. 28). Separat verankert sind diese und weitere Sozialrechte sodann im Internationalen Pakt über wirtschaftliche, soziale und kulturelle Rechte vom 19. Dezember 1966.

Gerade gegen diese Art der Menschenrechte erhob sich immer wieder Kritik. Diese wurde etwa durch Cranston formuliert. Namentlich die Ansprüche auf Erwerbsarbeit oder Urlaub können seiner Ansicht nach keine Menschenrechte darstellen, weil sie nur für bestimmte Menschen – Erwerbstätige in den modernen, industrialisierten Ländern – überhaupt passen. Dem Erfordernis strenger allgemeiner Gültigkeit könnten sie daher nicht genügen[18]. Anderer Ansicht ist Henry Shue: Er stellt heraus, dass die Differenz zwischen »negativen« und »positiven« Grundrechten unscharf ist. Auch »negative« Rechte seien mit positiven Pflichten des Staates verbunden, wie umgekehrt »positive« Rechte teilweise durch staatliche Abstinenz erfüllbar seien[19]. Shue setzte der traditionellen Systematik daher sein Konzept der *Basic Rights* entgegen, die besonders dadurch bestimmt sind, dass ihr Besitz notwendig ist für die Ausübung aller anderen Rechte[20]. Auch Subsistenzrechte gelten unter diesen Voraussetzungen als Grundrechte[21].

Unter dem Unverfügbarkeitsaspekt bleibt gerade in dieser Hinsicht ein erheblicher Spielraum. Zu garantieren ist, dass kein Mensch völliger Disponibilität verfällt. Dies kann gewisse soziale Rechte implizieren, allerdings nur in einem beschränkten Umfang. Eine Person, die das für das Leben Nötigste nicht besitzt, ist faktisch völlig abhängig von anderen und damit zumindest der Möglichkeit nach wie ein Objekt verfügbar. Positive Leistungsrechte ergeben sich aus dem Unverfügbarkeitsanspruch daher insoweit, als eine minimale Existenzsicherung zu gewähren ist. Im Weiteren kommt gerade in diesem Zusammenhang vieles auf die Gegebenheiten in der jeweiligen politischen Gemeinschaft an. Die Grund- und Menschenrechte müssen, wie gesehen wurde, in konkreten Kontexten bestimmt werden. Insofern basiert die Kritik von Cranston auf falschen Annahmen. Dass soziale Grundrechte teilweise nur in Bezug auf die Bedingungen einer modernen, entwickelten Gesellschaft passen,

---

18 Cranston 1973, 67; ders. 1987, 233; vgl. auch Kühnhardt 1987, 331, 338.
19 Shue 1980, 35–64.
20 Shue 1980, 19.
21 Shue 1980, 22–29.

spricht nicht gegen sie, sondern entspricht der Anpassungsfähigkeit und -bedürftigkeit dieser Ansprüche.

Richtig ist hingegen, dass darauf zu achten ist, dass der jeweilige Adressat der Menschenrechte diese auch erfüllen kann. Menschenrechte implizieren Pflichten, und nur wenn diese Pflichten konkret zugeordnet und übernommen werden können, hat die Qualifizierung eines Anspruches als »Recht« einen Sinn[22]. »Es kann keinen Anspruch auf Rechte geben, die Rechte gegenüber niemandem oder niemandem im Besonderen sind.«[23] Die teilweise feststellbare Tendenz, politische Forderungen umstandslos in der Form von Rechten zum Ausdruck zu bringen, geht dann fehl, wenn die Möglichkeiten der jeweiligen Erfüllbarkeit nicht beachtet und keine konkreten Verantwortlichkeiten zugewiesen werden. Die Menschenrechte mutieren dann zu leeren Deklarationen, was ihrer Verbindlichkeit abträglich ist.

20.5 Politische Rechte

Erhebliche Interpretationsoffenheit besteht auch hinsichtlich der Frage, was der Schutz der Menschenwürde hinsichtlich der politischen Beteiligung bedeutet. Gerade in dieser Hinsicht kann aus der Würde des Menschen nicht ein bestimmtes System »abgeleitet« werden. Das macht ein Blick auf so unterschiedliche politische Systeme wie etwa diejenigen Deutschlands, Frankreichs oder der USA deutlich, die zumindest im Grundsätzlichen alle der Forderung der Würde entsprechen. In politischer Hinsicht spielen historische und soziokulturelle Faktoren eine große Rolle. Es wäre daher unangemessen, ein einzelnes System der Demokratie über alle Staaten hinweg anwenden zu wollen.

Gewisse grundsätzliche Forderungen ergeben sich aus der Würde im hier vertretenen Verständnis aber durchaus. Wenn das Individuum unverfügbar sein soll, so darf es politischer Macht nicht vollkommen ausgeliefert sein. Um das zu gewährleisten, sind in erster Linie die Abwehrrechte zu garantieren. Darüber hinaus bedeutet der Status als unverfügbares Subjekt aber auch, dass jede Person in minimaler Weise an der kollektiven Willensbildung beteiligt sein muss. Wäre dies gar nicht gegeben, wäre sie einer Herrschaft unterworfen, die sie nicht aktiv beeinflussen könnte. Dies entspräche nicht dem Status des Einzelmenschen als unverfügbares Subjekt. Aus der Würde ergeben sich daher bestimmte demokratische Rechte im Sinne einer Partizipation am kollektiven Entscheiden[24].

22 Vgl. O'Neill 2019, 282–304.
23 O'Neill 2019, 287.
24 Vgl. Forst 2015, 220 f.

Praktisch bedeutet dies, dass Wahl- und Abstimmungsrechte bestehen müssen. Zudem müssen der politische Wettbewerb und die freie Auswahl zwischen verschiedenen Parteien gewährleistet sein. Die Allgemeine Menschenrechtserklärung sieht denn auch ein allgemeines und gleiches Wahlrecht der Bürgerinnen und Bürger vor[25]. Entsprechende Ansprüche sind auch im Internationalen Pakt über bürgerliche und politische Rechte statuiert[26]. Die konkrete Form der politischen Teilhaberechte ist in jedem Staat verschieden. Zudem stehen diese Rechte oft nicht allen Herrschaftsunterworfenen zu, sondern nur den jeweiligen Staatsangehörigen. Man spricht daher oft von »Bürgerrechten« im Unterschied zu Grund- oder Menschenrechten.

20.6 Gruppenrechte

Schließlich ist ein Blick auf die sog. Menschenrechte der dritten Generation oder dritten Dimension zu werfen. Sie sind zwar weniger innerhalb der jeweiligen Staaten von Bedeutung – die hier vor allem im Zentrum stehen –, sondern eher auf internationaler Ebene. Dennoch werden sie teilweise als verbindliche juridische Rechte postuliert, weshalb sie im vorliegenden Zusammenhang zu behandeln sind.

Es handelt sich um Rechte wie etwa das Recht auf Entwicklung oder Frieden. In den grundlegenden internationalen Dokumenten zu den Menschenrechten (Allgemeine Erklärung der Menschenrechte, Menschenrechtspakte von 1966) sind sie nicht verankert. Sie wurden vor allem im Rahmen von (unverbindlichen) Resolutionen der UN-Generalversammlung proklamiert[27]. Auch die Weltkonferenz über Menschenrechte in Wien von 1993 akzeptierte in ihrer Abschlusserklärung ein Recht auf Entwicklung[28].

In der Literatur überwiegt gegenüber diesen Rechten Skepsis: Der eigentliche Bereich der Menschenrechte sei mit ihnen verlassen[29], wird etwa konstatiert. Die Kritik bezieht sich vor allem auf die Form von Kollektivrechten, die dem Menschenrechtsgedanken zuwiderlaufe. Die

---

25 Art. 21, insb. Ziff. 1: »Jeder Mensch hat das Recht, an der Leitung öffentlicher Angelegenheiten seines Landes unmittelbar oder durch frei gewählte Vertreter teilzunehmen.«

26 Art. 25 IPBPR. Aus dem Schrifttum für ein Recht auf politische Teilhabe etwa Alexy 1998, 261.

27 Vgl. z.B. Resolution 39/11 vom 12. November 1984 (Recht auf Frieden); Resolution 41/128 vom 4. Dezember 1986 (Recht auf Entwicklung).

28 Abschlusserklärung der Weltkonferenz über Menschenrechte, Teil 1, Ziff. 10.

29 Tomuschat 2002, 24.

Menschenrechte setzten einen moralischen Individualismus voraus[30]. Menschenrechte und Gruppenrechte könnten daher nur mit erheblichen Risiken für den essentiellen Charakter der Menschenrechte verbunden werden[31].

Aus der Sicht der vorliegenden Interpretation ist diese Skepsis zu teilen. Unsere Deutung geht vom Individuum aus. Dessen Selbstentfaltung ist in minimaler Weise zu sichern, gerade auch gegenüber kollektiven Zwängen. Jeder Schritt, dieses Würde-Verständnis in Richtung kollektiver Anknüpfungspunkte zu verändern, ist mit Gefahren für die individuelle Freiheit verbunden. Dazu kommt, dass die postulierten Gruppenrechte kaum praktikabel bzw. justiziabel sind. Es ist außerordentlich schwer zu sehen, wie ein Recht auf Frieden oder ein Recht auf Entwicklung in einer justiziellen Praxis realisiert werden könnte. Insbesondere stellt sich die Frage, wer in dieser Hinsicht der Anspruchsgegner wäre, und wie diese Ansprüche praktisch durchgesetzt werden könnten. Die Argumentation verschiebt sich bezüglich solcher Ziele in einen politischen Bereich. Forderungen nach Frieden oder Entwicklung sind eher politische Maximen als juridische Rechte[32]. Der Friede ist durch politische Maßnahmen und Institutionen zu erreichen, ebenso die Entwicklung ärmerer Länder oder der Schutz der Umwelt. Die Rechtsfigur der Menschenrechte entspricht diesen Zielen im Grunde kaum.

Die Forderung nach Gruppenrechten basiert teilweise auf der Vorstellung, dass die Menschenrechte auf einem individualistischen oder gar egoistischen Menschenbild basieren würden, das zu korrigieren sei. Dieser immer wieder erhobene Vorwurf soll zum Schluss dieses Kapitels näher betrachtet werden.

20.7 Soziale Dimension

Die Freiheitsrechte setzen beim Individuum an, sie garantieren individuelle Freiheiten. Doch viele dieser Rechte sind auf eine soziale Realisation ausgerichtet. Sie wollen *auch* zu freiwilliger Vergemeinschaftung und gemeinschaftsbezogenem Handeln freisetzen. Die abwehrende Dimension, die diese Rechte haben, ist von ihrer positiv-sozialen nicht zu trennen. Dies lässt sich mit Blick auf einige klassische Freiheitsrechte verdeutlichen:

– Die Meinungsfreiheit hat ihren Sinn allein in einer intersubjektiven Dimension. Das vereinzelte Subjekt würde keine Meinungsfreiheit benötigen, nur im Sinn sozialer Aktivität ist dieses Recht plausibel.

30 Ignatieff 2002, 88.
31 Donnelly 1985, 81.
32 Vgl. Shue 1980, 59 f.

– Die Religionsfreiheit hat eine individualistisch-privatistische Seite: Sie schützt den privaten Glaubensvollzug gegen externe Intervention. Doch zugleich ist die Religionsfreiheit sozial orientiert, insofern, als sie gemeinschaftliche religiöse Praxis schützt.
– Die Versammlungsfreiheit verweist besonders deutlich auf die soziale Dimension der Rechte: Sie ist überhaupt nur im Modus kollektiven Handelns wahrzunehmen.

Die Grund- und Menschenrechte schützen Entfaltungsräume. Diese können auf individualistische, aber auch auf soziale und solidarische Weise genutzt werden. Daher können individuelle Rechte nicht pauschal mit einem individualistischen Lebensmodell identifiziert und sozialem Handeln gegenübergestellt werden. Individualrechte bilden Grundlage auch gesellschaftlicher und gemeinschaftlicher Aktivität.

Die häufige Gegenüberstellung von negativer und positiver Freiheit (beziehungsweise negativer und sozialer Freiheit)[33] verpasst, wenn sie im Sinn eines Gegensatzes verstanden wird, diesen Zusammenhang und die innere Einheit der Freiheitsdimensionen. Die negative Freiheit einer Schülerin beispielsweise, nicht in einem Schulzimmer mit einem Kreuz unterrichtet zu werden und damit nicht zwangsweise einem religiösen Einfluss ausgesetzt zu sein, ist *zugleich* ihre positive Freiheit, eine andere, zum Beispiel nicht-christliche oder atheistische Überzeugung ungehindert entfalten zu können. Die Abwehr eines äußeren Zwanges ist in eins die Möglichkeit, eine eigene Auffassung des ethisch oder religiös Richtigen zu praktizieren. Umgekehrt ist die positive Freiheit, beispielsweise einen Gottesdienst durchzuführen, zugleich die negative Freiheit, an dieser Aktivität nicht gehindert zu werden.

Eine Korrektur der Menschenrechte durch Gruppenrechte ist nicht nötig, da die Menschenrechte Basis auch von sozialem Handeln bilden. Im Gegenteil könnten Gruppenrechte, welche das Kollektiv zum Träger von Rechten machen würden, die freie Assoziation und Kooperation von Bürgerinnen und Bürgern gefährden. Sie bedeuten einen Primat des Kollektivs, der dichtere Formen von Vergemeinschaftung unterminieren kann. Die individuell gestützte, persönlich motivierte Aktivität gerät, wenn Kollektiven Rechtsansprüche zugesprochen werden, unter den Druck einer Kollektivität, die sich gegebenenfalls gegen die freie lokale Assoziation wendet. Auch unter diesem Aspekt wird deutlich, dass sich eine liberale Konzeption individueller Rechte nicht gegen gemeinschaftliches Handeln in dichten ethischen Kontexten wendet. Die Grund- und Menschenrechte sind unter anderem dazu da, zwischenmenschliche Kooperation und Interaktion gegebenenfalls auch gegen ein dominierendes Kollektiv zu schützen.

33 Dazu klassisch Berlin 2006; zum Begriff der sozialen Freiheit auch Loick 2017, 39.

Rainer Forst hat diese Relationen vor dem Hintergrund von vier »Kontexten der Gerechtigkeit« beleuchtet: eines moralischen, rechtlichen, ethischen und politischen Kontexts[34]. In unserem Zusammenhang ist vor allem die Unterscheidung zwischen rechtlichem und ethischem Kontext beziehungsweise zwischen Rechtsperson und ethischer Person von Interesse. Nach Forst stellt die Identität der Rechtsperson sozusagen die äußere Hülle der ethischen Person dar[35]. Rechtsnormen konstituieren nach Forst einen äußeren Rahmen »negativer Freiheit«, der die positive Freiheit der Selbstverwirklichung in Form einer Schutzhülle ermöglicht und zugleich begrenzt[36]. Das in seinen Grundrechten geschützte Individuum ist durch diese Rechte in die Lage versetzt, einer eigenen Konzeption des Guten nachzuleben. Diese Konzeption muss keine individualistische sein, sie kann stark gemeinschaftsbezogen sein. »Individuelle Rechte als normativ verbindlich anzuerkennen bedeutet daher *nicht*, die Organisation des sozialen Lebens nach dem Modell von Vertragsbeziehungen vorzustellen: Dass Personen Rechte haben, impliziert nicht, dass in einer Gesellschaft, die Rechte anerkennt, alle sozialen Beziehungen – sei es Ehe, Freundschaft oder die politische Gemeinschaft – auf Rechtsbeziehungen umgestellt werden, in denen selbstinteressierte Subjekte versuchen, ›ihre‹ Rechte möglichst optimal durchzusetzen.«[37]

Die Rechtsperson ist mit anderen Worten nicht mit einer Beschreibung der Person zu verwechseln[38]. »Es ist eine Sache«, so Forst, »eine Person als gleichberechtigter Träger von Rechten anzuerkennen, und eine andere, sie als die Person anzuerkennen, die sie in all ihren Eigenschaften ist.«[39] Sofern der gegen den Liberalismus gerichtete Vorwurf des Atomismus impliziert, dass die Idee gleicher Rechtspersonen ein »liberales Selbst« auszeichne, dem ein bestimmter Begriff des guten Lebens und der Freiheit *von* Gemeinschaften entspricht, beruht er daher auf einer konzeptuellen Verwirrung[40].

---

34 Forst 1994.
35 Forst 1994, 48.
36 Forst 1994, 131, 395.
37 Forst 1994, 113.
38 Forst 1994, 87.
39 Forst 1994, 51.
40 Forst 1994, 52. Vgl. auch Honneth 2021, 42: »Es wird so getan, als bestimme allein das Recht die normativen Prozesse, über die sich die soziale Integration in modernen Gesellschaften vollzieht.«

21. Zur Struktur der Abwägung

21.1 Normkollisionen

Die Grundrechte kommen nicht isoliert zur Geltung. In praktischen Problemkonstellationen pflegen sie sich zu verbinden und können sie kollidieren. Die Grundrechtsausübung des einen tangiert das Grundrecht des anderen, die Interessen der Allgemeinheit – hinter denen oft wiederum fundamentale Rechtsansprüche stehen – stehen der Freiheit des Einzelnen gegenüber und müssen in einen Ausgleich gebracht werden. Das Recht löst die damit verbundenen Schwierigkeiten hauptsächlich mit der Figur der Abwägung. Die Interessen, die im (häufigen) Konfliktfall auseinandertreffen, müssen gegeneinander abgewogen werden[1].

Die Würde liegt nach hier vertretener Auffassung den Menschen- bzw. Grundrechten zugrunde. Diese folgen systematisch aus der Menschenwürde, sie fächern den Grundanspruch, nicht verfügbar zu sein, gleichsam auf. Inhaltlich betrachtet bestimmen die Menschenrechte in Bezug auf einzelne Kontexte, dass der Mensch keinen verfügenden Zugriffen ausgesetzt werden soll. Formal gesehen benennen die Menschen- bzw. Grundrechte Praxen, die nicht angemessen zu begründen sind[2]. Es wäre mit Blick auf diese fundierende Rolle der Menschenwürde fast überraschend, wenn diese nicht auch in Bezug auf die Vorgänge der Abwägung im Fall von Grundrechtskollisionen etwas zu bedeuten hätte. Es besteht die Aussicht, dass die Würde den Vorgang der Abwägung in irgendeiner Weise zu strukturieren oder zu informieren vermag, da sie den gemeinsamen Boden aller Grundrechte bildet.

In diesem Kapitel soll die Möglichkeit einer solchen Strukturierung erörtert werden. Dabei ist vorauszuschicken, dass es meines Erachtens kein gleichsam mathematisches Modell gibt, dass die mit den Abwägungsvorgängen verbundenen Fragen lösen könnte. Eine solche Erwartungshaltung dürfte von vornherein fehlgehen. Gleichwohl ist es im Hinblick auf die Bedeutung der Abwägung in der rechtlichen Praxis wichtig, sich dabei um ein möglichst strukturiertes Vorgehen zu bemühen, und sollte daher auch die Rolle der Menschenwürde in diesem Kontext reflektiert werden.

---

1   Ich stütze mich in diesem Kapitel teilweise auf Engi 2015.
2   Vgl. vorn Kap. 10.

21.2 Das Problem der Abwägung

Grundrechte gelten nicht absolut. Sie können eingeschränkt werden und werden dies nicht selten. Dabei sind jedoch gewisse Voraussetzungen zu beachten. Eine der wichtigsten dieser Voraussetzungen besteht darin, dass jede Grundrechtseinschränkung verhältnismäßig zu sein hat. Der in Frage stehende Eingriff muss mithin geeignet sein, das verfolgte öffentliche Interesse zu realisieren, er muss erforderlich sein, und er muss in dem Sinne zumutbar sein, dass der Eingriff in einem angemessenen Verhältnis zum öffentlichen Interesse steht, das ihn inhaltlich begründet[3]. An dieser Stelle wird die Interessenabwägung aktuell: Die öffentlichen Interessen müssen mit der Intensität der Freiheitsbeschränkung abgewogen werden. Nur wo die öffentlichen Interessen hinreichend gewichtig sind, um den jeweiligen Eingriff zu rechtfertigen, ist die Maßnahme rechtmäßig.

Die Abwägung ist zu einer zentralen Figur der Grundrechtsdogmatik und des Rechts überhaupt geworden, doch: »Was eine Güterabwägung ist, ist alles andere als klar.«[4] Das Modell ist seit Jahren Gegenstand lebhafter Diskussion und auch vielfacher Kritik[5]. Ein zentrales, letztlich ungelöstes Problem ist die Frage, wie die Abwägung konkret vonstattengehen soll. Es ist nicht klar, inwiefern sich der Abwägungsvorgang rationalisieren und objektivieren lässt[6]. Vielmehr scheint es weitgehend von subjektiven Einstellungen und Wertungen abzuhängen, wie die Abwägung sich vollzieht, und das heißt konkret vor allem: welches Gewicht den einzelnen in Betracht kommenden Interessen beigemessen wird. Selbstverständlich fehlt es nicht an Versuchen, dieses Problem zu lösen und Konzeptionen rationaler Abwägung zu entwickeln[7]. Jedoch konnte sich bisher keines eigentlich durchsetzen.

Neben diesem Grundproblem werden weitere kritische Aspekte geltend gemacht. So geht ein Einwand dahin, dass die Grundrechte aufgrund der Abwägung im Rahmen der Verhältnismäßigkeitsprüfung ihren absoluten Sinn verlieren. Im Modus der Abwägung werden sie nach dieser Auffassung relativierbar durch Werte und Prinzipien, die man in einem so offenen Normkomplex wie einer Verfassung in reicher und fast

3 Vgl. vorn Kap. 10.4.
4 Alexy 1995a, 41. Anzumerken ist, dass zwischen Güter-, Interessen- und Wertabwägung oder einfach Abwägung in der Regel kein Unterschied gemacht wird: Camilo de Oliveira 2013, 116.
5 Vgl. z.B. Schlink 1976; Müller 1990; Leisner 1997; Jestaedt 1999; Poscher 2003; Ladeur 2004; Camilo de Oliveira 2013.
6 Zu den methodischen Problemen vgl. Schlink 1976, 127–143 sowie die Hinweise bei E. Hofmann 2007, 3.
7 Vgl. z.B. Alexy 1996, 143–154; ders. 2003; Buchwald 1990, 311–330; Jansen 1997a; ders. 1997b; E. Hofmann 2007, 191–320; Sieckmann 1995; Windisch 2021.

unbeschränkter Zahl findet[8]. Das kann dazu führen, dass Grundrechte ihre unbedingte Geltung gerade gegenüber Ansprüchen verlieren, gegen die sie sich ihrem ursprünglichen Sinn nach gewendet haben. So kann etwa die Gewissensfreiheit eines Mannes, der keinen Wehrdienst leisten möchte, gegen die allgemeinen staatlichen Interessen an der Landesverteidigung abgewogen und diesen gegenüber unter Umständen zurückgestellt werden[9].

Nach einem weiteren kritischen Argument verlieren die einzelnen Grundrechte, wenn sie die Form abwägungsfähiger Prinzipien annehmen, tendenziell ihre Kontur. Sie werden zum undifferenzierten Ausgangspunkt allgemeiner Überlegungen nach sinnvollen Mitteln und Zielen[10]. Der Argumentationsschwerpunkt verlagert sich demnach vom verfassungsrechtlich normierten Grundrecht auf den richterlichen Abwägungsdiskurs. Damit verbindet sich eine demokratiepolitisch problematische Verlagerung von Entscheidungsmacht vom Gesetzgeber auf Gerichte. Diese nehmen die Abwägung vor und definieren im Ergebnis das anwendbare Recht. Insbesondere das Konzept der Schutzpflichten – d.h. von Pflichten des Staates, Grundrechte auch gegenüber Verletzungen durch nichtstaatliche Akteurinnen und Akteure zu schützen – eröffnet ein Potenzial, im Wege gerichtlicher Grundrechtsinterpretation und damit verbundener Abwägungen in gesetzgeberische Kompetenzen einzugreifen[11].

21.3 Menschenwürde als Grundlage

Die Menschenwürde verbürgt nach hier vertretener Auffassung, dass jeder Mensch als eigenständige Existenz respektiert wird. Des Näheren bedeutet dies, dass jede Person als vulnerables Wesen geachtet wird. Denn das menschliche Existieren ist durch eine besondere Vulnerabilität und Fragilität gekennzeichnet. Nur wenn diese in alle Überlegungen einbezogen wird, kann der Mensch in einer Weise behandelt werden, die ihm gerecht wird[12].

Werden verschiedene Interessen gegeneinander abgewogen, so müssen diese Aspekte ebenfalls zum Tragen kommen. Denn die Interessenabwägung bei Grundrechtseingriffen basiert auf der Menschenwürde als der fundamentalen Norm, der das ganze Rechtssystem zu genügen hat.

8   Vgl. Camilo de Oliveira 2013, 179–184.
9   Beispiel nach Camilo de Oliveira 2013, 180 f.
10 Camilo de Oliveira 2013, 185–198.
11 Beispielsweise kann der Schutz des Lebens unter dem Aspekt einer grundrechtlich fundierten Schutzpflicht zu eingehenden Regelungen des Schwangerschaftsabbruchs durch Gerichte führen (vgl. Camilo de Oliveira 2013, 79–89).
12 Vgl. zum Ganzen vorn Teil 1, insb. Kap. 5 und 6.

Typischerweise stehen bei der Interessenabwägung im Zusammenhang mit Grundrechten auf der einen Seite die Interessen einer einzelnen Person oder einzelner Personen, auf der anderen Seite die Interessen der Allgemeinheit. Letztere werden aber nicht in beliebiger Weise berücksichtigt; es muss sich um moralisch relevante Interessen handeln, damit sie im Recht zum Tragen kommen (sog. öffentliche Interessen, z.b. Ruhe, Sicherheit, Gesundheit). Die öffentlichen Interessen sind mehr oder weniger eng wiederum mit individuellen Rechtsschutzansprüchen verbunden. Auch können Grundrechte Dritter direkt einen Grundrechtseingriff rechtfertigen, zum Beispiel wenn eine Demonstration verboten werden muss, um Leib und Leben Dritter zu schützen.

Auf beiden Seiten der Waage stehen Interessen, und die entscheidende Frage ist, wie diese zu gewichten sind. Dazu kann es auch aus Sicht dieser Studie keinen starren Mechanismus geben, aber es lassen sich Fragen formulieren, die beim Abwägungsprozess leitend sein können. Diese Fragen nehmen Bezug auf das Würdeverständnis, das heißt insbesondere auf die Kategorie der Verletzlichkeit. Je näher ein Tun der Verletzlichkeit der betroffenen Personen ist, desto stärker fällt das betreffende Interesse ins Gewicht. Die erste Frage, die den Abwägungsprozess leitet, lautet demnach:

– Wie stark ist die Verletzlichkeit der involvierten Personen betroffen?

Darüber hinaus muss die Grundidee der Würde beachtet werden, dass ein eigenständiger Lebensvollzug respektiert werden soll. Diese Frage ist gegenüber der ersten jedoch systematisch nachrangig, da sie nur das fundamentale Prinzip benennt, aufgrund dessen die individuelle Vulnerabilität besonders zu beachten ist. Lediglich sekundär und besonders dann, wenn die erste Frage keine klaren Antworten erbringt, ist daher die zweite Frage zu stellen:

– Wie stark sind die involvierten Personen in ihrem eigenständigen Lebensvollzug eingeschränkt?

Versuchen wir im Folgenden, dies anhand einiger Beispiele zu verdeutlichen.

21.4 Anwendung auf Beispiele

In den folgenden fiktiven Beispielen konkurrieren Interessen, die vom Recht geschützt sind:

- Gewalttätige Extremisten wollen in einer Stadt eine Demonstration durchführen. Es ist damit zu rechnen, dass es bei dieser Demonstration zu erheblichen Sachbeschädigungen und mit hoher Wahrscheinlichkeit auch zu Angriffen auf Personen käme. Aufgrund der Gewaltbereitschaft der Demonstrierenden wären dabei schwere Verletzungen wahrscheinlich.
- Eine psychisch kranke Person, die sich in einer Psychiatrischen Klinik aufhält, stellt eine erhebliche Gefahr für sich selbst und andere dar. Es besteht eine hohe Gefahr, dass sie namentlich das Pflegepersonal tätlich angreifen würde. Daher wird die Person im Wege der Zwangsmedikation ruhiggestellt.
- Eine Stadt möchte die alten Häuser der Innenstadt erhalten und verschönern. Daher werden den Hauseigentümerinnen und -eigentümern in den betreffenden Vierteln strenge Auflagen gemacht. Sie dürfen an den Fassaden keine Änderungen vornehmen. Auch im Innern der Häuser müssen Wände, Decken, Böden und so weiter im bestehenden Zustand erhalten werden.

In der gebotenen Kürze und Abstraktheit sollen die vorangegangenen Überlegungen auf diese Fälle bezogen werden.

Zum ersten Beispiel: Auf der Seite derjenigen, die von der Demonstration möglicherweise betroffen sind, ist die Verletzlichkeit tangiert, besonders in ihrer physischen Dimension (drohende Körperverletzungen). Auch Sachbeschädigungen können Menschen in ökonomischer und persönlicher Hinsicht erheblich betreffen[13]. Auf der anderen Seite stehen die Interessen der Demonstrierenden. Hier ist die Verletzlichkeit weniger stark berührt, wenngleich die freie Versammlung und Meinungsäußerung auch diese Aspekte tangieren. Insgesamt wiegen die Interessen derjenigen schwerer, die durch mögliche Ausschreitungen bedroht sind. Die Demonstration könnte demnach nur mit Einschränkungen oder gar nicht bewilligt werden.

Zum zweiten Beispiel: Die Verletzlichkeit der Personen, die möglicherweise von der psychisch kranken Person attackiert werden, fällt in diesem Fall stark ins Gewicht. Die Gefährdung, die von der kranken Person ausgeht, ist groß und weist einen direkten Bezug zur körperlichen Verletzlichkeit auf. Auf der anderen Seite bedeutet auch die Zwangsmedikation einen starken Eingriff in die physische Integrität der betroffenen Person. Somit stehen hier auf beiden Seiten die Interessen in einem engen Verhältnis zur Verletzlichkeit. Es kommt daher auf das konkrete Maß der Gefährdung an, die von der psychisch kranken Person ausgeht. Bei sehr hoher Gefährdung Dritter kann die Zwangsmedikation gerechtfertigt sein. Dann sind die Dritten in ihrer Vulnerabilität stärker betroffen als die psychisch kranke Person, der das Medikament verabreicht wird.

13 Zu den Dimensionen der Verletzlichkeit vgl. vorn Ziff. 6.4, 6.5.

Zum dritten Beispiel: Der Wunsch, die Stadt schön zu gestalten und zu erhalten, ist ein Interesse der Allgemeinheit. Aspekte der Vulnerabilität sind damit kaum berührt. Die Einschränkungen ins Eigentum tangieren die Betroffenen ebenfalls nur am Rande in ihrer Verletzbarkeit. Hier treten daher die anderen Aspekte in den Vordergrund, namentlich die Frage nach der existenziellen Entfaltung. Die betroffenen Hauseigentümerinnen und -eigentümer werden darin relativ stark eingeschränkt. Das involvierte Allgemeininteresse ist wenngleich beachtlich, so doch nicht sehr gewichtig, da der freie Lebensvollzug durch die Ästhetik der Stadt nicht wesentlich betroffen ist. Die Einschränkungen müssen in diesem Fall daher gering bleiben und dürfen die Eigentümerinnen und Eigentümer in ihrer Gestaltungsfreiheit nicht völlig blockieren.

Somit können die Aspekte der Vulnerabilität das Gewicht der involvierten Interessen beeinflussen. Wenn Interessen einen direkten Bezug zur psychischen, physischen oder sozialen Verletzlichkeit haben, so steigert sich dadurch ihr Gewicht. Dies bedeutet nicht, dass die Interessenabwägung in quantitative Operationen überführt werden könnte. Es zeigt jedoch an, dass und warum gewisse Interessen ein höheres Gewicht haben als andere.

21.5 Abwägungsresistente Menschenwürde

Die Grundrechte sind abwägbar, keines hat einen prinzipiellen Vorrang vor dem anderen. Gleiches gilt für die Menschenwürde nicht. Sie unterliegt nicht der Abwägung, sondern gilt absolut[14]. Allerdings gibt es in jüngerer Zeit verstärkt Diskussionen darüber, ob unter bestimmten Umständen nicht auch die Würde abwägungsfähig sein könnte oder sollte[15]. Nach einer in jüngster Zeit teilweise vertretenen Meinung nimmt namentlich das Bundesverfassungsgericht – entgegen seiner eigenen Beteuerungen – durchaus Abwägungen vor, wenn es den inhaltlichen Gehalt der Menschenwürde bestimmt[16].

Aus der Sicht der vorliegenden Deutung kann die Würde nicht gegen andere Rechtsansprüche abgewogen werden. Das ergibt sich aus ihrer systematischen Stellung. Sie liegt den Menschen- beziehungsweise Grundrechten zugrunde. Daher kann die Menschenwürde nicht im Abwägungsvorgang auf die gleiche Stufe mit ihnen gestellt werden. Ein solcher Prozess würde das ganze normative System destabilisieren und gleichsam seiner Grundlage berauben. Die Würde weist mit anderen

14 Vgl. zu dieser vorherrschenden Meinung z.B. H. Dreier 2013a, Rz. 46, 130.
15 Zusammenfassend Baldus 2011.
16 Vgl. z. B. Teifke 2011, 9–32.

Worten keine Gleichrangigkeit, sondern eine normative Vorrangigkeit gegenüber den anderen Grundrechten auf.

Richtig ist, dass der Menschenwürdebegriff semantisch außerordentlich offen und in hohem Maße konkretisierungsbedürftig ist. Jedoch sind die damit verbundenen Interpretationsvorgänge nicht umstandslos einer Figur der »Abwägung« zuzuschlagen. Eben diese Tendenz besteht jedoch in der Literatur, die von der Abwägungsfähigkeit der Menschenwürde ausgeht. So wird etwa aus dem Umstand, dass bei der Bestimmung einer Würdeverletzung den jeweiligen tatsächlichen und rechtlichen Bedingungen oder den Besonderheiten des jeweiligen Falles Rechnung zu tragen ist, geschlossen, dass hierbei abgewogen werde. Da die Würde einer einfachen Subsumtion nicht zugänglich sei, erweise sie sich als abwägungsfähig[17].

Die Frage nach der Normstruktur der Menschenwürde lässt sich von der Frage nach dem Inhalt dieser Norm kaum trennen. Nur wenn eine Vorstellung darüber besteht, was «Menschenwürde» inhaltlich heißt, lässt sich auch Belastbares darüber sagen, wie die Norm anzuwenden ist. Nach hier vertretener Auffassung ist die Würde von Menschen verletzt, wenn jemand in der Weise zum Objekt degradiert wird, dass Verletzlichkeit und Fragilität des menschlichen Daseins ignoriert werden, und wenn das fragliche Tun nicht vernünftig begründbar ist[18]. Diese Bestimmung ist inhaltlich offen und in hohem Maße interpretationsbedürftig. Insbesondere mit dem Begründungserfordernis ist ein Raum der Diskussion eröffnet. Diese Reflexion ist jedoch nicht als eine Abwägung von Interessen zu verstehen.

Es lässt sich ein Bezug zum Thema der religiösen Neutralität des Staates herstellen. Auch dieser Grundsatz des Rechts ist in hohem Maße interpretationsoffen und konkretisierungsbedürftig. Er lässt sich zum Beispiel im Sinne einer Wirkungsneutralität – die Wirkungen des staatlichen Handelns müssen für die einzelnen Religionsgemeinschaften gleich sein – oder als eine Begründungsneutralität – der Staat muss sein Handeln in einer religiös neutralen Weise begründen können – verstehen. Interpretiert man das Neutralitätsgebot im Sinn einer Wirkungsneutralität, so ist es starr und wenig praktikabel. In dieser Form müsste es tatsächlich mit Modellen der Abwägung kombiniert werden, um praktisch anwendbar zu sein. Sinnvoller ist es jedoch, den Neutralitätsgrundsatz im Sinn einer Begründungsneutralität zu verstehen[19]. Dann ist die »Abwägung« im Sinn einer Reflexion, die vielfältige Aspekte einbezieht, schon in die inhaltliche Deutung des Begriffs inkludiert. Die Neutralitätspflicht kann unter diesen Prämissen nicht nochmals abgewogen werden, da

---

17 Vgl. Hain 2006, S. 207, 209; Teifke 2011, insb. 23–25.
18 Vgl. vorn insb. Kap. 9.
19 Vgl. Engi 2017, 123–126 und passim; Huster 2002, 98–101 und passim.

der entsprechende Begründungsvorgang dann gewissermaßen doppelt durchgeführt würde[20].

Analog verhält es sich bei der Menschenwürde. Diese ist inhaltlich so offen, dass sich bereits bei der Frage, ob überhaupt die Menschenwürde verletzt ist, alles entscheidet. Das sind Interpretations- und Auslegungsfragen, keine Vorgänge der Interessenabwägung. Nach unserem Verständnis beinhaltet das Würdegebot unter anderem ein Begründungsgebot: Ein Handeln, das möglicherweise gegen die Menschenwürde verstößt, muss angemessen begründbar sein. Somit sind, ähnlich wie bei der Neutralität, all die Aspekte, die für oder gegen die Handlung sprechen, schon bei dieser Bestimmung einzubeziehen. Die Menschenwürde ist in der Tat nicht einfach subsumtionsfähig, aber nicht, weil sie abwägbar wäre, sondern weil sie inhaltlich in hohem Maße komplex ist.

20 Vgl. Huster 2002, 658–661.

22. Ohne Würde?

22.1 Menschlichkeit ohne Würde (Sangiovanni)

Am Ende dieser Arbeit möchte ich noch eine Sichtweise aufgreifen, welche die Würde grundsätzlich in Frage stellt. Eine solche Kritik hat unlängst Andrea Sangiovanni vorgelegt. In seinem 2017 erschienenen Buch *Humanity without Dignity* versucht er, einen Status moralischer Gleichheit zwischen Menschen ohne Rückgriff auf die Menschenwürde zu begründen. Die Kategorie der Würde ist aus seiner Sicht verzichtbar.

Menschen sind faktisch ungleich, in Bezug auf körperliche Kraft, Intelligenz, Alter etc. Trotzdem sollen sie einander unter moralischen Prämissen als gleichwertig respektieren. Dies lässt sich mit einer allen Menschen zugeschriebenen Würde – einem inneren Wert – nach Sangiovanni nicht überzeugend erklären. Er diskutiert drei Ansätze zur Menschenwürde-Begründung: den aristotelischen, den christlichen und den kantianischen. Der aristotelische Ansatz basiert im Wesentlichen auf besonderen Vorzügen und Leistungen derjenigen, denen Würde zugesprochen wird; der christliche rekurriert auf eine besondere Natur beziehungsweise Seele des Menschen; und der kantianische knüpft an die Rationalität des Menschen an. Keiner der drei Ansätze, so Sangiovanni, kann überzeugen. Die Probleme der aristotelischen Tradition liegen vor allem darin, dass unter ihren Gesichtspunkten nicht alle Menschen als gleich würdig gelten können, da sie sich in unterschiedlichem Maße auszeichnen[1]. Die Bezugnahme auf eine besondere Natur des Menschen ist – ungeachtet der Schwierigkeiten dieses Konzepts in sich – ebenfalls nicht geeignet, die menschliche Würde zu erklären: Denn warum sollte eine besondere Auszeichnung darin liegen, eine menschliche Natur zu besitzen?[2] Kants Herangehensweise wiederum ist nach Sangiovanni mit dem Problem verbunden, dass die Rationalität bei Menschen in unterschiedlichem Ausmaß gegeben ist[3].

Sangiovannis Vorschlag besteht darin, auf den Begriff der Würde zu verzichten. Der gleiche moralische Status aller Menschen ist ihm zufolge anders zu begründen. Er möchte von Verletzungsvorgängen her argumentieren, also von Phänomenen ausgehen, bei denen der gleiche moralische Respekt missachtet ist. Dies ist nach Sangiovanni dann der Fall, wenn Menschen als minderwertig *(inferior)* behandelt werden[4]. Es gibt

---

1 Sangiovanni 2017, 26.
2 Sangiovanni 2017, 36.
3 Sangiovanni 2017, 46.
4 Sangiovanni 2017, 73.

ihm zufolge fünf Typen solcher Handlungen: Jemand wird als minderwertig behandelt, wenn er oder sie dehumanisiert, infantilisiert, instrumentalisiert, objektiviert oder stigmatisiert wird[5]. Alle diese Arten des Handels fallen in die Kategorie der (sozialen) Grausamkeit[6]. Diese Grausamkeit ist nach Sangiovanni in allgemeiner Weise folgendermaßen zu umschreiben: Die Verletzlichkeit einer Person wird ausgenutzt, um ihre Fähigkeit anzugreifen oder zu zerstören, einen integralen Sinn für das eigene Selbst *(integral sense of self)* zu entwickeln und aufrechtzuerhalten[7].

Das »Selbst«, das Sangiovanni im Blick hat, ist eine Selbstkonzeption, eine Konzeption von Werten, Bindungen und Anliegen, die für jemandes Leben zentral sind[8]. Der Angriff auf den *integral sense of self* kann verschiedene Formen annehmen. Sangiovanni nennt drei Konstellationen, die herausstechen. Der Sinn für das eigene Selbst wird angegriffen, wenn jemandem die Möglichkeit genommen wird, sich nach eigenem Gutdünken in der Gesellschaft zu präsentieren. Eine Person muss selbst entscheiden können, was sie der Öffentlichkeit von der eigenen Persönlichkeit offenbart und wie sie es tut[9]. Weiter ist das Selbst schwerwiegend getroffen, wenn eine Person kein soziales Umfeld mehr hat, in dem sie sich als geachtetes Mitglied bewegen kann[10]. Schließlich liegt eine solche Verletzung auch vor, wenn einem Menschen die Kontrolle über seinen Körper genommen wird[11].

22.2 Fragen

Sangiovanni macht Schwierigkeiten deutlich, die mit zahlreichen bestehenden Würde-Theorien verbunden sind. Während ein aristotelischer Ansatz mit dem gegenwärtigen (egalitären) Verständnis von Würde offensichtlich nicht zu vereinbaren ist, ist auch der Rekurs auf eine »Natur« des Menschen nicht geeignet, die menschliche Würde zu erklären. Dies läuft auf eine nicht weiter begründete Höherbewertung von Menschen allein aufgrund ihrer Gattungszugehörigkeit hinaus[12]. Selbst kantische Ansätze in einer traditionellen Form vermögen die Würde aller nicht überzeugend zu erklären. Denn die Fähigkeiten, auf die sie Bezug nehmen (etwa die Autonomie), liegen bei einigen Menschen nicht vor

5 Sangiovanni 2017, 74.
6 Sangiovanni 2017, 74.
7 Sangiovanni 2017, 76.
8 Sangiovanni 2017, 79.
9 Sangiovanni 2017, 83.
10 Sangiovanni 2017, 84.
11 Sangiovanni 2017, 85.
12 Dazu vorn Kap. 2.

und können bei allen Menschen verloren gehen[13]. Mit all diesen Schwierigkeiten haben wir uns in dieser Arbeit ebenfalls auseinandergesetzt.

In ihren konstruktiven Aspekten ist Sangiovannis Theorie indes mit Fragen und Problemen verbunden. Sangiovanni verzichtet auf den Begriff der Würde, macht mit dem Selbst, das nicht verletzt werden darf, aber etwas Ähnliches zum Kernelement seiner Konzeption, das auch viele Würde-Konzeptionen enthalten. Im Kern scheint es auch bei Sangiovanni um eine basale Selbstbestimmung zu gehen, die zu schützen ist[14]. Damit verbinden sich einige Fragen; insbesondere ist zu zeigen, weshalb die Selbstbestimmung zu schützen ist. Zur Beantwortung dieser Frage operiert Sangiovanni mit moralisch aufgeladenen Begriffen wie Grausamkeit. Die Beeinträchtigung oder Zerstörung eines Sinns für das eigene Selbst ist ein Akt der Grausamkeit. Die Umschreibung entsprechender Akte liegt relativ nahe bei dem, was häufig als Würde-Verletzungen betrachtet wird (Dehumanisierung, Infantilisierung, Instrumentalisierung, Objektivierung, Stigmatisierung). Jedoch machen diese Umschreibungen nicht genügend deutlich, wo der Grund der moralischen Achtung liegt. Der Rekurs auf einen moralisch aufgeladenen Begriff wie Grausamkeit hat der Tendenz nach zirkulären Charakter. Zudem können zumindest einige der genannten Aspekte nicht umstandslos der Grausamkeit zugeordnet werden, z.B. die Instrumentalisierung[15].

Sangiovanni geht auf einige dieser Probleme ein und setzt sich insbesondere mit der Frage auseinander, wer in welcher Form zu schützen ist. Der *sense of self* im Sinn einer bestimmten Form von Selbstkontrolle ist nicht bei allen Menschen in gleichem Umfang gegeben. Als Grundlage für einen universalen gleichen Respekt ist er daher, wie Sangiovanni anerkennt, wenig geeignet[16]. Daher wechselt die Argumentation zum Thema der Verletzlichkeit. Diese, und nicht etwa der Wert von Menschen, soll den Achtungsanspruch begründen[17]. Dieser Ansatz ist plausibel – und deckt sich mit Perspektiven dieser Studie –, jedoch bleiben bei Sangiovanni in dieser Hinsicht verschiedene Fragen offen. So müsste insbesondere die Differenz von Menschen und Tieren in dieser Hinsicht vertieft untersucht werden. Auch Tiere sind verletzlich – sollen sie aber in jeder Hinsicht gleich wie Menschen behandelt werden? Des Weiteren wäre zu zeigen, weshalb die Verletzbarkeit ein bestimmtes Verhalten verlangt. In der vorliegenden Studie wurden diese Fragen über einen eigenständigen Lebensvollzug zugänglich, der zu respektieren ist. Dieser Lebensvollzug hat bei Menschen eine besondere Form, insofern als die

---

13   Dazu ebenfalls vorn Kap. 2, insb. bei Ziff. 2.2, 2.3 und 2.5.

14   Vgl. Forst 2019, 61.

15   Vgl. vorn Kap. 8.

16   Sangiovanni 2017, 104.

17   Sangiovanni 2017, 105.

gemeinschaftsbezogene Natur des Menschen mit einer besonderen Versehrbarkeit einhergeht. Menschen verdienen daher eine besondere Art des Respekts[18].

22.3 Fazit

Andrea Sangiovanni benennt wichtige Aspekte, die auch in der vorliegenden Konzeption von Bedeutung sind: Mit dem Sinn für das eigene Selbst (wie auch immer man diesen genau konzipiert) bezieht er sich auf die basale Selbstbestimmung des Menschen. Zudem thematisiert er die Verletzbarkeit als Grundlage praktischer Normativität. Dabei ist der erste Zugang mit dem Problem verbunden, dass nicht alle Menschen in gleicher Weise eine Konzeption des Selbst aufweisen. Manche Menschen wie Kleinkinder oder Dauerkomatöse haben kein bewusstes Verhältnis zu sich selbst. Die Verletzbarkeit ist insofern der tauglichere Ansatzpunkt, doch müsste Sangiovanni genauer zeigen, warum diese Verletzbarkeit zu achten ist und welche Bedeutung dabei der Differenz zwischen Menschen und anderen Lebewesen zukommt.

Was ist nun von Sangiovannis zentralem Argument zu halten, dass die Würde als Kategorie verzichtbar ist? Ganz falsch ist das nicht. »Würde« ist lediglich ein Begriff, man könnte die damit verbundenen Themen auch unter anderen Begriffen behandeln. Die Sache selbst aber ist nicht aufgebbar. Es geht um den letzten Ankerpunkt, den Recht und Politik in der Moderne kennen. »Würde« oder »Menschenwürde« taugen als Kategorien, um diese Basis zu reflektieren, zu diskutieren und zu Bewusstsein zu bringen. Dazu kommt der praktische Aspekt, dass der Begriff der Würde in vielen – und grundlegenden – rechtlichen Dokumenten verankert ist. Er bedarf daher der Auslegung und der Reflexion.

---

18 Vorn Kap. 6.

Schluss: Die zwei Seiten der Würde

Die meisten Konzeptionen der Menschenwürde setzen bei bestimmten positiven Eigenschaften an, die die Menschen auszeichnen: Autonomie, Handlungsfähigkeit, Selbstachtung, Willensfreiheit oder Ähnlichem. Dies sind zweifellos Aspekte der menschlichen Würde. Der Mensch verfügt zumindest meistens über besondere Fähigkeiten und Möglichkeiten, die Achtung verlangen.

Doch zugleich ist diese Sichtweise auf die menschliche Würde verkürzt. Wäre der Mensch nur autonom, selbstbestimmt, willensstark etc., so bräuchte er die Würde im Sinne einer schützenden Norm im Grunde nicht[1]. Die Würde im Sinn einer rechtlichen und moralischen Norm hat auch damit zu tun, dass er zumindest teilweise schwach und verletzlich ist. Der Umstand, dass alle erstgenannten Ansätze mit der Problematik der sogenannten *marginal cases* ringen und dieses im Grunde nicht lösen können, dürfte daher nicht zufälliger Natur sein. Er macht vielmehr deutlich, dass hier ein grundlegendes Problem liegt.

Dieses Problem lässt sich verdeutlichen, wenn wir den sog. Fähigkeitenansatz *(capabilities approach)* von Martha Nussbaum heranziehen. Nussbaum fundiert die Menschenrechte in einer Reihe von Fähigkeiten, welche Menschen besitzen. Als solche Fähigkeiten nennt sie:

- die Fähigkeit, ein menschliches Leben von normaler Länge zu leben, nicht vorzeitig zu sterben oder zu sterben, bevor das Leben so reduziert ist, dass es nicht mehr lebenswert ist;
- die Fähigkeit, sich guter Gesundheit zu erfreuen und sich angemessen zu ernähren;
- die Fähigkeit, sich frei von Ort zu Ort zu bewegen, die eigene körperliche Integrität zu wahren, Möglichkeiten der sexuellen Befriedigung zu haben und in Fragen der Reproduktion frei zu entscheiden;
- die Fähigkeit, seine Sinne und seine Fantasie zu gebrauchen, zu denken und zu urteilen – und diese Dinge in einer Art und Weise zu tun, die durch eine angemessene Erziehung geleistet ist, zu der auch (aber nicht nur) Lesen und Schreiben sowie mathematische Grundkenntnisse und eine wissenschaftliche Grundausbildung gehören; die Fähigkeit, seine Fantasie und sein Denkvermögen zum Erleben und Hervorbringen von geistig bereichernden Werken und Ereignissen der eigenen Wahl auf den Gebieten der Religion, Literatur, Musik usw. einzusetzen;
- die Fähigkeit, Beziehungen zu Dingen und Menschen außerhalb unserer selbst einzugehen, diejenigen zu lieben, die uns lieben und für

1   Vgl. Möllers 2020, 93.

uns sorgen, traurig über ihre Abwesenheit zu sein, allgemein Liebe, Kummer, Sehnsucht und Dankbarkeit zu empfinden;
- die Fähigkeit, eine Vorstellung des Guten zu entwickeln und kritische Überlegungen zur eigenen Lebensplanung anzustellen. Dies schließt die Fähigkeit ein, einer beruflichen Tätigkeit nachzugehen und am politischen Leben teilzunehmen;
- die Fähigkeit, mit anderen und für andere zu leben, andere Menschen zu verstehen und Anteil an ihrem Leben zu nehmen, verschiedene soziale Kontakte zu pflegen; die Fähigkeit, sich die Situation eines anderen Menschen vorzustellen und Mitleid zu empfinden; die Fähigkeit, Gerechtigkeit zu üben und Freundschaften zu pflegen; die Fähigkeit, soziale Grundlagen der Selbstachtung zu haben, als würdiges Wesen geachtet und gleich wie andere behandelt zu werden;
- die Fähigkeit, in Verbundenheit mit Tieren, Pflanzen und der ganzen Natur zu leben und sie pfleglich zu behandeln;
- die Fähigkeit, zu lachen, zu spielen, sich an erholsamen Tätigkeiten zu freuen;
- die Fähigkeit, an politischen Entscheidungen zu partizipieren, die das eigene Leben betreffen; sowie die Fähigkeit, Eigentum zu haben[2].

Doch handelt es sich bei all diesen Dingen tatsächlich um »Fähigkeiten«? Bei der Fähigkeit, an politischen Entscheidungen zu partizipieren, geistige Werke hervorzubringen, zu lachen und zu spielen und bei vielen weiteren wird man daran nicht zweifeln. Aber was ist mit der »Fähigkeit«, ein menschliches Leben von normaler Länge zu leben? Mit der »Fähigkeit«, sich guter Gesundheit zu erfreuen? Oder mit der »Fähigkeit«, traurig über die Abwesenheit geliebter Menschen zu sein?

Diese Dinge haben ganz offensichtlich mit Bedingungen zu tun, die Menschen nicht vollständig beherrschen, und verweisen damit auch auf grundlegende Abhängigkeiten. Menschen sind in vieler Hinsicht anfällig und fragil. Sie sind körperlich und seelisch verwundbar und können gleichsam den Boden unter den Füßen verlieren. Sie haben Ängste und Sorgen, aber auch Hoffnungen und Träume. Bei anderen Lebewesen sind diese Dinge nicht in einer vergleichbaren Weise gegeben. So lässt sich kaum sinnvoll von psychisch kranken Tieren sprechen.

Je höher entwickelt ein Lebewesen ist, könnte man sagen, desto fragiler ist es auch. Die Fähigkeiten sind intern verknüpft mit einer besonderen Abhängigkeit und Anfälligkeit. Menschen erreichen ihre besonderen Leistungen besonders dadurch, dass sie kooperieren und Beziehungen eingehen. Genau daraus aber erwächst auch eine Gefahr für die Stabilität des menschlichen Lebens, die bei Tieren und erst recht Pflanzen nicht

---

2   Nussbaum 1999, 57 f., 200–202; dies. 2000, 78–80. Die Listen variieren leicht bei Nussbaum; die vorliegende Aufzählung versucht eine Synthese.

vorhanden ist. Natürlich kann ein Tier zum Beispiel aus seinem Rudel verstoßen werden und im Extremfall physisch zugrunde gehen. Aber es wird durch die sozialen Kontakte und deren mögliches Misslingen nicht in gleicher Weise in seiner Identität getroffen wie Menschen. Diese sind körperlich, aber in einer besonderen Weise auch seelisch verwundbar.

Fähigkeiten im Sinn auszeichnender Stärken sind ein wichtiges Element, um die menschliche Würde zu verstehen. Aber sie sind nur ein Teil dieser Geschichte. Ein anderer Teil ist die Verwundbarkeit und Anfälligkeit des Menschen. Die Menschenwürde im Sinn einer Norm betrifft auch und gerade diesen Teil. In der vorliegenden Konzeption ist er über einen selbständigen Lebensvollzug zugänglich geworden, der seinerseits in einem natürlichen Gewordensein fundiert ist. Dieser selbständige Lebensvollzug ist es, den wir bei der Würde im Grunde achten. Der andere Mensch ist eine selbständige Existenz, die uns als solche entgegenkommt und daher in einem normativen Sinn nicht verfügbar ist.

Die genauere Betrachtung dieses Lebens macht die Vulnerabilität des Menschen deutlich. Bei der Menschenwürde geht es besonders darum, den Menschen als verletzliches Wesen zu achten und zu schützen. Die Menschenwürde im rechtlichen und moralischen Sinn meint einen Schutz. Sie hat keinen deskriptiven Sinn, sie will nicht eine besondere Großartigkeit des Menschen beschreiben, sondern sie will diesen gegen bestimmte fundamentale Gefährdungen schützen. Dazu muss zuallererst verstanden und verinnerlicht werden, dass der Mensch ein Gefährdeter ist. Wäre er es nicht, bräuchte er die Menschenwürde im rechtlichen und moralischen Sinn nicht.

Die menschliche Würde wird dann missachtet, wenn die Verletzlichkeit und Fragilität des menschlichen Daseins ignoriert wird. Denn das heißt es ja eigentlich, einen Menschen »wie eine Sache zu behandeln« – seine Verletzlichkeit auszublenden. Sachen sind nicht verletzlich; wir müssen daher im Umgang mit ihnen auch keine Verletzlichkeit beachten. Bei Menschen verhält es sich anders. Im gleichen Maße, wie er sich gegenüber anderen Lebewesen durch besondere Fähigkeiten auszeichnet, ist der Mensch im Vergleich zu ihnen auch in besonderer Weise fragil. Diese Fragilität zu achten und zu bedenken, gebietet die menschliche Würde.

Literatur

Alexy, Robert (1991): *Theorie der juristischen Argumentation. Die Theorie des rationalen Diskurses als Theorie der juristischen Begründung*, 2. Aufl., Frankfurt a. M.: Suhrkamp.

Alexy, Robert (1992): *Begriff und Geltung des Rechts*, Freiburg: Karl Alber.

Alexy, Robert (1995a): »Die logische Analyse juristischer Entscheidungen«, in: *Recht, Vernunft, Diskurs. Studien zur Rechtsphilosophie*, Frankfurt a. M.: Suhrkamp, 13–51.

Alexy, Robert (1995b): »Diskurstheorie und Menschenrechte«, in: *Recht, Vernunft, Diskurs – Studien zur Rechtsphilosophie*, Frankfurt a. M.: Suhrkamp, 127–164.

Alexy, Robert (1996): *Theorie der Grundrechte*, Frankfurt a. M.: Suhrkamp.

Alexy, Robert (1998): »Die Institutionalisierung der Menschenrechte im demokratischen Verfassungsstaat«, in: Stefan Gosepath/Georg Lohmann (Hg.), *Philosophie der Menschenrechte*, Frankfurt a. M.: Suhrkamp, 244–264.

Alexy, Robert (2003): »Constitutional Rights, Balancing, and Rationality«, *Ratio Juris* 16/2003, 131–140.

Alexy, Robert (2004): »Menschenrechte ohne Metaphysik? «, in: *Deutsche Zeitschrift für Philosophie* 52(1), 15–24.

Anderson, Elizabeth (2017): »Tierrechte und verschiedene Werte nicht-menschlichen Lebens«, in: Friederike Schmitz (Hg.), *Tierethik – Grundlagentexte*, 3. Aufl., Berlin: Suhrkamp, 287–320.

Andrews, Kristin (2015): *The Animal Mind. An Introduction to the Philosophy of Animal Cognition*, London/New York: Routledge.

Arendt, Hannah (2016): *Vita activa oder Vom tätigen Leben*, 18. Aufl., München: Piper.

Aristoteles (1987): *Physik – Vorlesung über Natur*, Erster Halbband, übersetzt und herausgegeben von Hans Günter Zekl, Hamburg: Felix Meiner (zit. Phys.).

Aristoteles (1995): *Metaphysik*, in: *Philosophische Schriften in sechs Bänden*, Band 5, nach der Übersetzung von Hermann Bonitz bearbeitet von Horst Seidl, Hamburg: Felix Meiner (zit. Met.).

Aristoteles (1995): *Politik*, übersetzt von Eugen Rolfes, Hamburg: Felix Meiner (zit. Pol.).

Aristoteles (2006): *Nikomachische Ethik*, übersetzt und herausgegeben von Ursula Wolf, Reinbek bei Hamburg: Rowohlt (zit. EN).

Augustinus (2006): *De libero arbitrio – Der freie Wille*, in: *Opera – Werke* Bd. 9, hrsg. v. Johannes Brachtendorf und Volker Drecoll in Verbindung mit Therese Fuhrer und Christoph Horn, Paderborn/München/Wien/Zürich: Schöningh.

Avramides, Anita (2020): »Other Minds«, *The Stanford Encyclopedia of Philosophy* (Winter 2020 Edition), Edward N. Zalte (ed.), https://

plato.stanford.edu/archives/win2020/entries/other-minds/ (Zugriff: 21.06.2022).

Baldus, Manfred (2011): »Menschenwürde und Absolutheitsthese – Zwischenbericht zu einer zukunftsweisenden Debatte«, *Archiv des öffentlichen Rechts* 136 (4), 529–552.

Balzer, Philip/Rippe, Klaus Peter/Schaber, Peter (1998): *Menschenwürde vs. Würde der Kreatur – Begriffsbestimmung, Gentechnik, Ethikkommissionen*, Freiburg/München: Karl Alber.

Barua, Tushar Kanti (1994): »Humanität zwischen Universalität und Regionalität«, in: Stefan Batzli/Fridolin Kissling/Rudolf Zihlmann (Hg.), *Menschenbilder – Menschenrechte. Islam und Okzident: Kulturen im Konflikt*, Zürich: Unionsverlag, 23–32.

Bay, Christian (1982): »Self-Respect as a Human Right: Thoughts on the Dialectics of Wants and Needs in the Struggle for Human Community«, *Human Rights Quarterly* 4(1), 53–75.

Bayertz, Kurt (1995): »Die Idee der Menschenwürde: Probleme und Paradoxien«, *Archiv für Rechts- und Sozialphilosophie* 81(4), S. 465–481.

Beitz, Charles R. (2009): *The Idea of Human Rights*, Oxford/New York: Oxford University Press.

Berlin, Isaiah (2006): *Freiheit. Vier Versuche*, Frankfurt am Main: Fischer.

Bielefeldt, Heiner (1998): *Philosophie der Menschenrechte. Grundlagen eines weltweiten Freiheitsethos*, Darmstadt: Wissenschaftliche Buchgesellschaft.

Böckenförde, Ernst-Wolfgang (2006): *Geschichte der Rechts- und Staatsphilosophie – Antike und Mittelalter*, 2. Aufl., Tübingen: Mohr Siebeck.

Böckenförde, Ernst-Wolfgang (2011): *Wissenschaft – Politik – Verfassungsgericht*, Berlin: Suhrkamp.

Brandom, Robert B. (1994): *Making it Explicit. Reasoning, Representing, and Discoursive Commitment*, Cambridge/Mass.: Harvard University Press.

Brieskorn, Norbert (1997): *Menschenrechte. Eine historisch-philosophische Grundlegung*, Stuttgart/Berlin/Köln: Kohlhammer.

Brock, Gillian (2005): »Needs and Global Justice«, in: Soran Reader (ed.), *The Philosophy of Need*, Cambridge: Cambridge University Press, 51–72.

Brugger, Winfried (1995): »Das Menschenbild der Menschenrechte«, *Jahrbuch für Recht und Ethik* 3, Schwerpunkt Rechtsstaat und Menschenrechte, Berlin: Duncker und Humblot, 121–134.

Brugger, Winfried (2001): *Einführung in das öffentliche Recht der USA*, 2. Aufl., München: C.H. Beck.

Bryde, Brun-Otto (2003): »Konstitutionalisierung des Völkerrechts und Internationalisierung des Verfassungsrechts«, *Der Staat* 42 (1), 61–75.

Buchanan, Allen (2004): *Justice, Legitimacy, and Self-Determination – Moral Foundations for International Law*, Oxford/New York: Oxford University Press.

Buchwald, Delf (1990): *Der Begriff der rationalen juristischen Begründung. Zur Theorie der juridischen Vernunft*, Baden-Baden: Nomos.

Burghardt, Daniel/Dederich, Markus/Dziabel, Nadine/Höhne, Thomas/Lohwasser, Diana/Stöhr, Robert/Zirfas, Jörg (2017): *Vulnerabilität – Pädagogische Herausforderungen*, Stuttgart: Kohlhammer.

Butler, Judith (2005): *Gefährdetes Leben. Politische Essays*, Frankfurt a. M.: Suhrkamp.

Butler, Judith (2010): *Raster des Krieges. Warum wir nicht jedes Leid beklagen*, Frankfurt a. M.: Campus.

Butler, Judith (2016): *Anmerkungen zu einer performativen Theorie der Versammlung*, Berlin: Suhrkamp.

Camilo de Oliveira, Renata (2013): *Zur Kritik der Abwägung in der Grundrechtsdogmatik. Beitrag zu einem liberalen Grundrechtsverständnis im demokratischen Rechtsstaat*, Berlin: Duncker und Humblot.

Carillo Salcedo, Juan Antonio (1997): »Reflections on the Existence of a Hierarchy of Norms in International Law«, *European Journal of International Law* 8(4), 583–595.

Caspar Johannes (1999): *Tierschutz im Recht der modernen Industriegesellschaft. Eine rechtliche Neukonstruktion auf philosophischer und historischer Grundlage*, Baden-Baden: Nomos.

Carruthers, Peter (2017): »Warum Tiere moralisch nicht zählen«, in: Friederike Schmitz (Hg.), *Tierethik – Grundlagentexte*, 3. Aufl., Berlin: Suhrkamp, 219–242.

Cavalieri, Paola (2001): *The Animal Question – Why Nonhuman Animals Deserve Human Rights*, Oxford/New York: Oxford University Press.

Cicero (1994): *De legibus – Über die Gesetze*, herausgegeben, übersetzt und erläutert von Rainer Nickel, Zürich: Artemis und Winkler.

Cochrane, Alasdair (2012): *Animal Rights Without Liberation – Applied Ethics and Human Obligations*, New York: Columbia University Press.

Cohen, Carl (1986): »The Case for the Use of Animals in Biomedical Research«, *New England Journal of Medicine* 315(14), 865–870.

Cranston, Maurice (1973): *What are Human Rights?*, London/Sidney/Toronto: Bodley Head.

Cranston, Maurice (1987): »Kann es soziale und wirtschaftliche Menschenrechte geben?«, in: Ernst-Wolfgang Böckenförde/Robert Spaemann (Hg.), *Menschenrechte und Menschenwürde. Historische Voraussetzungen – säkulare Gestalt – christliches Verständnis*, Stuttgart: Klett-Cotta, 224–237.

Danilenko, Gennady M. (1991): »International Jus Cogens: Issues of Law-Making«, *European Journal of International Law* 2(1), 42–65.

Delbrück, Jost (1981): »Menschenrechte im Schnittpunkt zwischen universalem Schutzanspruch und staatlicher Souveränität«, in: Johannes Schwartländer (Hg.), *Menschenrechte und Demokratie*, Kehl/Straßburg: N. P. Engel, 11–26.

Denkhaus, Ruth (2018): »Speziesismus«, in: Johann S. Ach/Dagmar Borchers (Hg.), *Handbuch Tierethik. Grundlagen – Kontexte – Perspektiven*, Stuttgart: J.B. Metzler, 202–207.

Deuser, Hermann (2013): »Unverfügbarkeit«, in: Rolf Gröschner/Antje Kapust/Oliver W. Lembcke (Hg.), *Wörterbuch der Würde*, München: W. Fink, 202–203.

Denninger, Erhard (1973): *Staatsrecht – Einführung in die Grundprobleme des Verfassungsrechts der Bundesrepublik Deutschland, 1. Die Leitbilder: Leerformeln? Lügen? Legitimationen?*, Reinbek: Rowohlt.

Diamond, Cora (2001): »Injustice and Animals«, in: Carl Elliott (ed.), *Slow Cures and Bad Philosophers – Essays on Wittgenstein, Medicine, and Bioethics*, Durham/London: Duke University Press, 118–148.

Di Fabio, Udo (2009): *Gewissen, Glaube, Religion. Wandelt sich die Religionsfreiheit?*, Berlin: Berlin University Press.

Doehring, Karl (1984): *Das Staatsrecht der Bundesrepublik Deutschland*, 3. Aufl., Frankfurt a. M.: Alfred Metzner.

Doehring, Karl (2003): *Völkerrecht – Ein Lehrbuch*, 2. Aufl., Heidelberg: C. F. Müller.

Donaldson, Sue/Kymlicka, Will (2011): *Zoopolis – A Political Theory of Animal Rights*, Oxford/New York: Oxford University Press.

Donelly, Jack (1985): *The Concept of Human Rights*, New York: Routledge.

Donelly, Jack (2014): *Universal Human Rights in Theory and Practice*, 3. Aufl., Ithaca/London: Cornell University Press.

Dörr, Oliver (2016, Hg.): *Völkerrechtliche Verträge*, 14. Aufl., München: dtv Verlagsgesellschaft.

Dreier, Horst (2013a): Kommentar zu Art. 1 Abs. 1 GG, in: ders. (Hg.), *Grundgesetz-Kommentar*, Bd. 1, 3. Aufl., Tübingen: Mohr Siebeck, 154–261.

Dreier, Horst (2013b): »Grund- und Menschenrechte«, in: Rolf Gröschner/ Antje Kapust/Oliver W. Lembcke (Hg.), *Wörterbuch der Würde*, München: W. Fink, 333–334.

Dreier, Ralf (1981): »Zur Einheit der praktischen Philosophie Kants – Kants Rechtsphilosophie im Kontext seiner Moralphilosophie«, in: ders., *Recht – Moral – Ideologie*, Frankfurt am Main: Suhrkamp, 286–315.

Dürig, Günter (1956): »Der Grundrechtssatz von der Menschenwürde«, *Archiv des öffentlichen Rechts* 81(2), 117–157.

Dürig, Günter (1958): Kommentar zu Artikel 1 GG, in: Theodor Maunz/ Günter Dürig (Hg.), *Grundgesetz-Kommentar*, München: C.H. Beck.

Düwell, Marcus (2011): »Moralischer Status«, in: Marcus Düwell/Christoph Hübenthal/Micha H. Werner (Hg.), *Handbuch Ethik*, 3. Aufl., Stuttgart/ Weimar: J.B. Metzler, 434–439.

Dworkin, Ronald (1993): *Life's Dominion. An Argument about Abortion, Euthanasia, and Individual Freedom*, New York: Alfred A. Knopf.

Dworkin, Ronald (2014): Religion ohne Gott, Berlin: Suhrkamp.

Eliot, Lise (2001): *Was geht da drinnen vor? Die Gehirnentwicklung in den ersten fünf Lebensjahren*, Berlin: Berlin Verlag.

Ellscheid, Günter (2011): »Recht und Moral«, in: Arthur Kaufmann/Winfried Hassemer/Ulfrid Neumann (Hg.), *Einführung in Rechtsphilosophie und Rechtstheorie der Gegenwart*, 8. Aufl., Heidelberg: C.F. Müller, 214–250.

Engi, Lorenz (2006): »Neuere Entwicklungen im Menschenwürdeschutz – Unter besonderer Berücksichtigung der möglichen Grundrechtsqualität von Art. 7 BV«, *Aktuelle Juristische Praxis* 15(10), 911–923.

Engi, Lorenz (2008): »Was heißt Menschenwürde? Zum Verständnis eines Verfassungsbegriffs«, in: *Schweizerisches Zentralblatt für Staats- und Verwaltungsrecht* 109(12), 659–678.

Engi Lorenz (2012a): »Die Würde des Gewordenen und die Unverfügbarkeit der Tiere«, in: Margot Michel/Daniela Kühne/Julia Hänni (Hg.), *Animal Law – Tier und Recht. Developments and Perspectives in the 21st Century – Entwicklungen und Perspektiven im 21. Jahrhundert*, Zürich/St. Gallen/Berlin: Dike/Berliner Wissenschafts-Verlag, 69–86.

Engi, Lorenz (2012b): »Sind Menschenrechte moralische oder juridische Rechte? / Are Human Rights Moral or Juridical Rights?«, *Ancilla Iuris, Spezialausgabe Internationales Recht und Ethik / Special Issue International Law and Ethics* (www.anci.ch), 135–175.

Engi, Lorenz (2014): »Kohärenz im Verwaltungshandeln. Zur Methodologie des Entscheidens in der öffentlichen Verwaltung«, *Schweizerisches Zentralblatt für Staats- und Verwaltungsrecht* 115, 139–150.

Engi, Lorenz (2015): »Würde und Abwägung. Zur unterschiedlichen Interpretation von menschlicher und kreatürlicher Würde und einer möglichen Zusammenführung der Würdeverständnisse«, in: Christoph Ammann/Birgit Christensen/Lorenz Engi/Margot Michel (Hg.), *Würde der Kreatur. Ethische und rechtliche Beiträge zu einem umstrittenen Konzept*, Zürich/Basel/Genf: Schulthess, 119–139.

Engi, Lorenz (2016a): »Politische und rechtliche Gründe. Notizen zur Pluralität des Begründens«, *Ancilla Iuris* 2016 (www.anci.ch), 43–47.

Engi, Lorenz (2016b): »Recht und Rechtfertigung – Zur rechtstheoretischen Dimension des moralischen Rechts auf Rechtfertigung«, *Archiv für Rechts- und Sozialphilosophie* 102(3), 353–362.

Engi Lorenz (2017): *Die religiöse und ethische Neutralität des Staates – Theoretischer Hintergrund, dogmatischer Gehalt und praktische Bedeutung eines Grundsatzes des schweizerischen Staatsrechts*, Zürich: Schulthess.

Engi, Lorenz (2019): »Das Kopftuch in öffentlichen Institutionen – Aktuelle Fragen insbesondere im Zusammenhang mit der Zulassung von Pädagogik-Studentinnen zu Praktika«, *Aktuelle Juristische Praxis* 28(2), 208–217.

Errass, Christoph (2006): *Öffentliches Recht der Gentechnologie im Ausserhumanbereich*, Bern: Stämpfli.

Etzioni, Amitai (1968): »Basic Human Needs, Alienation und Inauthenticity«, *American Sociological Review* 33(6), 870–883.

Finnis, John (1980): *Natural Law and Natural Rights*, Oxford: Oxford University Press.

Forst, Rainer (1994): *Kontexte der Gerechtigkeit. Politische Philosophie jenseits von Liberalismus und Kommunitarismus*, Frankfurt a. M.: Suhrkamp.

Forst, Rainer (1999): »Das grundlegende Recht auf Rechtfertigung. Zu einer konstruktivistischen Konzeption von Menschenrechten«, in: Hauke Brunkhorst/Wolfgang R. Köhler/Matthias Lutz-Bachmann (Hg.), *Recht auf Menschenrechte. Menschenrechte, Demokratie und internationale Politik*, Frankfurt a. M.: Suhrkamp, 66–105.

Forst, Rainer (2005): »Die Würde des Menschen und das Recht auf Rechtfertigung«, *Deutsche Zeitschrift für Philosophie* 53(4), 589–596.

Forst, Rainer (2007): *Das Recht auf Rechtfertigung. Elemente einer konstruktivistischen Theorie der Gerechtigkeit*, Frankfurt a. M.: Suhrkamp.

Forst, Rainer (2011): *Kritik der Rechtfertigungsverhältnisse. Perspektiven einer kritischen Theorie der Politik*, Berlin: Suhrkamp.

Forst, Rainer (2015): *Normativität und Macht. Zur Analyse sozialer Rechtfertigungsordnungen*, Berlin: Suhrkamp.

Forst, Rainer (2017):, »The Justification of Basic Rights: A Discourse-Theoretical Approach«, *Normative Orders Working Paper* 02/2017.

Forst, Rainer (2019): »Gegenrede: Warum gute Gründe für die Würde sprechen«, *DIE ZEIT*, 10.10.2019, 61.

Francione, Gary L. (2017): »Empfindungsfähigkeit, ernst genommen«, in: Friederike Schmitz (Hg.), *Tierethik – Grundlagentexte*, 3. Aufl., Berlin: Suhrkamp, 153–175.

Fritzsche, K. Peter (2016): *Menschenrechte. Eine Einführung mit Dokumenten*, 3. Aufl., Paderborn: Schöningh.

Fuchs, Thomas (2020): *Verteidigung des Menschen. Grundfragen einer verkörperten Anthropologie*, Berlin: Suhrkamp.

Gadamer, Hans-Georg (1987): *Neuere Philosophie II. Probleme – Gestalten*, in: *Gesammelte Werke* Bd. 4, Tübingen: Mohr Siebeck.

Galtung, Johan (1994): *Menschenrechte – anders gesehen*, Frankfurt a. M.: Suhrkamp.

Garner, Robert (2013): *A Theory of Justice for Animals. Animal Rights in a Nonideal World*, Oxford/New York: Oxford University Press.

Geddert-Steinacher, Tatjana (1990): *Menschenwürde als Verfassungsbegriff – Aspekte der Rechtsprechung des Bundesverfassungsgerichts zu Artikel 1 Absatz 1 Grundgesetz*, Berlin: Duncker und Humblot.

Gerhardt, Volker (2007): *Partizipation – Das Prinzip der Politik*, München: C.H. Beck.

Gewirth, Alan (1982): *Human Rights – Essays on Justification and Applications*, Chicago/London : University of Chicago Press.

Giegerich, Thomas (2003): *Europäische Verfassung und deutsche Verfassung im transnationalen Konstitutionalisierungsprozess: Wechselseitige Rezeption, konstitutionelle Evolution und föderale Verflechtung*, Berlin: Springer.

Gómez Robledo, Antonio (1981): »Le ius cogens international: sa genèse, sa nature, ses fonctions«, *Recueil des Cours* 172 (1981 III), 9–217.

Gosepath, Stefan (1998): »Zur Begründung sozialer Menschenrechte«, in: Stefan Gosepath/Georg Lohmann (Hg.), *Philosophie der Menschenrechte*, Frankfurt a. M.: Suhrkamp, S. 146–187.

Green, Reginald Herbold (1981): »Basic Human Rights/Needs: Some Problems of Categorical Translation and Unification«, *Review of the International Commission of Jurists* 27, 53–58.

Grimm, Dieter (1969): »Recht und Politik«, *JuS – Juristische Schulung* 9(11), 501–510.

Grimm, Dieter (2013): »Dignity in a Legal Context: Dignity as an Absolute Right«, in: Christopher McCrudden (ed.), *Understanding Human Dignity*, Oxford: Oxford University Press, 381–391.

Griffin, James (2008): *On Human Rights*, Oxford/New York: Oxford University Press.

Gruen, Lori (2011): *Ethics and Animals – An Introduction*, Cambridge: Cambridge University Press.

Gutmann, Thomas/Quante, Michael (2017): »Menschenwürde, Selbstbestimmung und Pluralismus: Zwischen sittlicher Vorgabe und deontologischer Konstruktion«, *Archiv für Rechts- und Sozialphilosophie* 103(3), 322–336.

Häberle, Peter (2004): »Die Menschenwürde als Grundlage der staatlichen Gemeinschaft«, in: Josef Isensee/Paul Kirchhof (Hg.), *Handbuch des Staatsrechts der Bundesrepublik Deutschland*, Bd. II: Verfassungsstaat, 3. Aufl., Heidelberg: C.F. Müller, 317–367.

Habermas Jürgen (1992): *Faktizität und Geltung. Beiträge zur Diskurstheorie des Rechts und des demokratischen Rechtsstaates*, Frankfurt a. M.: Suhrkamp.

Habermas Jürgen (1997): »Über den internen Zusammenhang von Rechtsstaat und Demokratie«, in: *Die Einbeziehung des Anderen. Studien zur politischen Theorie*, Frankfurt a.m.: Suhrkamp, 293–305.

Habermas Jürgen (1998): »Zur Legitimation durch Menschenrechte«, in: *Die postnationale Konstellation. Politische Essays*, Frankfurt a. M.: Suhrkamp, 170–192.

Habermas Jürgen (2001): *Die Zukunft der menschlichen Natur. Auf dem Weg zu einer liberalen Eugenik?*, Frankfurt a. M.: Suhrkamp.

Habermas Jürgen (2011): »Das Konzept der Menschenwürde und die realistische Utopie der Menschenrechte«, in: *Zur Verfassung Europas*, Berlin: Suhrkamp, 13–38.

Habermas Jürgen (2016): »Die Herausforderung der ökologischen Ethik für eine anthropozentrisch ansetzende Konzeption«, in: Angelika Krebs (Hg.), *Naturethik*, 8. Aufl., Frankfurt a. M.: Suhrkamp, 92–99.

Hager, Fritz Peter (1984): »Natur« (Teil »Antike«), in: Joachim Ritter/Karlfried Gründer (Hg.), *Historisches Wörterbuch der Philosophie* Bd. 6, Basel/Stuttgart: Schwabe, Sp. 421 ff.

Hain Karl-E. (2006): »Konkretisierung der Menschenwürde durch Abwägung?«, Der Staat 45(2), 189–214.

Haltern, Ulrich (2006): »Tomuschats Traum: Zur Bedeutung der Souveränität im Völkerrecht«, in: *Festschrift für Christian Tomuschat*, Kehl: N. P. Engel, 867–898.

Hampe, Michael (2006): *Die Macht des Zufalls. Vom Umgang mit dem Risiko*, Berlin: wjs verlag.

Hare, Brian/Woods, Vanessa (2020): *Survival of the Friendliest. Understanding Our Origins and Rediscovering Our Common Humanity*, London: Oneworld.

Hart, H.L.A. (1965): *The Concept of Law*, Oxford: Clarendon; dt. (1973): *Der Begriff des Rechts*, Frankfurt a. M.: Suhrkamp.

Hartung, Gerald (1998): *Die Naturrechtsdebatte. Geschichte der Obligatio vom 17. bis 20. Jahrhundert*, Freiburg/München: Karl Alber.

Herdegen, Matthias (2007): »Das Überpositive im positiven Recht. Von der Sehnsucht nach der heilen Wertewelt zum Kampf der Rechtskulturen«, *Festschrift für Josef Isensee*, Heidelberg: C. F. Müller, 135–145.

Herdegen, Matthias (2009): Kommentar zu Art. 1 GG, in: Theodor Maunz/ Günter Dürig (Hg.), *Grundgesetz-Kommentar*, München: C.H. Beck.

Herdegen, Matthias (2021): *Völkerrecht*, 20. Aufl., München: C.H. Beck.

Hilgendorf, Eric (2013): »Menschenwürdeschutz als Schutz vor Demütigung? Eine Kritik«, in: Eric Hilgendorf (Hg.), *Menschenwürde und Demütigung – Die Menschenwürdekonzeption Avishai Margalits*, Baden-Baden: Nomos, 127–137.

Hillgruber, Christian (1992): *Der Schutz des Menschen vor sich selbst*, München: Vahlen.

Hilpert, Konrad (2009): »Die Differenz zwischen Gewachsenem und Gemachtem: Die ›menschliche Natur‹ als regulative Idee in der bioethischen Diskussion«, in: Wilhelm Vossenkuhl et al. (Hg.), *Ecce Homo! Menschenbild – Menschenbilder*, Stuttgart: Kohlhammer, 183–203.

Hirsch, Michael (2010): »Der symbolische Primat des Politischen und seine Kritik«, in: Thomas Bedorf/Kurt Röttgers (Hg.), *Das Politische und die Politik*, Berlin: Suhrkamp, 335–363.

Hobbes, Thomas (1966): *Leviathan oder Stoff, Form und Gewalt eines bürgerlichen und kirchlichen Staates*, hrsg. von Iring Fetscher, Neuwied/Berlin: Luchterhand.

Hoerster, Norbert (1983): »Zur Bedeutung des Prinzips der Menschenwürde«, *JuS (Juristische Schulung) 23*, 93–96.

Höffe, Otfried (1996): *Vernunft und Recht. Bausteine zu einem interkulturellen Rechtsdiskurs*, Frankfurt a. M.: Suhrkamp.

Höffe, Otfried (1998): »Transzendentaler Tausch. Eine Legitimationsfigur für Menschenrechte?«, in: Stefan Gosepath/Georg Lohmann (Hg.), *Philosophie der Menschenrechte*, Frankfurt a. M.: Suhrkamp, 29–47.

Höffe, Otfried (1999): *Demokratie im Zeitalter der Globalisierung*, München: C.H. Beck.

Höffe, Otfried (2009): *Ist die Demokratie zukunftsfähig?*, München: C.H. Beck.

Höfling, Wolfram (2018): Kommentar zu Art. 1 GG, in: Michael Sachs (Hg.), *Grundgesetz-Kommentar*, 8. Aufl., München: C.H. Beck.

Hofmann, Ekkehard (2007): *Abwägung im Recht. Chancen und Grenzen numerischer Verfahren im Öffentlichen Recht*, Habil. Hamburg, Tübingen: Mohr Siebeck.

Hofmann Hasso (1993): »Die versprochene Menschenwürde«, *Archiv des öffentlichen Rechts* 118(3), 353–378.

Hofmann, Hasso (1999): *Die Entdeckung der Menschenrechte*, Berlin/New York: De Gruyter.

Hondrich, Karl Otto (1975): *Menschliche Bedürfnisse und soziale Steuerung*, Reinbek bei Hamburg: Rowohlt.

Honnefelder, Ludger (2011): *Welche Natur sollen wir schützen?*, Berlin: Berlin University Press.

Honneth, Axel (2005): *Verdinglichung. Eine anerkennungstheoretische Studie*, Frankfurt a.M.: Suhrkamp.

Honneth, Axel (2018): *Anerkennung. Eine europäische Ideengeschichte*, Berlin: Suhrkamp.

Honneth, Axel (2021): »Recht und Sittlichkeit. Aspekte eines komplexen Wechselverhältnisses«, in: Rainer Forst/Klaus Günther (Hg.), *Normative Ordnungen*, Berlin: Suhrkamp, 42–73.

Horn, Christoph (2011): »Die verletzbare und die unverletzbare Würde des Menschen – Eine Klärung«, *Information Philosophie* 39(3), 30–42.

Hörnle, Tatjana (2013): »Warum sich das Würdekonzept Margalits zur Präzisierung von ›Menschenwürde als geschütztes Rechtsgut‹ eignet«, in: Eric Hilgendorf (Hg.), *Menschenwürde und Demütigung. Die Menschenwürdekonzeption Avishai Margalits*, Baden-Baden: Nomos, 91–108.

Hursthouse, Rosalind (2017): »Tugendethik und der Umgang mit Tieren«, in: Friederike Schmitz (Hg.), *Tierethik – Grundlagentexte*, 3. Aufl., Berlin: Suhrkamp, 321–348.

Ignatieff, Michael (2002): *Die Politik der Menschenrechte*, Hamburg: Europäische Verlagsanstalt.

Isensee, Josef (2006): »Menschenwürde: die säkulare Gesellschaft auf der Suche nach dem Absoluten«, *Archiv des öffentlichen Rechts* 131(2), 173–218.

Isensee, Josef (2011): »Würde des Menschen«, in: Detlef Merten/Hans-Jürgen Papier (Hg.), *Handbuch der Grundrechte in Deutschland und Europa* Bd. IV, Heidelberg: C. F. Müller, 3–135.

Jansen, Nils (1997a): »Die Abwägung von Grundrechten«, *Der Staat* 36(1), 27–54.

Jansen, Nils (1997b): »Die Struktur rationaler Abwägungen«, *Ethische und strukturelle Herausforderungen des Rechts. ARSP Beiheft* 66, 152–168.

Jellinek, Georg (1964): »Die Erklärung der Menschen- und Bürgerrechte«, in: Roman Schnur (Hg.), *Zur Geschichte der Erklärung der Menschenrechte*, Darmstadt: Wissenschaftliche Buchgesellschaft, 1–77.

Jellinek, Georg (1919): *System der subjektiven öffentlichen Rechte*, Tübingen: J.C.B. Mohr.

Jestaedt, Matthias (1999): *Grundrechtsentfaltung im Gesetz. Studien zur Interdependenz von Grundrechtsdogmatik und Rechtsgewinnungstheorie*, Tübingen: Mohr Siebeck.

Kant, Immanuel (1968): »Anthropologie in pragmatischer Hinsicht«, in: *Kants Werke, Akademie-Ausgabe* Band VII, Berlin: De Gruyter (zit. Anthropologie).

Kant, Immanuel (1974): *Grundlegung zur Metaphysik der Sitten*, in: *Werkausgabe* Bd. VII, hrsg. von Wilhelm Weischedel, Frankfurt a. M.: Suhrkamp (zit. GMS).

Kant, Immanuel (1974): *Kritik der praktischen Vernunft*, in: *Werkausgabe* Band VII, Frankfurt a. M.: Suhrkamp (zit. KpV).

Kant, Immanuel (1977): *Die Metaphysik der Sitten*, in: *Werkausgabe* Bd. VIII, hrsg. von Wilhelm Weischedel, Frankfurt a. M.: Suhrkamp (zit. MdS).

Kateb, George (2011): *Human Dignity*, Cambridge, Mass./London: Harvard University Press.

Kelsen, Hans (1960): *Reine Rechtslehre*, 2. Aufl., Wien: Deuticke.

Kingreen, Torsten/Poscher, Ralf (2021): *Staatsrecht II: Grundrechte*, 37. Aufl., Heidelberg: C. F. Müller.

Kirchhof, Paul (2010): »Allgemeiner Gleichheitssatz«, in: Josef Isensee/Paul Kirchhof (Hg.), *Handbuch des Staatsrechts der Bundesrepublik Deutschland* Bd. VIII, 3. Aufl., Heidelberg: C. F. Müller, S. 697–838.

Kloepfer, Michael (2001): »Leben und Würde des Menschen«, in: Peter Badura/Horst Dreier (Hg.), *Festschrift 50 Jahre Bundesverfassungsgericht*, Bd. 2, Tübingen: Mohr Siebeck, S. 77–104.

Kokott, Juliane/Doehring, Karl/Buergenthal, Thomas (2003): *Grundzüge des Völkerrechts*, 3. Aufl., Heidelberg: C. F. Müller.

König, Siegfried (1994): *Zur Begründung der Menschenrechte: Hobbes – Locke – Kant*, Freiburg/München: Karl Alber.

Korsgaard, Christine (2017): »Mit Tieren interagieren: Ein kantianischer Ansatz«, in: Friederike Schmitz (Hg.), *Tierethik – Grundlagentexte*, 3. Aufl., Berlin: Suhrkamp, 243–286.

Korsgaard, Christine M. (2021): *Tiere wie wir. Warum wir moralische Pflichten gegenüber Tieren haben. Eine Ethik*, München: C.H. Beck.

Krebs, Angelika (2016): »Naturethik im Überblick«, in: dies (Hrsg.), *Naturethik – Grundtexte der gegenwärtigen tier- und ökoethischen Diskussion*, 8. Aufl., Frankfurt a.M.: Suhrkamp, 337–379.

Krepper, Peter (1998): *Zur Würde der Kreatur in Gentechnik und Recht*, Basel/Frankfurt a. M.: Helbing und Lichtenhahn.

Kühnhardt, Ludger (1987): *Die Universalität der Menschenrechte. Studie zur ideengeschichtlichen Bestimmung eines politischen Schlüsselbegriffs*, München: Olzog Verlag.

Kunig, Philip (2012): Kommentar zu Art. 1 GG, in: Ingo von Münch/Philip Kunig (Hg.), *Grundgesetz-Kommentar*, Bd. 1, 6. Aufl., München: C.H. Beck.

Kunzmann, Peter (2007): *Die Würde des Tieres – zwischen Leerformel und Prinzip*, Freiburg/München: Karl Alber.

Ladeur, Karl-Heinz (2004): *Kritik der Abwägung in der Grundrechtsdogmatik. Plädoyer für eine Erneuerung der liberalen Grundrechtstheorie*, Tübingen: Mohr Siebeck.

Ladwig, Bernd (2020): *Politische Philosophie der Tierrechte*, Berlin: Suhrkamp.

Lampe, Ernst-Joachim (1988): *Grenzen des Rechtspositivismus. Eine rechtsanthropologische Untersuchung*, Berlin: Duncker und Humblot.

Lee, Patrick/George, Robert P. (2008): »The nature and basis of human dignity«, *Ratio Juris* 21(2), 173–193.

Leisner, Walter (1997): *Der Abwägungsstaat. Verhältnismässigkeit als Gerechtigkeit?*, Berlin: Duncker und Humblot.

Leist, Anton (1990): »Einleitung: Diskussionen um Leben und Tod«, in: ders. (Hg.), *Um Leben und Tod. Moralische Probleme bei Abtreibung, künstlicher Befruchtung, Euthanasie und Selbstmord*, Frankfurt a. M.: Suhrkamp, 9–72.

Locke, John (1977): *Zwei Abhandlungen über die Regierung*, hrsg. und eingeleitet von Walter Euchner, Frankfurt a. M.: Suhrkamp.

Lohmann, Georg (1998): »Menschenrechte zwischen Moral und Recht«, in: Stefan Gosepath/Georg Lohmann (Hg.), *Philosophie der Menschenrechte*, Frankfurt a. M.: Suhrkamp, 62–95.

Lohmann, Georg (2005): »Die Menschenrechte: unteilbar und gleichgewichtig? – Eine Skizze«, in: Georg Lohmann/Stefan Gosepath/Arnd Pollmann/Claudia Mahler/Norman Weiß, *Die Menschenrechte: unteilbar und gleichgewichtig?*, Potsdam: Universitätsverlag, 5–20.

Loick, Daniel (2017): *Juridismus – Konturen einer kritischen Theorie des Rechts*, Berlin: Suhrkamp.

Longerich, Peter (2008): *Heinrich Himmler – Biographie*, München: Siedler.

Luhmann, Niklas (1965): *Grundrechte als Institution*, Berlin: Duncker und Humblot.

Luhmann, Niklas (1993): *Legitimation durch Verfahren*, 3. Aufl., Frankfurt a. M.: Suhrkamp.

Mahlmann Matthias (2008): *Elemente einer ethischen Grundrechtstheorie*, Baden-Baden: Nomos.

Mahlmann Matthias (2013): »The Good Sense of Dignity: Six Antidotes to Dignity Fatigue in Ethics and Law«, in: Christopher McCrudden (ed.), *Understanding Human Dignity*, Oxford: Oxford University Press, 593–614.

Mahon, Pascal (2003): Kommentar zu Artikel 7, in: Jean-François Aubert/Pascal Mahon, *Petit commentaire de la Constitution fédérale de la Confédération suisse du 18 avril 1999*, Zürich/Basel/Genf: Schulthess.

Maio, Giovanni (2011): »Medizin in einer Gesellschaft, die kein Schicksal duldet – Eine Kritik des Machbarkeitsdenkens der modernen Medizin«, *Zeitschrift für medizinische Ethik* 57(2), 79–98.

Maisack, Moritz (2007): *Zum Begriff des vernünftigen Grundes im Tierschutzrecht*, Diss., Baden-Baden: Nomos.

Maisack, Moritz (2015): »Lebensschutz für Tiere – Notwendige Erweiterung oder logische Folge des Würdeschutzes? Ein Blick auf das Lebensschutzkonzept im deutschen und österreichischen Tierschutzgesetz«, in: Christoph Ammann/Birgit Christensen/Lorenz Engi/Margot Michel (Hg.), *Würde der Kreatur – Ethische und rechtliche Beiträge zu einem umstrittenen Konzept*, Zürich: Schulthess, 185–232.

Margalit, Avishai (1997): *Politik der Würde – Über Achtung und Verachtung*, Berlin: Alexander Fest.

Maritain, Jacques (1951): *Die Menschenrechte und das natürliche Gesetz*, Bonn: Brüder Auer Verlag.

Marquard, Odo (1986): *Apologie des Zufälligen – Philosophische Studien*, Stuttgart: Reclam.

Maslow, Abraham H. (1970): *Motivation and Personality*, 2. Aufl., New York/London: Harper and Row.

Mastronardi, Philippe (2003): *Juristisches Denken – Eine Einführung*, 2. Aufl., Bern: Paul Haupt.

Mastronardi, Philippe (2014): Kommentar zu Artikel 7, in: Bernhard Ehrenzeller/Benjamin Schindler/Rainer J. Schweizer/Klaus A. Vallender (Hg.), *Die Schweizerische Bundesverfassung – St. Galler Kommentar*, 3. Aufl., St. Gallen/Zürich: Dike/Schulthess.

Mayer, Ann Elisabeth (2014): »The Islamic world and the alternative declarations of human rights«, in: Marcus Düwell et al. (eds.), *The Cambridge Handbook of Human Dignity*, Cambridge: Cambridge University Press, 407–413.

Michael, Lothar/Morlok, Martin (2017): *Grundrechte*, 6. Aufl., Baden-Baden: Nomos.

Miller, David (2007): *National Responsibility and Global Justice*, Oxford/New York: Oxford University Press.

Molinari, Eva Maria (2018): *Die Menschenwürde in der schweizerischen Bundesverfassung – Eine rechtsdogmatische und rechtsvergleichende Untersuchung der subjektiv-rechtlichen Grundrechtsfunktion*, Diss. Fribourg, Zürich/Basel/Genf: Schulthess.

Möllers, Christoph (2005): *Gewaltengliederung. Legitimation und Dogmatik im nationalen und internationalen Rechtsvergleich*, Tübingen: Mohr Siebeck.

Möllers, Christoph (2013): »The Triple Dilemma of Human Dignity: A Case Study«, in: Christopher McCrudden (ed.), *Understanding Human Dignity*, Oxford: Oxford University Press, 173–187.

Möllers, Christoph (2020): *Freiheitsgrade. Elemente einer liberalen politischen Mechanik*, Berlin: Suhrkamp.

Müller, Friedrich (1990): *Die Positivität der Grundrechte. Fragen einer praktischen Grundrechtsdogmatik*, 2. Aufl., Berlin: Duncker und Humblot.

Neumann, Ulfrid (2017): »Das Rechtsprinzip der Menschenwürde als Schutz elementarer menschlicher Bedürfnisse. Versuch einer Eingrenzung«, in: *Archiv für Rechts- und Sozialphilosophie* 103(3), 287–303.

Neumann, Ulfrid (2013): »Objektformel«, in: Rolf Gröschner/Antje Kapust/Oliver W. Lembcke (Hg.), *Wörterbuch der Würde*, München: Fink, 334–336.

Nickel, James W. (2007): *Making Sense of Human Rights*, 2. Aufl., Malden/Oxford: Blackwell.

Nida-Rümelin, Julian (2009): *Philosophie und Lebensform*, Frankfurt a. M.: Suhrkamp.

Niederberger, Andreas (2017): »Was gebieten Menschenrechte unter nicht-idealen Bedingungen?«, in: Philosophisches Jahrbuch 124 Bd. 2, 217–241.

Nobis, Nathan (2008): »On Carl Cohen's ›Kind‹ Arguments For Animal Rights and Against Human Rights«, in: Clare Palmer (ed.), Animal Rights, Aldershot: Routledge, 327–343.

Nussbaum, Martha (1999): Gerechtigkeit oder Das gute Leben, hrsg. von Herlinde Pauer-Studer, Frankfurt a. M.: Suhrkamp.

Nussbaum, Martha (2014): Die Grenzen der Gerechtigkeit. Behinderung, Nationalität und Spezieszugehörigkeit, Berlin: Suhrkamp.

Nussbaum, Martha (2017): »Jenseits von ›Mitleid und Menschlichkeit‹: Gerechtigkeit für nichtmenschliche Tiere«, in: Friederike Schmitz (Hg.), Tierethik – Grundlagentexte, 3. Aufl., Berlin: Suhrkamp, 176–216.

Nussbaum, Martha (2000): Women and Human Development. The Capabilities Approach, Cambridge/New York: Cambridge University Press.

Ober, Josiah (2014): »Meritocratic and civic dignity in Greco-Roman antiquity«, in: Marcus Düwell et al. (eds.), The Cambridge Handbook of Human Dignity, Cambridge: Cambridge University Press, 53–63.

Oestreich, Gerhard (1968): Geschichte der Menschenrechte und Grundfreiheiten im Umriss, Berlin: Duncker und Humblot.

Okresek, Wolf (2003): »Die Umsetzung der EGMR-Urteile und ihre Überwachung«, Europäische Grundrechte-Zeitschrift 30 (4–6), 168–174.

O'Neill, Onora (1989): Constructions of Reason. Explorations of Kant's Practical Philosophy, Cambridge/New York: Cambridge University Press.

O'Neill, Onora (2000): Bounds of Justice, Cambridge: Cambridge University Press.

O'Neill, Onora (2019): Gerechtigkeit über Grenzen. Pflichten in der globalisierten Welt, München: Claudius.

Oppenheim Lassa F./Lauterpracht Hersch (1955): International Law, 8. Aufl., London: Longmans, Green & Co.

Parfit Derek (2011): On What Matters, Volume One, edited and introduced by Samuel Scheffler, Oxford/New York: Oxford University Press.

Parker Karen/Neylon Lyn Beth (1989): »Jus Cogens: Compelling the Law of Human Rights«, Hastings International and Comparative Law Journal 12(2), 411–463.

Patterson Orlando (1982): Slavery and Social Death. A Comparative Study, Cambridge, Mass.: Harvard University Press.

Pico della Mirandola Giovanni (1990): De hominis dignitate – Über die Würde des Menschen, hrsg. von August Buck, Hamburg: Meiner.

Platon (1963): Gorgias, in: Sämtliche Werke Bd. 1, Reinbek bei Hamburg: Rowohlt (zit. Gorg.).

Platon (1963): Nomoi, in: Sämtliche Werke Bd. 1, Reinbek bei Hamburg: Rowohlt (zit. Nomoi).

Platon (1971): Politeia – Der Staat, bearbeitet von Dietrich Kurz, Darmstadt: Wissenschaftliche Buchgesellschaft (zit. Resp.).

Pluhar, Evelyn B. (1995): Beyond Prejudice – The Moral Significance of Human and Nonhuman Animals, Durham/London: Duke University Press.

Pogge, Thomas W. (2002): World Poverty and Human Rights. Cosmopolitan Responsibilities and Reforms, Cambridge: Polity Press.

Polakiewicz, Jörg (1993): *Die Verpflichtungen der Staaten aus den Urteilen des Europäischen Gerichtshofs für Menschenrechte*, Berlin/Heidelberg/New York: Springer.

Pollmann, Arnd (2022): *Menschenrechte und Menschenwürde. Zur philosophischen Bedeutung eines revolutionären Projekts*, Berlin: Suhrkamp.

Poscher, Ralf (2003): *Grundrechte als Abwehrrechte. Reflexive Regelung rechtlich geordneter Freiheit*, Tübingen: Mohr Siebeck.

Praetorius, Ina/Saladin, Peter (1996): *Die Würde der Kreatur (Art. 24novies Abs. 3 BV)*, Bern: Dokumentationsdienst, Bundesamt für Umwelt, Wald und Landschaft.

Radbruch, Gustav (1973): *Rechtsphilosophie*, 8. Aufl., Stuttgart: K. F. Koehler.

Raspé, Carolin (2013): *Die tierliche Person. Vorschlag einer auf der Analyse der Tier-Mensch-Beziehung in Gesellschaft, Ethik und Recht basierenden Neupositionierung des Tieres im deutschen Rechtssystem*, Berlin: Duncker und Humblot.

Rawls, John (1979): *Eine Theorie der Gerechtigkeit*, Frankfurt a. M.: Suhrkamp.

Rawls, John (2002): *Das Recht der Völker*, Berlin/New York: De Gruyter.

Raz, Joseph (2010): »Human Rights without Foundations«, in: Samantha Besson/John Tasioulas (eds.), *The Philosophy of International Law*, Oxford/New York: Oxford University Press, 321–337.

Regan, Tom (2008): »Wie man Rechte für Tiere begründet«, in: Ursula Wolf (Hg.), *Texte zur Tierethik*, Stuttgart: Reclam, 33–39.

Regan, Tom (2017): »Von Menschenrechten zu Tierrechten«, in: Friederike Schmitz (Hg.), *Tierethik – Grundlagentexte*, 3. Aufl., Berlin: Suhrkamp, 88–114.

Reichenbach, Hans (1938): *Experience and Prediction*, Chicago: University of Chicago Press.

Ress, Georg (1996): »Wirkung und Beachtung der Urteile und Entscheidungen der Straßburger Konventionsorgane«, *Europäische Grundrechte-Zeitschrift* 23(13–14), 350–353.

Riedel, Eibe (1986): *Theorie der Menschenrechtsstandards. Funktion, Wirkungsweise und Begründung wirtschaftlicher und sozialer Menschenrechte mit exemplarischer Darstellung der Rechte auf Eigentum und auf Arbeit in verschiedenen Rechtsordnungen*, Berlin: Duncker und Humblot.

Riedel, Eibe (1989): »Menschenrechte der dritten Dimension«, *Europäische Grundrechte-Zeitschrift* 16(1), 9–21.

Rippe, Klaus Peter (2008): *Ethik im ausserhumanen Bereich*, Paderborn: Mentis.

Ritter, Gerhard (1964): »Ursprung und Wesen der Menschenrechte«, in: Roman Schnur (Hg.), *Zur Geschichte der Erklärung der Menschenrechte*, Darmstadt: Wissenschaftliche Buchgesellschaft, 202–237.

Röhl, Klaus F./Röhl, Hans Christian (2008): *Allgemeine Rechtslehre. Ein Lehrbuch*, 3. Aufl., Köln: Heymann.

Rosa, Hartmut (2018): *Unverfügbarkeit*, Wien: Residenz Verlag.

Rosen, Michael (2012): *Dignity – Its History and Meaning*, Cambridge, Mass./London: Harvard University Press.

Rosen, Michael (2013): »Dignity: The Case Against«, in: Christopher McCrudden (ed.), *Understanding Human Dignity*, Oxford: Oxford University Press, 143–154.

Rowlands, Mark (2009): *Animal Rights – Moral Theory and Practice*, 2. Aufl., New York: Palgrave Macmillan.

Saladin, Peter (1995): »›Würde der Kreatur‹ als Rechtsbegriff«, in: Julian Nida-Rümelin/Dietmar von der Pfordten (Hg.), *Ökologische Ethik und Rechtstheorie*, Baden-Baden: Nomos, 365–369.

Sangiovanni, Andrea (2017): *Humanity without Dignity. Moral Equality, Respect, and Human Rights*, Cambridge, Mass./London: Harvard University Press.

Sauter, Johann (1932): *Die philosophischen Grundlagen des Naturrechts. Untersuchungen zur Geschichte der Rechts- und Staatslehre*, Wien: Springer.

Schaber, Peter (2010): *Instrumentalisierung und Würde*, Paderborn: Mentis.

Schaber, Peter (2012a): »Human Rights without Foundations?«, in: Gerhard Ernst/Jan-Christoph Heilinger (eds.), *The Philosophy of Human Rights – Contemporary Controversies*, Berlin: De Gruyter, 61–72.

Schaber, Peter (2012b): *Menschenwürde*, Stuttgart: Reclam.

Schaber, Peter (2013): »Würde als Grundbegriff der Moral«, in: Eric Hilgendorf (Hg.), *Menschenwürde und Demütigung – Die Menschenwürdekonzeption Avishai Margalits*, Baden-Baden: Nomos, 53–62.

Schaber, Peter (2018): »Instrumentalisierungsverbot«, in: Johann S. Ach/Dagmar Borchers (Hg.), *Handbuch Tierethik. Grundlagen – Kontexte – Perspektiven*, Stuttgart: J. B. Metzler, 167–172.

Schlink, Bernhard (1976): *Abwägung im Verfassungsrecht*, Berlin: Duncker und Humblot.

Schlink, Bernhard (2013): »The Concept of Human Dignity: Currant Usages, Future Discourses«, in: Christopher McCrudden (ed.), *Understanding Human Dignity*, Oxford: Oxford University Press, 631–636.

Schmitz, Friedrike (2017): »Tierethik – eine Einführung«, in: dies. (Hg.), *Tierethik – Grundlagentexte*, 3. Aufl., Berlin: Suhrkamp, 13–73.

Schmücker, Reinold (2002): »Bedürfnisse/Interessen«, in: Marcus Düwell/Christoph Hübenthal/Micha H. Werner (Hg.), *Handbuch Ethik*, Stuttgart/Weimar: J. B. Metzler, 308–313.

Schnell, Martin W. (2017): *Ethik im Zeichen vulnerabler Personen. Leiblichkeit – Endlichkeit - Nichtexklusivität*, Weilerswist: Velbrück Wissenschaft.

Schockenhoff, Eberhard (1996): *Naturrecht und Menschenwürde. Universale Ethik in einer geschichtlichen Welt*, Mainz: Matthias-Grünewald-Verlag.

Schott, Markus (2004): »Gentechnologie in Landwirtschaft und Lebensmittelproduktion nach Inkrafttreten des neuen Gentechnikgesetzes«, *Zeitschrift für schweizerisches Recht* 123(4), 435–477.

Schwartländer, Johannes (1979): »Menschenrechte – eine Herausforderung für die Kirche«, in: ders. (Hg.), *Menschenrechte – eine Herausforderung für die Kirche*, München: Kaiser, 15–58.

Schweizer, Rainer J./Errass, Christoph (2014): Kommentar zu Art. 120, in: Bernhard Ehrenzeller/Benjamin Schindler/Rainer J. Schweizer/Klaus A. Vallender (Hg.), *Die schweizerische Bundesverfassung, St. Galler Kommentar*, 3. Aufl., St. Gallen/Zürich: Dike/Schulthess.

Seel, Martin (2016): »Ästhetische und moralische Anerkennung der Natur«, in: Angelika Krebs (Hg.), *Naturethik – Grundtexte der gegenwärtigen tier- und ökoethischen Diskussion*, 8. Aufl., Frankfurt a.M.: Suhrkamp, 307–330.

Seelmann, Kurt (1994): »Die Denkfigur des ›subjektiven Rechts‹ in der spanischen Spätscholastik«, in: Reyes Mate/Friedrich Niewöhner (Hg.), *Spaniens Beitrag zum politischen Denken in Europa um 1600*, Wiesbaden: Harrassowitz, 141–151.

Seelmann, Kurt (2011): »Menschenwürde – Schutz des ›moral agent‹ oder des ›moral patient‹?«, in: Rainer J. Schweizer/Florian Windisch (Hg.), *Integratives Rechtsdenken – Im Diskurs mit Philippe Mastronardi*, Zürich/St. Gallen: Dike, 33–47.

Sellars, Wilfried (1997): *Empirism and the Philosophy of Mind*, Cambridge/MA: Harvard University Press.

Shestack, Jerome J. (2000): »The Philosophical Foundations of Human Rights«, in: Janusz Symonides (ed.), *Human Rights: Concept and Standards*, Aldershot: Routledge, 31–66.

Shriver, Adam (2018): »The unpleasantness of pain for nonhuman animals«, in: Kristin Andrews/Jacob Beck (eds.), *The Routledge Handbook of Philosophy of Animal Minds*, London/New York: Routledge, 176–184.

Shue, Henry (1980): *Basic Rights. Subsistence, Affluence, and U. S. Foreign Policy*, Princeton: Princeton University Press.

Siekmann, Jan-R. (1995): »Zur Begründung von Abwägungsurteilen«, *Rechtstheorie* 26(1), 45–69.

Sieyes, Emmanuel Joseph (1981): *Politische Schriften 1788–1790*, hrsg. von Eberhard Schmidt und Rolf Reichardt, 2. Aufl., München/Wien: Oldenbourg.

Singer, Peter (2013): *Praktische Ethik*, 3. Aufl., Stuttgart: Reclam.

Smith Bradley F./Peterson Agnes F. (Hg., 1974): Heinrich Himmler – Geheimreden 1933 bis 1945, Frankfurt a. M./Berlin/Wien: Propyläen.

Smith, Tanya M./Tafforeau, Paul/Reid, Donald J./Pouech, Joane/Lazzari, Vincent/Zermeno, John P./Guatelli-Steinberg, Debbie/Olejniczak, Anthony J./Hoffman, Almut/Radovčić, Jakov/Makaremi, Masrour/Toussaint, Michel/Stringer, Chris/Hublin, Jean-Jacques (2010): »Dental evidence for ontogenetic differences between modern humans and Neanderthals«, *Proceedings of the National Academy of Science of the United States of America* 107(49), 20923–20928.

Spinoza, Baruch de (1994): *Politischer Traktat, Sämtliche Werke* Bd. 5.2, hrsg. von Wolfgang Bartuschat, Hamburg: Meiner.

Starck, Christian (2018): Kommentar zu Art. 1 Abs. 1 GG, in: Hermann von Mangoldt/Friedrich Klein/Christian Starck (Hg.), Kommentar zum Grundgesetz, 7. Aufl., München: C.H. Beck.

Stein, Torsten/von Buttlar, Christian/Kotzur, Markus (2017): Völkerrecht, 14. Aufl., Köln/Berlin/München: Vahlen.

Stemmer, Peter (2000): *Handeln zugunsten anderer. Eine moralphilosophische Untersuchung*, Berlin: De Gruyter.

Stemmer, Peter (2010): »Begründen, Rechtfertigen und das Unterdrückungsverbot«, *Deutsche Zeitschrift für Philosophie* 58(4), 561–574.

Strauss, Leo (1977): *Naturrecht und Geschichte*, Frankfurt a. M.: Suhrkamp.

Stucki, Saskia (2016): *Grundrechte für Tiere. Eine Kritik des geltenden Tierschutzrechts und rechtstheoretische Grundlegung von Tierrechten im Rahmen einer Neupositionierung des Tieres als Rechtssubjekt*, Diss. Basel, Baden-Baden: Nomos.

Tasioulas, John (2013): »Human Dignity and the Foundations of Human Rights«, in: Christopher McCrudden (ed.), *Understanding Human Dignity*, Oxford: Oxford University Press, 291–312.

Tasioulas, John (2015): »On the Foundations of Human Rights«, in: Rowan Cruft/S. Matthew Liao/Massimo Renzo (eds.), *Philosophical Foundations of Human Rights*, Oxford/New York: Oxford University Press, 45–70.

Teifke, Nils (2011): *Das Prinzip Menschenwürde. Zur Abwägungsfähigkeit des Höchstrangigen*, Tübingen: Mohr Siebeck.

Thomas von Aquin (1996): *Naturgesetz und Naturrecht – Theologische Summe Fragen 90–97*, Übersetzung von Josef F. Groner, Anmerkungen und Kommentar von Arthur F. Utz, Bonn: WBV Weiskirch.

Tiedemann, Paul (2012): *Menschenwürde als Rechtsbegriff – Eine philosophische Klärung*, 3. Aufl. Berlin: Berliner Wissenschafts-Verlag.

Tierney, Brian (1996): »Religious Rights: An Historical Perspective«, in: John Witte/Johan D. van der Vyver (eds.), *Religious Human Rights in Global Perspective – Religious Perspectives*, Den Haag/Boston/London: Martinus Nijhoff, 17–45.

Tollefsen, Christopher (2013): »The Dignity of Marriage«, in: Christopher McCrudden (Hg.), *Understanding Human Dignity*, Oxford: Oxford University Press, 483–499.

Tomasello, Michael (2014): *Eine Naturgeschichte des menschlichen Denkens*, Berlin: Suhrkamp.

Tomasello, Michael (2017): *Die Ursprünge der menschlichen Kommunikation*, 4. Aufl., Berlin: Suhrkamp.

Tomuschat, Christian (2002): »Einführung«, in: ders. (Hg.), *Menschenrechte. Eine Sammlung internationaler Dokumente zum Menschenrechtsschutz*, 2. Aufl., Bonn: UNO-Verlag.

Tomuschat, Christian (2003): »Individueller Rechtsschutz: das Herzstück des ›ordre public européen‹ nach der Europäischen Menschenrechtskonvention«, *Europäische Grundrechte-Zeitschrift* 30 (4–6), 95–100.

Tooley, Michael (1983): *Abortion and Infanticide*, Oxford: Oxford University Press.

Tooley, Michael (2011): »Are Nonhuman Animals Persons?«, in: Tom L. Beachamp/R. G. Frey (eds.), *The Oxford Handbook of Animal Ethics*, Oxford/New York: Oxford University Press, 332–370.

Tugendhat, Ernst (1993): *Vorlesungen über Ethik*, Berlin: Suhrkamp.

Tugendhat, Ernst (1998): »Die Kontroverse um die Menschenrechte«, in: Stefan Gosepath/Georg Lohmann (Hg.), *Philosophie der Menschenrechte*, Frankfurt a. M.: Suhrkamp, 48–61.

Turner Bryan S. (2006): *Vulnerability and Human Rights*, University Park: Penn State University Press.

Verdross Alfred (1971): *Statisches und dynamisches Naturrecht*, Freiburg: Rombach.

Villey, Michel (2006): *La formation de la pensée juridique moderne*, Paris: Presses Universitaires de France.

Višak, Tatjana (2018): »Argument der Grenzfälle«, in: Johann S. Ach/Dagmar Borchers (Hg.), *Handbuch Tierethik. Grundlagen – Kontexte – Perspektiven*, Stuttgart: J. B. Metzler, 149–154.

von der Pfordten, Dietmar (1996): *Ökologische Ethik. Zur Rechtfertigung menschlichen Verhaltens gegenüber der Natur*, Reinbek bei Hamburg: Rowohlt.

von der Pfordten, Dietmar (2011): *Rechtsethik*, 2. Aufl., München: C.H. Beck.

von der Pfordten, Dietmar (2017): »Menschenwürde als Selbstbestimmung über die eigenen Belange«, *Philosophisches Jahrbuch* 124 Bd. 2, 242–261.

Vöneky, Silja (2010): *Recht, Moral und Ethik – Grundlagen und Grenzen demokratischer Legitimation für Ethikgremien*, Tübingen: Mohr Siebeck.

Vorster, Hans (2001): »Unverfügbarkeit«, in: Joachim Ritter/Karlheinz Gründer/Gottfried Gabriel (Hg.), *Historisches Wörterbuch der Philosophie* Bd. 11, Basel: Schwabe, Sp. 334–336.

Vossenkuhl, Wilhelm (1983): »Die Unableitbarkeit der Moral aus der Evolution«, in: Peter Koslowski/Philipp Kreuzer/Reinhard Löw (Hg.), *Die Verführung durch das Machbare – Ethische Konflikte in der modernen Medizin und Biologie*, Stuttgart: Hirzel, 141–154.

Waldmann, Bernhard (2015): Kommentar zu Art. 120 BV, in: Bernhard Waldmann/Eva Maria Belser/Astrid Epinay (Hg.), *Bundesverfassung – Basler Kommentar*, Basel: Helbing und Lichtenhahn.

Weber, Max (1972): *Wirtschaft und Gesellschaft*, 5. Aufl., Tübingen: Mohr Siebeck.

Weil, Prosper (1992): »Le droit international en quête de son identité«, *Recueil des Cours* 237 (1992 VI), 9–370.

Wellmer, Albrecht (1998): »Menschenrechte und Demokratie«, in: Stefan Gosepath/Georg Lohmann (Hg.), *Philosophie der Menschenrechte*, Frankfurt a. M.: Suhrkamp, 265–291.

Welzel, Hans (1962): *Naturrecht und materiale Gerechtigkeit*, 4. Aufl., Göttingen: Vandenhoeck & Ruprecht.

Wesel, Uwe (2014): *Geschichte des Rechts – Von den Frühformen bis zur Gegenwart*, 4. Aufl., München: C.H. Beck.

Wieland, Wolfgang (2003): »Pro Potentialitätsargument: Moralfähigkeit als Grundlage von Würde und Lebensschutz«, in: Gregor Damschen/Dieter Schönecker (Hg.), *Der moralische Status menschlicher Embryonen*, Berlin: De Gruyter, 149–168.

Wild, Markus (2010): *Tierphilosophie – Zur Einführung*, 2. Aufl., Hamburg: Junius.

Wild, Markus (2015): »Ethologie und Tierethik – Zur ethischen Relevanz der ethologischen Forschung«, in: Christoph Ammann/Birgit Christensen/Lorenz Engi/Margot Michel (Hg.), *Würde der Kreatur – Ethische und rechtliche Beiträge zu einem umstrittenen Konzept*, Zürich/Basel/Genf: Schulthess, 327–351.

Wild, Markus (2018): »Tiere als soziale Wesen«, in: Johann S. Ach/Dagmar Borchers (Hg.), *Handbuch Tierethik. Grundlagen – Kontexte – Perspektiven*, Stuttgart: J. B. Metzler, 70–74.

Wildt, Andreas (1998): »Menschenrechte und moralische Rechte«, in: Stefan Gosepath/Georg Lohmann (Hg.), *Philosophie der Menschenrechte*, Frankfurt a. M.: Suhrkamp, 124–145.

Windisch, Florian (2021): »Towards a Structuring Method of Balancing in Fundamental Rights Law«, in: Natalina Stamile/Nestor Castilho Gomes/Dennis José Almanza Torres (eds.), *Friedrich Müller's Theory of Law – Zur Rechtstheorie Friedrich Müllers. Proceedings of the Special Workshop held at the 29th World Congress of the International Association for Philosophy of Law and Social Philosophy in Lucerne, Switzerland, 2019*, Stuttgart: Franz Steiner, 119–137.

Wingert, Lutz (1993): *Gemeinsinn und Moral. Grundzüge einer intersubjektivistischen Moralkonzeption*, Frankfurt a. M.: Suhrkamp.

Wingert, Lutz (2009): »Was ist und was heißt ›unverfügbar‹? Philosophische Überlegungen zu einer nicht nur ethischen Frage«, in: Rainer Forst/Martin Hartmann/Rahel Jaeggi/Martin Saar (Hg.), *Sozialphilosophie und Kritik*, Frankfurt a. M.: Suhrkamp, 384–408.

Wingert, Lutz (2012): »Was geschieht eigentlich im Raum der Gründe?«, in: *Vernunft und Freiheit*, hrsg. von Dieter Sturma, Berlin: De Gruyter, 179–198.

Wittgenstein, Ludwig (1995): *Philosophische Untersuchungen, Werkausgabe* Band 1, Frankfurt a. M.: Suhrkamp (zit. PU).

Wolf, Erik (1964): *Das Problem der Naturrechtslehre. Versuch einer Orientierung*, Karlsruhe: C. F. Müller.

Zacher, Ewald (1973): *Der Begriff der Natur und das Naturrecht*, Berlin: Duncker und Humblot.

Menschenrechte, Menschenwürde, Vulnerabilität
bei Velbrück Wissenschaft

Marie-Luisa Frick
Menschenrechte und Menschenwerte
Zur konzeptionellen Belastbarkeit der Menschenrechtsidee
in ihrer globalen Akkommodation
450 Seiten · ISBN 978-3-95832-115-1 · EUR 49,90

Was Menschenrechte eigentlich sind oder sein sollen, ist mehr denn je strittig. Die vorliegende Studie arbeitet die normativen Grundlagen der Idee der Menschenrechte samt ihrer vielfältigen Begründungswege heraus und diskutiert, ob Menschenrechte ihren Ursprung in der europäischen politischen Ideengeschichte transzendieren und von anderen Traditionen absorbiert werden können.

Tim Wihl
Aufhebungsrechte
Form, Zeitlichkeit und Gleichheit der Grund- und Menschenrechte
290 Seiten · ISBN 978-3-95832-177-9 · EUR 39,90

Wenn es eine Krise der Demokratie gibt, ist diese eine Krise der Rechte. Denn Grund- und Menschenrechte sind Aufhebungsrechte: Als dem modernen Recht einbeschriebener Maßstab lassen sie alles ordnende Recht permanent auf den Prüfstein der Individualität treffen und ermöglichen so eine politische Kritik des beherrschenden Rechts aus ihm selbst heraus. Dabei nimmt die Gleichheit eine Sonderstellung ein: Modernes Recht will egalitäres Recht sein.

Martin W. Schnell
Ethik im Zeichen vulnerabler Personen
Leiblichkeit – Endlichkeit – Nichtexklusivität
196 Seiten · ISBN 978-3-95832-121-2 · EUR 29,90

Die vorliegende Sozialphilosophie verfolgt das Projekt, die Elemente des Ethischen in gesellschaftlichen Ordnungen und Systemen als nichtexklusive Schutzbereiche zu denken, die niemanden von Achtung und Würde ausschließen. Sie reagiert damit auf »die Hilflosigkeit der Philosophen« hinsichtlich der Erklärung, wem gegenüber wir moralische Verpflichtungen haben. Ein Testfall für ethische Nichtexklusivität ist der Umgang mit Vulnerabilität.

Hans Jörg Sandkühler
Recht und Staat nach menschlichem Maß
Einführung in die Rechts- und Staatstheorie in menschenrechtlicher Perspektive
688 Seiten · ISBN 978-3-942393-52-2 · EUR 24,90

In diesem Buch geht es um die Konsequenzen, die aus der Grundlegungsfunktion der Menschenwürde und der Menschenrechte für das Recht, die Verfassung, das Internationale Recht, den Nationalstaat und transnationale Staatenverbände sowie die Demokratie zu ziehen sind. Es ist ein Plädoyer gegen metaphysische Konzeptionen des Rechts und für einen vorsichtigen, durch die Menschenrechtsnormen gezähmten, nicht-legalistischen Rechtspositivismus.

www.velbrueck-wissenschaft.de